·广东省高水平大学建设经费资助·

# 暨南中文本科文学作品精选（第二辑）

赵春利 ◎ 主编

安徽师范大学出版社
·芜湖·

**图书在版编目(CIP)数据**

暨南中文本科文学作品精选.第二辑/赵春利主编.—芜湖:安徽师范大学出版社,2019.11

ISBN 978-7-5676-4009-2

Ⅰ.①暨… Ⅱ.①赵… Ⅲ.①中国文学—当代文学—作品综合集 Ⅳ.①I217.1

中国版本图书馆CIP数据核字(2019)第053356号

**暨南中文本科文学作品精选（第二辑）** 赵春利 主编

JINAN ZHONGWEN BENKE WENXUE ZUOPIN JINGXUAN (DIER JI)

责任编辑:潘 安

装帧设计:丁奕奕

出版发行:安徽师范大学出版社

芜湖市九华南路189号安徽师范大学花津校区 邮政编码:241002

网 址:http://www.ahnupress.com/

发 行 部:0553-3883578 5910327 5910310(传真)

印 刷:江苏凤凰数码印务有限公司

版 次:2019年11月第1版

印 次:2019年11月第1次印刷

开 本:787 mm×1 092 mm 1/16

印 张:18

字 数:340千字

书 号:ISBN 978-7-5676-4009-2

定 价:68.00元

# 本书编委会名单

# 序

2018年6月21日，教育部在四川成都召开新时代全国高等学校本科教育工作会议，强调高等学校要做到“以本为本”，把本科教育放在人才培养的核心地位、教育教学的基础地位、新时代教育发展的前沿地位，加快建设一流本科教育，为我国高等教育强基固本，要把“四个回归”即回归常识、回归本分、回归初心、回归梦想作为高校改革发展的基本要求，加快建设高水平本科教育，全面提高人才培养能力。如何落实新时代全国高等学校本科教育工作会议精神，如何进一步深化教学改革，切实提高高校人才培养的质量和水平，这是当前高等学校面临的核心问题。

通过教学方式方法的改革，加强本科生创新能力的培养，是提高本科教学质量和水平的重要途径之一，在这方面，暨南大学中国语言文学系自2010年以来，通过百篇写作训练，做了有益的尝试。百篇写作就是从本科生一、二年级开始，每个学生在两学年内完成至少100篇文章的撰写，主要包括两个部分的内容：一是创作类文体，如小说、散文、诗歌（古体诗、现代诗）、剧本等，二是应用类文体，如新闻稿、演讲稿、主持辞、表扬信、求职信、策划书、通知、通报、请示等，由中文系老师一对一具体指导、点评。中文系将百篇写作列入培养方案，算2个学分，相当于一门本科生必修课，同时，根据每位教师指导的具体情况，计算该教师的工作量。

经过八年来的探索与实践，我们已积累了较为丰富的经验，成为暨南大学汉语言文学专业的特色课程，在本科生培养方面取得较为突出的成绩。通过百篇写作的训练，八年来，暨南大学汉语言文学专业本科生的写作能力得到较大幅度的提高，对于本科生考研、就业、出国留学均起到很好的推动作用，产生明显的效果，受到学生和家长的一致好评；近三年来，本专业学生参加全国大学生文学作品大赛、人民文学杂志社招商银行杯、云山凤鸣、广东省大学生写作竞赛、广东省本科生英语写作大赛、“我的中国梦”主题征文大赛、“微话校园”作品比赛、暨南大学110周年校庆庆典晚会主题歌歌词征集活动、日月湖文学奖、《赤子心》征文比赛、“青年之声，等你发声”调研大赛、新生训练营学习理解《学子铭》征文、给即将毕业的自己的一封信征文比赛等各级竞赛，共获得30项国家级奖项、8项省级奖项、18项校级奖项。

2016年10月，由赵春利主编《暨南中文本科文学作品精选（第一辑）》出版，作为《赤子心文丛》三种之一，本着原创性、时代性、进步性、优美性的原则，精选暨南大学中文系2010级以来本科生的文学作品。2018年7月开始面向中文系2014—2017级本科生征集以百篇写作为基础的创作类作品，邀请中文系20位教师进行认真审稿，编辑出版《暨南中文本科文学作品精选（第二辑）》，以展现当代大学生的“赤子心、家国情、民族梦”！

程国赋

二〇一八年十二月二十六日

# 前　言

2016年为纪念暨南大学建校110周年，并反映中文系本科生百篇写作的教学成果，《暨南中文本科文学作品精选（第一辑）》出版了。此书不仅得到了教育部教学评估专家的高度评价，还极大地激发了广大学子的创作热情。

为了进一步推动学生更加积极地深入社会生活、细腻地体察内心情感、与时俱进地把握时代脉搏、气势恢宏地抒发家国情怀，反映当代青年学子对世界、社会、国家、民族的认知，对灵魂、道德、文化、人性的审视，特此以百篇写作为基础，通过征稿并邀请20位教师对186篇稿件进行细致审稿，本着思想性、时代性、艺术性原则，精选出若干诗歌、散文、小说和剧本，编辑成《暨南中文本科文学作品精选（第二辑）》。

愿此书如繁星闪烁，点燃学子们纯真的心灵；愿此书如旭日之光，擦亮读者们清澈的眼睛。

赵春利

二〇一八年十二月二十一日

于暨南园

# 目 录

## 诗 歌



## 散 文

## 小　说

## 剧　本

# 诗　歌

# 浣溪沙

赖晓(2014级基地班)

羲和[1]的瞳仁里折射出一棹东风
穿过瑟瑟红尘,叩打万物的耳膜
溪边饮水的稚子骀荡地飘起来
她看见野莓里长出蛱蝶
燕子尾巴笼上枝头
她看见霰尘被流云托住
软绵的雨把星月擦拭干净
她看见三千个世界
有兽击鼓而歌,有人沉溺梦境
只有她的大陆是逋逃薮[2]
可时间不够黏稠
稀薄的光带变成墨绿变成黄棕
最后落雪成白
她面朝陆地飞驰坠下
鬓发边飞过稀烂的桃李花瓣
伙伴们指着她大喊
“伊也长大了——伊也长大了——”
她落在溪面上,砸碎冰层,被水淹没
鱼、海藻和红蜻蜓依次穿过手掌
它们拱着身体归附了泥沙
从此这条白水变做她的津堠[3]
偶然路过我听见她的呢喃
——夕阳西下几时回?

① 羲和:中国神话中太阳神之母的名字。
② 逋逃薮:藏纳逃亡者的地方。
③ 津堠:渡口上供瞭望用的土堡。

# ○

黄恺灵(2015级基地班)

钻进土壤的西瓜籽
游泳池拽住的裙边
凡是可以生长的
都担心静止的瞬间
二分之一的日落
一分之二的月圆
错误的概率
眩晕晕眩
越来越常梦见的童年
铃铛和猫乜着笑眼
来时等待你的那把伞
你错过了多少雨天?
明天,昨天,今天
一个永不重合的圆

# 智 齿

黄恺灵(2015级基地班)

那是一枚根深蒂固的兵荒马乱
那是一颗不可理喻的外强中干
与它相邻的小城深受其辱
光洁之壁裂入野蛮

我闻讯而营救那可怜的小城
它渴求我用最文明的方式
施以最肃穆的仲裁

可我却只能请来雷霆万钧!
可我却只能请来刀光剑影!
唯有野蛮才能对野蛮回以野蛮!

黏稠的血光上飘荡着白色的柔软
我含着小城和血地劫后的疼痛
向着口中的柔软笑出柔软

# 偶然美丽夜·人物速写

黄恺灵(2015级基地班)

一个美丽的小芭蕾女孩
白色的连裤袜被灰舔了一大块
她的步伐扣紧安全带
玛丽珍皮鞋闪烁了起来

一副圆眼镜瘫倒于大叔的鼻梁
它在白天散播知识和爱
可夜晚属于市民
嘟嘟的肚皮阵阵喝彩

有一位女士她很奇怪
黑眼圈穿上水晶鞋变成卧蚕
“城市人”是她地地道道的常态
但她可不愿意骑上城市单车去买菜!

霓虹灯一遍遍耍赖
乌云长久地鼓着腮
车站装着一群人的疲软
酒店下着烟圈,烟圈皑皑

彩色的野马们拐了又拐
陌生的动作不置理睬
而我是一颗小小小小的尘埃
任意等待着美丽的偶然

# 那块老砖

辛腾旋(2016级基地班)

那块老砖很多年了
据说是古城墙的砖

斑驳的纹在它身上刻画过了
鲜绿的苔在它身上附生过了
黑色的甲壳虫也在它身上跋涉过了

风雨磨掉了曾经的花纹
阳光融化了原有的棱角
水汽润透了故时的筋骨

老砖很骄傲
“我是古城墙的砖!”

然而建筑队来了
一切杂物通通清走

“我可是古城墙的砖!”
老砖抗议
可是没人听见
一铁锹下来:

“瞧你看这摊泥,
长得还真像一块老砖。”

# 昙 花

赖伟盈(2016级基地班)

月映人声寂,仙姬舞羽衣。
天姿轻摇曳,且有几人惜?

# 游 园

冷梅(2017级戏影班)

天朗气清,人凉衣暖。初游暨南,感慨万千。参天榕树,光渗璃稀。犹似女儿,颜如舜华。年华似水,拈花静笑。眉若青山,目似静湖。唇如点绛,十指青葱。百年巨石,舒和浅滑。犹似君子,如琢如磨。羊裘如濡,询直且侯。美目清扬,抑扬颀长。充耳琇莹,会弁如星。佳节共贺,普天同乐。人声似海,花灯如龙。暮之将至,置面而出。火树银花,面之熠熠。忽逢君子,面至同青。问所从来,言僻避答。路经此地,甚感欢愉。稍做停留,共度佳节。谦谦君子,温润如玉。一见倾心,伤如之何。二来相思,劳心忉忉。三笑留情,弃我逍遥。来年春好,之子于归。来年已到,又至来年。遥知蛮夷,将军新死。将军谓谁?谓我君子。愿弃此生,见于来世。化为榕木,遥指蛮夷。将军戎马,终有归期。闻此噩耗,一夜白头。静坐树前,化身为石。我心匪石,不可转也。我心匪席,不可卷也。百年以后,暨南园中。矗立良久,妄想至此。安知真假?何为虚妄?幸甚至哉,以诗记之。

# 憎蚊虻

李思怡(2017级基地班)

独卧月胧明,呢喃耳畔萦。
微躯潜入账,嚼血不留情。

# 夜游珠江

李思怡(2017级基地班)

浮槎临岸望流光,朋客当歌举宴觞。
阳燧潜江生彩熠,清风拂桂醉馨香。

# 临江仙·过旧居

邹逸轩(2015级基地班)

旧居有小小庭院,在此生活十余年,昔年因家中变故而卖出,一日偶然经过,见庭院荒败,无人打理,忆往事依稀,树犹如是,有情对之,谁能免此?

几度年华曾驻,蓬门今为谁开?长阶深草映青苔。院前枯叶木,昔日手培栽。
记得故园初见,无忧漫语儿孩。可堪相识燕归来。名权同富贵,盖可忽乎哉。

# 望海潮·别珠区

邹逸轩(2015级基地班)

时文学院自珠海校区回迁广州本部,在此学习一年,湖光山色,尤为可爱,今辞珠园而去,不知再来何时,故作词以纪之。

南天风定，长堤雨歇，珠园洗净如初。清露透窗，虹桥晚截，新晴又到明湖。蔽日卷还舒。数飞鸟迹远，低诵《苍梧》。板障山蹊，少年曾履自经途。

离时尺素难书。纵寻常巷陌，应忆莼鲈。房舍已空，东风暗换，重来许是愁余。枫老旧菖蒲。便恐为行客，时过情疏。叹一朝经别后，怎也梦都无。

# 飞鹅岭赋

陈颖文（2015级基地班）

丙申十月，序署仲秋，吾友邹氏逸轩之惠城，颖文往迎。甫至，即往飞鹅岭。是日暴雨如注，山径阙塞，竟不得入，终悻悻归。邹子怅然曰：久闻鹅岭之名，今日憾不得亲临其地。可得闻其详乎？

答曰：唯唯。斯山也，脉承南岭，势钳鹅城；苎萝之畔[①]，惠邑之怀。眺卧澜之玉塔，瞰鳞栉之阛肆；襟榜岭之春岚[②]，揽长湖之胜景。借盘古手而辟百仞，托灵运梦而得令名[③]。城因山兴，拥膏腴而守繁穰；山缘城名，集颢气而腾紫瑞。

夫鹅岭之奇也，巉峻峭然。阨迫纵横，骈叠向天。山翔翥如鹅张翼，岭穹鞠如虎弓脊。远山饰黛，恍恍乎擢挺青霄；仄径碕转，困困乎践登极顶。呜呼！盖帝阙之灵玥哉，遗嵌人寰？乃仙姬之玉簪哉，矗柱南庭？

夫鹅岭之秀也，钟灵毓粹。崖凝茵翠，岩泛丹华。荫长松兮蓊蔚，撷芝草兮丰隆；践苔石兮坼罅，援樛葛兮葳蕤。林木嘉盛，碧显一山苍郁；落英缤纷，芳沁百灵馨怡。至若四时序列，异秀呈集。煜煜春晖，熏风撩卉；嘒嘒夏蝉，骤雨惊濑；泠泠秋露，簌叶澄旻；栗栗冬霜，寒虫鸣壁。屹兀孤峰，尽收半城绝胜；喧嚣闹市，觅得一方桃源。

夫鹅岭之壮也，哺彦育俊。托日捧月，四海菁英云聚；卧龙栖凤，五洲茂材星拱。畴昔唐宋，骚客往来。诗慨绝胜，东坡讴吟《西江月》[④]；句叹澄岚，怀迪辑辍《楞严经》[⑤]。噫嘻！是以斯地灵气充盈，人文无壅；笃儒崇礼，以臻修明。

及夫暴清，有司毒虐，政化荡隳；戕祸下民，厄困兵燹。行桀虏之昏狡，掳黎

---

① 清人吴骞之《西湖纪胜》诗云："西湖西子比相当，浓抹杭州惠淡妆，惠是苎萝村里质，杭教歌舞媚君王"。是以人多称杭州西湖为"吴宫之西子"，惠州西湖为"苎萝村之西子"。

② 惠州西湖十八景有"微澜玉塔""榜岭春霖"。

③《惠州前事略》载：谢灵运流放广州期间，一日夜梦罗浮。梦境中他乘着一只状似木鹅的小木船，溯江来到古惠州。舍舟登岸之地就是位于惠州城西南的飞鹅岭。飞鹅岭名字因此而来，最后更成就了惠州的美称——鹅城。

④《西江月·梅花》，苏轼被贬于惠州期间所作。

⑤ 怀迪，唐代循州（今惠城）人，广习经说，深通教义。他曾在鹅岭下的草庵对中译本《楞严经》作文字修饰。

民之膏血。是使死者肝脑涂地，生者骨肉不相保。瞿火姑、邓子瑜，义旗漫卷，剑屦俱奋。拊背扼喉，惠城寸土奋争；断脰决腹，鹅岭枕骸遍野。至若民国肇立，正僭迭起；炯逆觎伺[①]，日寇凭陵。陈利兵以迫惠城，被坚甲而钳广府。至今每逢阴夜，拾级而登之，罡风簌簌，魂鬼湫湫；短草飘摇，低云垂幂。遥想当年主客相搏，山川震眩；悍鸷惊群，征马踟蹰。利镞交兮霜刃折，三军鏖兮生死决。惨目凄悲，壮怀激烈，有如是耶！

仲尼曰：智者乐水，仁者乐山。登斯山也，则有尽虑释形，悠然忘机。素以心，雄于魄；畅其颜，益乎寿。刘梦得亦曰：山不在高，有仙则名，其言兹若山之俦乎？山水胜乐，惟骚客逸士得以肆情登眺。而一羁縻仕宦俗谛，则恒若风马牛不相及焉。寄情形胜，骋怀风月者，比比是；镌文扬畅，揭示风云者，往往寡。是使历游山川之宏旨尽失，爰书其势而赞之：

混沌开基，劈裂洪荒；灵运履迹，毓秀钟灵。青辉玉宇，瑶嶂翠屏；腾龙翥凤，秀冠南庭。盛世欣逢，人文际会；九州物象，一时登临。

① 炯逆乃陈炯明，粤系军事将领，曾拥兵扼惠州，反对孙中山、破坏北伐。

# 别君赋

闫碧萱(2016级戏影班)

世传操琴六忌，临寒暑而不抱桐，当风雨而不调弦，面雷雪而不为声。今六忌不禁，八绝已齐，悬莲垂指，凭丝翻音。遂作《别君赋》，其辞曰：

尝闻孤荣生于峄山之阳，标风驻雨，立鹓栖鸾。私羡琴工，慧目辨材，而釜斤亦幸，平明迸屑，斫而为凤，缚轸绷岳，乃造七弦之器。其体作桐梓联璧，妙乎天成；其岁作追古流代，巧乎偶得。其质作病漆匀裂，小龙断腹；其声作馨桂剥月，冽瀑哺珠。然三尺有相，五音无形，一契堪合，二物俱偕。如沛涛奔洋，挥弦以达意；若迭花错锦，为赋以传思。

昔者长卿咏玉而绿绮至，伯喈裁木而焦尾出；桓公奏悲而号钟泣，庄王耽乐而绕梁瘵。今者并刀斥白，金脊分雪；吴琴覆朱，韵沼贯星。魁斗才高，愧难媲也，峄阳横膝，但遗拙辞。常羡檐上三重雪，只待东风不待人。沧江烟月可相觑，低首莫敢对红尘。盈乏于内，有无于中，惟请君侧耳，听阒外之声。

苦风掀袖，清音击弦。初涩而凝止，其上维冻，其下语潺。须臾方破，才若春气发讯，湖泽欲开，鲤尾扫冰，始解寒皮。只似折梨飞羌，绵绵委委；复为拨风攘衰，飒飒飕飕。尔来群调变徵，忽起雷鼓，恍落鼙铎，俯能叹三泉，仰可喟九霄。适割罾以纵鳞回海，假切缰以放骊归原，是谓武运不绊，文象毋羁。

离鸿负书而有期，过雁衔云而无痕。青岫居南以面北，维其冬地；危隘在北以抱南，接彼春方。然意通曲后，思处言前，雅怀知而弦歌尽，良朋去而杯酒倾。关山八千，府州三百，催声不闻，舆马不驾；好音不至，舸帆不扬。嗟尔惠风屈情，难度河岭，江横嶂立，水阔天长。

# 冬雪赋

闫碧萱（2016级戏影班）

岁维丁西，时遇葭月。逢长安飏雪，洋洋逸逸，郁郁纷纷。为飘花耶？为碎羽耶？其从西耶？其从东耶？自终南而结耶？自淮水而汲耶？然天地不言，禽鳞缄声。遂作《冬雪赋》，其辞曰：

昔者青女掌寒，以司霜雪。适严讯下，青女浴于玉洁之汤，沐罢怀琴。灵凤憩桐而为其体，冰蚕吐春而为其丝。云驻榇梧兮，千花垂首；雨凝徽弦兮，百卉敛姿。如仙姬之织素而轻剪其帛，翩扬作景；疑望舒之盈满而稍窃其色，散吹成绵。尔来令姜咏絮，孟公寻梅；孙康映册，子猷棹溪。

冰花六出，万千无复。存相形之异，备小大之别。小则恺恻一方，弥佑百态；大则恣睢四境，任尔八风。或一方安乐，百态毕也；或四境茫荡，八风翼然。又若宓妃凌波，轻裾文屐；又若仙客挥尘，皓袍青剑。

瘦兰挑叶，薄堇守芯，六霙交品，以报良辰。振皂裳以归清雪兮，抖腕而欺骄梅。趋杪冬以枕游梦兮，扫案而念酣春。秉绝章以扫云台兮，抒愚意而有界度。驰骏骧以追往道兮，捐世名而决修文。倾琼琚之琐琐兮，佩珷玞之玟玟。揽标风之飒飒兮，慕走羽之纷纷。舍帙卷之累繁兮，思峭澜之有度。盈桂魄之明光兮，维流彗之长奔。屈寒江之结粼兮，仰群嶂之崇巄。盱砯湃之浩沛兮，怀无德之郁忳。此间山河摇兮坠兮，礼乐败兮溃兮；亶亭颓兮隳兮，岱宗摧兮崩兮。高下宽仄，盈亏浑缺，尔历冬雪来经，皆以平之。嗟其标清饰锦，亦掩浊覆秽。

冬布厉雪，春融芳泽。此来彼往，复度节岁。俟其冰皮徐解，白梨代梅。至嫩雀含杏，幼莺衔桃。我孤吾孤，我洁吾洁，品当习雪。经春则去，遇冬则来；胸平宽仄，怀容浊清。修心维志，面俗界之慨惋，背世情之厚薄。

# 散 文

# 长夏村墟风日清

赖晓（2014级基地班）

又是一年中的长夏时节，窗外的世界被日光照得全是大片大片白，空调外置机嗡嗡发声，和聒噪的蝉鸣一起生发在仿若十分遥远的地方。

空调上下扫风，室内寒意阵阵。我披着针织外套坐在书桌前，望着加湿器呼出来的水雾，莫名想起故乡的夏天，也有雾岚般的细雨把门外的蛛网糁成白色。

故乡是一处小小的村落，不过几十户人家，人烟也不甚密集，星星点点地分布在起伏低缓的丘陵之间，我幼年居住的老屋正在其中，斑驳粉墙，青黑房瓦，还有红褪墨残的旧楹联，一并伫立成静默的模样。

老屋门前是半亩稻田，盛夏的山风热热地滚过，携起稻谷的清香便往远处去了，而后又有另一浪山风拍过来，连绵不断，像是在一遍一遍地吟诵着泰古歌谣。

从前我总爱卷起裤管，在田埂上奔跑跳跃，滚烫的浮土托起我稚嫩的脚掌，把我从一个着陆点送向另一个着陆点，直到我其中一只脚踏入溪水中。

那条小溪在老屋左侧蜿蜒了不知多少年日，自我记事始，外婆已经每夜披着一身月色在溪畔捣衣了，而溪水依旧澄澈沁凉，底下笨拙横行的青壳小蟹和圆润的鹅卵石在潋滟的波光里清晰可见，间或有细长的小水蛇倏忽掠过，引人尖叫。

溪的另一侧是土塬，对那时的我而言可谓高不可攀。六月蝉鸣时，它陡峭的斜壁上闲花野草葳蕤茂盛，蜻蜓蛱蝶翩跹飞掠，就像一块天然巨毯斜贴壁上，若有心找寻，能轻易地发现成串成串的紫红色小浆果。

我喜爱在午睡后跑来这处打发时间，双足浸在溪中，脸庞上花影拂动。我肆无忌惮地嚼着来历不明的野果，直到夕照在水面上熠熠生辉，才发现自己的嘴唇手指被染得与浆果同色。这种消暑方式带给了我许多无以名之的满足。

更多时候，我在老屋背后的鱼塘浅水处逗鱼儿玩。与溪水比起来，鱼塘的水稍显浑浊，有一股淡淡的腥臭，但我不觉反感。水面上漂浮着白苹红蓼，被风吹得忽东忽西，像在兜转于万丈红尘之中的人一样，聚散难由己。

鱼塘的东南角曾经长出一小片翠绿欲滴的莲叶，使我不由得想象起自己即将获得的意趣，诸如涉水采莲、卧剥莲蓬一类。可惜，还没到绽出菡萏，那片田田的荷叶便被家中长辈的几双辣手连根拔除,原因是莲花毫无用处。如今忆来,真要叹一句焚琴煮鹤。

我只分得清鲤鱼和草鲩,鲤鱼色艳,草鲩色灰。两种鱼的胆子都小得像针眼,稍有动响便如惊弓之鸟般藏匿起来,我日日前去探望,也不见跟我有半分亲熟,因此我吃起糖醋鲤鱼、清蒸草鲩来格外不客气。表哥说鲤鱼肉有毒,劝我少吃些,毒素由他一力承当,我也从未停杯投箸不能食。

关于故乡夏日的回忆,也并不都是欢欣的。

到了夜晚,四野垂黑,月亮游鱼般轻盈地穿过阔叶林,冷硬的月光被投掷在地上,溅起窸窣的荒凉气息。不远处的山脉就像蛰伏的巨兽,白牙獠獠脊背嶙峋,随时准备一跃而起吞噬大地,从它体内传出的兽鸣无异于哀恸鬼哭,令人寒毛倒立。这一幅涩黯帛面上的泼墨画,村里人家窗口里映出的烛光是它凄凄的留白。

为了消解这种可怖的气氛,我们一大家子搬出小方竹凳,煮一壶苦丁茶,乘着满天星辰的游光,摇起大蒲扇,聚在屋门口谈天说地。门口那半亩稻田像一潭阒寂的死水,幽绿的光点四处流窜,是萤火虫。

大多数时候,我们听外婆讲富有教育意义的故事,比如两兄弟智斗黑熊罴。有时表哥会神秘兮兮地转述他在学校里听到的鬼怪传闻,每逢此时我就喊外公念诗,因为表哥说自己一听古诗就头疼。

外公笑眯眯的像尊弥勒佛,弹着蒲扇的扇面,背张耒的《夏日》:"长夏村墟风日清,檐牙燕雀已生成……"表哥立马捂住耳朵,脸上写满痛楚,大家一下子快活地大笑开来,我则一边忧心表哥的头,一边大笑。长大之后,我方知道表哥是装来逗我们开心的。

老屋对面住的孙爷爷偶尔过来跟我们一起闲坐唠嗑,我们小一辈的听说他会唱戏,央着他给我们唱一段。外公给他斟上一碗晾凉了的茶,说,你就唱吧老孙头。我跟着起哄,唱吧唱吧老孙头。外婆拿蒲扇敲我一下,骂道,没大没小。孙爷爷拦下她的手,笑道,跟小娃娃计较什么。

清了清嗓,老孙头便捏起戏腔,唱《苏三起解》:"苏三离了洪洞县,将身来在大街前。未曾开言我心好惨,过往的君子听我言……"大家听到这,连忙击掌喝彩。起初,我对这景况感到十分离奇:人家正哭惨呢,你们怎么倒叫起好来?往后逐渐习以为常,遂一同叫好。

老孙头有时会自己即兴编词唱。他唱"千里相思明月连",我举头望明月;他唱"幽幽青山梦难还",我抬眼眺山川;他唱"文章千古付笑谈",我对这抽象的概念完全不知该做何反应,只好尴尬地望向他。

他摸摸我头顶的发旋,笑着说,孩子还小,听不懂呢。

对于每个夏夜例行夜话的尾声,我的印象几乎都是模糊的。我想,大抵是我已经睡意蒙眬地卧在外婆或母亲的怀里了吧。

在一夜的清梦中,我等待黑夜的镣铐再一次被白昼砸碎,等待晨光蘸着露水重新将土地濡湿。然后,我便可以拥有一轮崭新的太阳。

现在,那轮太阳的光华只能照进回忆,不能切实地照进我的生活。城市的空气里漂浮着特殊的不明颗粒,轻浮却很黏稠,它的光线穿不过这种介质。

听母亲说老屋在今年初夏已经被拆除了,在它倒塌的地方,在它三魂七魄的断壁残垣上,一栋三层小洋房正拔地而起,终将居高临下。

我忆起《夏日》。眼前一会儿是外公在珠水流银的月光下弹着蒲扇,像士大夫般击节吟诵起首联:“长夏村墟风日清,檐牙燕雀已生成”;一会儿是面目模糊的张耒穿蓑戴笠,在细雨微风中垂钓,他缓缓念出尾联:“久斑双鬓如霜雪,直欲渔樵过此生”;突然老孙头转身出场,用枯寂萧索的声音唱“幽幽青山梦难还”……还有一些虚幻的影子,重叠明灭,快得叫人抓不住。

什么是故乡?是老去的苔痕,泛黄的旧纸,还是渐渐远去的茕独背影,抑或是终将萎谢的昙花一现?

我想,那个此身再难顾的地方,名字叫故乡。

其实我们心下都了然。故乡,终究不能成为我们的命魂所系,但它已经在无声的岁月中,将自己盘根错节地揉进了我们生命的底色里,永远而且彻底。

我们有幸,携着它,摆渡过尘寰。

# 家乡"土白酒"人事

朱健(2014级基地班)

立冬刚过,按南国正常的气候,天气也就渐渐凉了起来,人的衣物自然就得增多加厚。有些地方,尤其是位置越北、冬天越冷的地方,人们为了防御风寒,还往往会喝上一两口白酒,辣酒下肚,浑身暖和,由内自外,备感舒服!我想,大概到了这个时候,酒的积极作用才能最充分地显示出来,也只有在这个时候,人们才能最心安理得地喝酒。

然而,在我所熟悉的家乡——粤西农村做工人(地方叫法,农民、工人皆称为"做工人")的眼里,酒的首要作用并非祛风御寒,而是活跃筋骨。劈柴的汉子、山上搬运木材的木工、打制铁具的师傅、搅拌材料的泥水匠、把稻谷和果子从田地里挑回家中的农夫,以及赶着牛、扛着犁耙下田的中年男人等,在行动前总要先喝上点白酒,有的酒量大的,仰着头咕噜咕噜几声,一斤几两酒就到肚子里去了,酒量小的则轻轻呷一口,然后吞咽下去,等热辣辣的酒气从喉咙里升腾起来。酒喝过后,筋骨活跃,身体发热,劲头就上来了,凭着这一股劲、一口气,便迅速忙活起来,进入亢盛的工作状态中,不那么容易感觉累的。现在从生理学的角度看,应该是神经暂时被酒精麻痹掉了。喝过酒后,力气也能增大许多,我曾听村子里的一个叔伯辈的汉子讲,正常情况下他能挑起一百五十斤的东西,若是喝上两口酒,一百八十斤不在话下。想必是真的。酒有这等好处,因而借酒力的不只是男子,有些做工的妇女也要喝酒,只不过喝的没那么多罢了。

对农村的做工人而言,酒还有一个同等重要的功效,那便是缓解疲劳,所以他们不仅工作前喝酒,工作后也喝酒。回到家里,放下劳作的农具,先顾不上擦汗洗脸换身干净衣服,而是邋遢着身子拿起装着酒的塑料瓶子,拧开瓶盖或是直接往嘴里倒或是先斟倒一个布满黄色茶渍的玻璃杯里,再一口一口慢慢啜(顺便抓上一把炒过的花生米当佐食),酒入人腹,劳累感就渐渐消失了。如果喝得多了点,整个人便飘飘然起来,也许得躺在厅子的长木椅上睡一觉。除此外,有些做工人也会在劳动间歇时喝上一两口,就像春耕秋耕时犁田耙田的农夫,经常会在犁耙的扶手横木上挂上一小瓶酒,耕牛拖着犁耙走动时,瓶子便晃晃荡荡,前后左右无定则地摇摆;农夫要是感觉累了,便吆喝耕牛停下,然后取下酒喝上一口,等疲劳感缓解了再继续忙活。

酒既能活跃筋骨、增长气力,又能缓解疲劳,于做工人的劳动生产大有益处,所以农村里几乎家家户户都备有一些。酒大多是村里人自酿的,我们叫它"烧酒",也有人叫"土白酒""土炮"。前一种称谓来源于酒的制作方法,后二者的"土"字则充分表明其民间特性——这种酒不是都市娱乐场、交际场上的高档酒,而是出于大地、贴近大地,具有农村独特土气息,为常年甚至一辈子与土地打交道的小老百姓所享用的民间白酒。烧酒多数年纪大点的男子都会造(我们称酿酒为"造酒"),我小时候曾凑热闹去看过几回,隐约记得他们把加入酒曲发酵好的半桶米饭倒进大铁锅里,然后用另一个同样大小的铁锅口对口地盖住密封,接着在偌大的泥砖砌成的灶中烧上火蒸馏,从铁锅伸出来的一条细长管子里渐渐就流出了具有浓郁香气的液体,这便是土白酒了。人们每次造酒必造上三五十斤,装满一个大坛子。刚造好的酒还是温热的,主人热情地叫上路过的行人或者邻居来尝一尝,看看味道怎样,这时客人也不推却,端起盛着酒的花瓷碗,喝上一口,含在嘴里停留三五秒钟,喉结一动,咽下去,然后不无称赞道:"好酒!好酒!够顺喉,比铺子里买的好多了!"得到肯定,主人便带着几分骄傲和得意,喜笑颜开了。

买的酒的确没有农家自己造的好:一是工业粗制造,就像饭堂煮大锅菜,难以做出细活;二是有些商家为了多挣钱,暗中做些手脚,往酒里兑水,因而从铺子里买的酒往往是色相、口感都要差许多。然而,这并不影响它的市场。村子里有两间铺子,卖些日用品,也卖烟酒,这里成为整个村子人气最旺的场所,常常是坐满谈天说地的人,上至国家大事,下至民间流言,无所不聊。当谈到兴头来了,或者酒瘾发作,便叫店家来一杯烧酒。十年前的时候,一杯二两的烧酒五毛钱,可以付现,亦可赊账,大家都是老熟人,店家客人相互信得过。

在我记忆里,家里从未造过酒,我也从未问过父亲到底是他不会造酒还是嫌麻烦,不过我猜测是后者,因为他一直很忙,为了生计而日复一日地操劳。关于酒,我最深刻的记忆便是小时候到铺子里去给他买酒。父亲酒量小,且除了上工前、下工后以及逢年过节喝一点,其他时间概不喝酒,因此烧酒大概一周只买一回,每次买两块钱,刚好能装满一个小矿泉水瓶子。在我出发前,他把两张一块钱和装酒用的矿泉水瓶子递给我,并叮嘱:"拿好钱,快去快回。"我接过后,便飞快地往供销社的铺子跑。有一次,父亲给了两个硬币,我跑到铺子后搜遍全身皆没有找到,急得脸和额头发红发烫,脑子里一片空白。我拿着个空瓶子心虚惶恐地回到屋角时,突然发现两个硬币紧紧地握在自己的左手中,接下来的心情是非"欣喜若狂"一类的字眼不能形容的了。现在回想,除了莞尔一笑之外,还从中悟出个道理:有时人生中的幸福并非是你做了多么正确的事,而是你的某个失误突然得到了挽回。这便是有惊无险的大幸福。当然,万事小心、无惊无险就最好不过了。

前几年,由于胃出了毛病,父亲把酒戒掉了,我尤其佩服他的毅力,喝了几十年酒,说戒便戒,如今滴酒不沾。对我来说,这何曾不是莫大的遗憾。小时候给他买酒,看他喝酒,待我成为年过二十的青年,到了能够喝酒的年纪,他已把酒戒了。我又何曾不想着某一天以成年男子汉的姿态陪他喝上一杯,感恩敬谢他一如既往隐而不宣任劳任怨地付出以及含辛茹苦地培养。当下父亲已年逾五旬,参照人正常的寿命,则已是度过人生的半多日子。他依旧立足大地,于厚实的土地上劳作;虽已不再喝酒,但性子里依旧透露出农村"土白酒"那般浓烈绵厚的劲头。自近年能够合情合理合法地喝酒以来,我时常回想起多年前父亲在呷上两口土白酒后,将一担担沉重的稻谷、李子、木薯从田地里挑回家的情景,亦清晰地记得在一个热辣辣的午后,他借着酒力将两担各将近二百斤的干柴挑到村委会的灶房里去,我跟在他身后,觉得眼前的男人俨然是顶天立地的巨人……后来年龄增长,经历的人事增多,我又开始意识到,像我父亲一样借着酒力在中国大地热土上辛勤劳作、奋斗,肩负家庭责任和重担的男人还有千千万万,他们刚性、隐忍,努力生活和创造生活,我父亲是其中平凡而杰出的代表……

立冬过后是小雪,小雪过后是大雪,大雪过后则是最为寒冷的冬至。当前气温逐渐下降,天气越发寒凉,而想到家乡大地出产的土白酒,想到如土白酒般浓烈淳厚的乡人,想到家乡的白酒人事,心头便不禁暖和起来。

# 的士小记

陈颖文(2015级基地班)

阎连科说:一个城市繁华喧嚣的程度,大抵可以用出租车的数量来衡量。造物主仿佛是有意而为的,将一个个城市都打包,装在这一部部不知疲倦日夜奔驰的车上。

此言不虚。

在北京,生活在皇城根底下的司机们天生便有着帝都人的傲气。他们的健谈是早已名扬海外的——上则贵至宫闱秘史庙堂铨叙之闻,下则贱至街衢陋巷布衣百姓之事,无一不是信手拈来侃侃而谈。在上海,十里洋场外滩霓虹闪烁纸醉金迷,却改变不了上海司机们的沉稳与谦逊。一如他们操控着的上海大众一般——稳重,而令人心安。乘客舒适度、计价器与油表,这便构成了他们每日工作的核心。

而在珠海,一切都似乎没什么不同,一切又似乎都迥然不同。

珠海街头奔驰着的的士大抵有三种:天蓝色的全新电动比亚迪,荧光绿的雪铁龙,以及周身掉漆的捷达王。在可谓打的难难于上青天之今日,若是能刚一招手便唤来一部比亚迪代步,那简直是一种享受——电动发动机不再发出嘈杂的轰鸣,宽敞舒适的车厢里空调风力强劲,隔绝了毒辣似火的骄阳。能有资格开这种车的的哥更是一身正装,温文尔雅,开车平稳而鲜有颠簸。然而更多人只能在路边对着面前的招来的雪铁龙低声叹惋,旋即坐进后座破旧的皮座上,在略显逼仄的车厢内四处找寻有气无力若有若无的空调风。开这车的的哥往往是珠海本地人,能在一口轻柔而响亮的粤语与略带口音的普通话间自如切换的他们,从不添半句冗杂话语。一俟问明目的地后便再金口难开,只顾以鹰隼一般的眼神扫视着道路两旁每一只随时可能伸出召车的手。粤民们闷声发大财的特质使他们明白,唯有静默不语,积蓄精力,才能把每一单生意揽入。

珠海的坊间流传着不少有关于霍英东的传闻,这位富可敌国的巨贾在这片南粤的沃土上留下了不少风流轶事,而最令人忍俊不禁的一个段子正与这出租车有关。话表霍老爷子在珠海初发迹之时,某日苦于舟车劳顿,老爷子与一众手下纷纷呼呼大睡至“日高起”,方才惊觉中午的商务洽谈快到了。彼时的珠海街头,尚是捷达出租车的天下。酒店的门童给老爷子支了一招:啥车也别坐,专挑捷达的士去会场!于是乎一众香港贵客便屈尊被塞进了几部逼仄而老旧的捷达车内,且不表一路上司机左突右冲颠簸加速,全然不顾已被颠得七荤八素的乘客们。嘿！还真赶上了。从此,捷达可谓一战而天下知,几乎成了的士的不二象征。斯事真缪,已不可考。但这街头巷尾一部部的捷达王,名声传开了。

开捷达的的哥多来自陕、湘二地。自古所谓秦人好斗,楚人嗜武,手中的一部烂捷达竟也能被他们开出几分豪壮之气来。不待乘客坐稳便猛踩油门出发,轮胎摩擦的噪音伴随着强烈的推背感,间或夹杂着车厢里的咒骂声。又是一脚猛踹油门,仿佛鞭子狠狠抽在马背上,引擎狂吼起来,竭力迸发出猛烈的动力,饿虎扑食似的向前飞驰。

有幸在珠海求学一年余,也曾分别体验过三种的士。遑论是捷达的粗野莽撞,还是比亚迪的彬彬有礼,都足以让我这外乡人感受到一个愈加真切的珠海。的士就像一座座微缩的城,有晴天灿烂的欣喜与乐观,有淫雨霏霏时的抱怨和怅惘,更有着坚韧不拔的执着拼搏。

微薄的薪水,喂着四张、五张甚至更多张饿得嗷嗷叫的嘴,名目繁多的杂税已经压弯了本就脆弱不堪的脊椎,在夜里时时刻刻还得提防着背后会递来钱还是刺来一把匕首。揽客、揽多客、揽更多客,他们常常喃喃自语着……

忽而想起香港电影《的士判官》里的一句台词,现在看来也确实颇为应景:

“他们担着的,是一个家,一种精神,甚至,一座城。”

是为结语。

# 暨南随笔二三事

陈颖文（2015级基地班）

在暨南求学已三年了。感触不少，拘于俗务，真正转化为文字总不很多。老庄所谓的乘物以游心，托不得已以养中，大抵是做不到了。今仍择其一二，聊为今文。

## 一、暨南花园记

暨南花园，在暨南大学西北角，今为普通居民区矣。百年校庆之时，居民协力治其园囿，洁其庭宇，是以夏冬温凉，果蔬丰艳，奇花美草，刻露清秀。四时之景，无不可爱。

余既乐其地僻而静谧，又爱其氛之安闲逸乐，饭罢之时，常携二三友，徐趋而往。又尝春日晓起，旭日方出，天色蒙蒙。欲雨未雨，似阴非阴。自宿舍推窗远望之，数尺之外，迷离莫辨。庐、舍、树、木，在若有若无之间。

春夏时，园花竞开，群蜂往来枝间，状忙甚。须臾，飞集花心，敛翼缩足，吸取甜汁，归以酿蜜。蜜成，满蜂房，储为冬令之粮。故冬霜既降，百花皆残，群蜂安居房中，无缺食之患。又，暨南小学东侧小园中，多果树。初夏时候，果实渐熟。樱桃红，梅子青，杨梅紫，枇杷黄，鲜艳可爱。二三稚子，每散课归，辄各采数枚。尝问之："采之将欲何？"答曰："至家盛瓷盘中，可供赏玩。"

诗之好劣，近觉以气息为衡。故乐天"几处早莺争暖树，谁家新燕啄春泥"句，真绝写春日佳景。然非以身入其境、触其息者，焉能道之？是以凡物皆有可观。苟有可观，皆有可乐，非必所谓奇伟瑰怪之属。愁穷奔走，犹能择胜。胸中暇整，可以应世。今有此园，孰能无感乎。

## 二、闲来说月

来穗已逾三年。较之故乡，羊城的月，总还缺几分灵韵。太白常举杯相邀的，是"明月出天山，苍茫云海间"，逸秀；王右丞咏的，是"明月松间照，清泉石上流"，轻隽；张若虚笔下的"海上明月共潮生"，亦是幽美邈远、惝恍迷离。月当有这些灵性，广州的月却颇呆滞，格局也小，甚至常常跟不上人们的步伐，已行至彼处了，月儿却像还愣在此处的高楼间似的,望不见身影。微之"城楼月易低",亦其类乎?有时快步走许久都觅不着月光,甫一转身,却又发现它就怔怔挂在身后的天幕上,从栉比的楼间艰难洒下若明若暗的光亮。这大抵也是都市的通病罢,流光溢彩的人造光,都快把月光吞没殆尽。这便益了孙康之流,再不需在雪地里哆哆嗦嗦就着月光苦读了——我思量月光本也是不怎么亮的。否则,何以"不堪盈手赠"呢?

我本是生在惠州的客家人,可依父辈籍贯,却又当算是潮汕裔。逸轩曾作诗笑我"腥膻夷气称诸夏,潮惠两地号本家",大抵出自此意。"赏月光"是潮汕人一项民俗:八月十五明月夜,捧出几大碟供品放在天台,望月而拜。拜罢却还不能动手,得先恭恭敬敬围坐桌旁,"待月公先尝一遍",方能大吃大嚼。小时不解个中滋味,只得与大人一同挨着,看着月光自供品上缓缓移过。月光如练,月色如斯,静谧的夜,只有徐徐凉风,偶尔一两声夜虫的呢喃,大人们低头嗡嗡私语,轻摇蒲扇扑去飞萤,藤椅咿呀响声二三。现在说来,何以不称之祭月、拜月,偏要呼之曰"赏月光"?想必情趣便在此间了。

有佳景辄常出佳句。所谓"月上柳梢头"者,正中一柳树,圆月斜挂其上,构图之最上者也。又忆去年返校,适逢上元之夕,见月如大玉,因忆欧公此句,急披衣往寻之,惟枯枝当风,新芽未抽。大笑而还。

# 雪落盛夏①

孙绮琪(2015级基地班)

南国的冬天总是来得那么晚。

已经是十月份,昨天才刮起一阵寒风,难得换上了长袖,穿上了薄薄的外套。今天中午却又是猛烈的太阳当头照,空气又湿又热。大家又纷纷脱去外套,换上短袖。

日复一日,年复一年,在这个没有雪的南方,夏天显得特别漫长。

是啊,什么时候冬天才会来呢?走在路上,我随手接过路边的传单当扇子用。即使我知道用处不大,扇一扇也有丝丝凉意,就当图个清凉的安慰。

在同样一个闷热的日子里,我遇到过一个人。我们已经很久没有联系,数不清多久。其实很多人不都是这样的吗?今天没有联系,明天没有联系,后天也没有联系,渐渐淡忘,最后这辈子都不会再有任何联系。

他叫阿雪。不知道的人,初次听这个名字,还以为喊的是一个女人。若是这样想,那就大错特错了。

阿雪,是一个三十出头的男人,平时爱穿一件白衬衫和一条黑色西裤,再搭上一双擦得发亮的黑色皮鞋,是标准的男模身材。在他浓密的黑发之间,闪过丝丝白发的踪影。黑白头发下面是一张五官端正却带着一丝沧桑感的面孔。听说,他刚从别的学校调来没几个月,就当了我们高二下学期的化学老师。

为什么这个学期换了化学老师?

这要说起上学期那位“极品”化学老师。一个女老师,看上去很年轻,但并不像艺术课的老师爱打扮。每次上课,只见她穿一件洗到发白的T恤和一条深色长裤,后脑勺上面简简单单地扎了一条马尾。她的眼睛又长又细,估计戴隐形眼镜也是费力,只好在鼻梁上架了一副眼镜。她每节课都会拎着一本化学书进来,但是她从来都不翻书!节节课自习!下面的学生要求老师讲课,只听她细声淡定地回答:“那么简单,还用讲吗?理综考试那么简单!你们中考化学,不是平均分都95分以上吗?自己自习。”之后,任凭我们怎么劝老师讲课,她也不再回话。

① 此作曾获首届广东省大学生青春写作大赛优秀奖(2016年)、第十二届全国青少年冰心文学大赛一等奖(2017年)。

终于熬到期末,在学生给任课老师的反馈上,我们全班同学,对化学老师一律差评。

新学期,大家一听换了老师,奔走相告。

阿雪来上第一节课的时候,并没有直接进入课程,而是和我们闲聊几句:“你们是不是跟××一中联考啦?是不是很讨厌××一中?”

我们当然齐声喊:“是!”

开学逢联考,措手不及,一败涂地。

然后,他用责怪而诙谐的口气说:“我也讨厌××一中。我投简历的时候,他们理都不理我。”

顿时,讲台下面笑声一片。

以后的日子里,阿雪讲课之前都会说说笑话,活跃一下课堂气氛。有时候,旁听的女老师们也会被他的笑话逗得前仰后合。然而在听笑话之余,大部分学生都在低头做着其他科的作业,不想浪费一分一秒宝贵的时间。因为是文科生,总得多惦记主要科目。理科考试只是水平测试,不计入高考分数,能有B就大吉大利。

而我并不这样认为,依旧认认真真听理科的课程,特别是化学。我原本落下的化学成绩,有了翻天覆地的变化,平时理科小测也时时徘徊在班级第一二名。

我天真地这样想,我每次化学都考班里第一,老师会不会记得我呢?

可他怎么会记得呢?他年年带不同的班,学生一批又一批。更何况是文科班,他一带就是三四个班级!

那时的我总是多愁善感,不谙世事。往事也总是会在不经意间跳出来。酸涩的回忆,像在不经意间打开了的潘多拉魔盒,里面的妖魔鬼怪一个个不断地飞出来兴风作浪,想关都关不住。

高中的学生宿舍是一个揭露“真相”的地方,无所不谈,无奇不有。

用舍友的话来说,我就是“纯”和“蠢”。我说我励志当一个女强人,要做时代的“新女性”。傍晚洗澡时间,早就洗好的我在宿舍举起衣叉,愤愤地表示自己永远不结婚,要和男人一争天下。然后睡我隔壁床的女生笑我说:“你?你有本事你以后三十岁说你不想结婚?”我很认真地用力点头,看着她们笑,我也跟她们一起大声地哈哈笑了起来。

外表再坚强的人,总难免会有一颗玻璃心。就像贝壳,有一个坚硬的外壳,而里面是如此柔弱。我不允许别人伤害我,所以我必须时刻全副武装,做一个打不倒的女战士。这个倔强的脾气,一如现在的我,从不爱认输。

那天夜里,她们十分热情地谈论起老师们的笑点:地理老师彪悍的长相;语文老师短小精悍的身高;英语老师上课穿了什么颜色的内衣;历史老师上课老是提裤子;数学老师上课拖鞋掉进了讲台的缝里面……她们一边怕被舍管听见,压低声音,但又好几次忍不住大声地笑起来,旁边的人急忙地发声:“嘘——”,以表示小声点。

我默默地听了好久,她们终于说到化学老师。其中的一个人说:“你们知道吗?

我听说，化学老师离婚好几年了。”

是吗？是这样的吗？我怎么会又开心又难过？我想相信它是真的，又想相信它是假的。更多的关于他的信息，我又想知道又害怕知道。不听是最好的，不知无罪。最后，我便躺下蒙头就睡，她们看我躺下睡了，也不说了。不知道过了多久，她们都收拾好躺下睡了，舍友的鼾声也响起来了，我仍旧睡不着。

过去的事就不要再想了，我摇摇发昏沉重的头，耸耸被背带勒得酸痛的肩膀，后背上垂着一个沉重的书包。

头上悬着的烈日，慢慢攀升的气温，喉咙里的干渴，让我抵不住冰凉的诱惑。于是，我走向路边卖柠檬茶的摊位。我快速地插上塑胶管，吸上一口柠檬茶。那又酸甜又冰凉的感觉，滑过我的舌头，湿润我的喉咙。我顿觉一种难以言喻的满足。

一手拿着冰凉的柠檬茶，我走在两旁都是树的校道上。我一边走，一边低头踢着掉落的树叶。水泥地上是从树叶缝间投射下来的斑驳阳光。呵，多么熟悉的场景，我似曾走过。

一天午后，在校门口吃过饭，我和同桌阿吕一起到学校对面的小摊去买茶。茶的品种很多，光是奶茶就有十几种，可我不爱喝奶。“老板，我要一杯冰镇的柠檬茶！”

回去的时候，我们一同走在两旁都是树的校道上。午后的阳光，暖暖地笼罩了我，我的脸颊微微发烫，冰凉的柠檬茶又酸又涩。

“你真的不要再想了，没可能的，我警告你。”阿吕的话总是那么锋利，但我知道她是为我好。我的秘密，她也知道。

我缓缓地低下头，沉默了片刻，像求饶一般地回答：“阿吕……别说了阿吕。”我的脑子里乱哄哄的。再说下去，我的眼睛，我的心，快要比这柠檬还要酸了。

是呀。不能！警告！

回忆如潮水般涌来，所有的故事像发生在昨天一样。可是，我不是应该早就忘掉了吗？怎么又想起来了？我用力地吸了吸管子，盒子响起了空空的声音，一阵空气猛地被我吸进身体里，空空的，我的心也空空的。于是，我把喝瘪了的柠檬茶纸盒丢进路边的垃圾桶里。可我丢不掉记忆。

有一次下课以后，我紧张地拿了试卷，心怦怦乱跳，到讲台边问阿雪一道题目。他站在讲台上，弯下腰把手臂搁在桌面上，面带微笑接过试卷，然后说了句“罕见呐”。大概是说，少有我那么执着地对待理科题目的文科生吧。

怎么也想不明白这道题，经阿雪一句话的提醒，我却发现原来那么简单。我自觉不好意思，尴尬地笑了一笑，摸摸自己的后脑，无意地抬头看了看他的脸，不料他也正看着我。我忙说“谢谢老师”，逃到自己的座位上去了。

回到座位上，我担忧地看了看阿吕，她默默地投给我一个暧昧的眼神，很不以为然地对我一笑，像是在跟我说：“好家伙，干得好。”我羞得慌忙收拾课本，拿出作业，强作镇定，低头做题。

阿吕，我知错了。只有你懂我，只有你知道。我知道你对我好。可是我怎么能忘掉？你懂吗？忘不掉。

考后的一节化学课，我像平时一样目不转睛听阿雪上课。每次看到黑板上的课程表写着“化”的时候，心里就会有莫名的小激动。

上课的开始，阿雪就盯着电脑看了一会儿，说：“这次考试，你们班竟然有人不及格。不过可喜的是你们班还有人考到九十分以上。”我突然心跳加速，说的不就是我吗？“让我来认识一下……×××同学。”

我害羞又骄傲地举起了右手。他看了看我，然后继续上课。他一瞬间的目光，却在我的脑海里持续。因为我生怕再也没有下一次。

在化学课结束的那个星期，我带上一本我精心挑选的笔记本，心里有点忐忑，但冥冥中我觉得必须要迈出这一步，不然我会后悔。下课的时候，我匆匆来到阿雪的面前。

“老师，你能给我写毕业留言吗？我很喜欢你的课。”

结果阿雪只是笑了笑说，我们班这些人上课都不听课啊，还喜欢我的课？

我只好稍微大声地说：“我可是每次都考九十多分的啊！”

他恍然大悟：“哦！原来是你啊。”

哦，原来他从未记住过我和我的姓名。

我抬头望望这大学的校园，一草一木，这和母校完全不一样的地方。我不免感伤，再也回不去了。从前那么想要逃离高中那高强度的学习，如今如此怀念当年的生活。我牵挂母校，更牵挂母校里封藏的我的青春，那个比柠檬还酸的秘密。

在化学课结束以后，是较为漫长的复习，以及慢慢靠近的理综考试。

化学考试前的那天中午，宿舍里是平时没有的安静，只有大家翻书复习的“刷刷”声，还有我不安的心。

2012年6月9日下午4时8分，我提前交上答卷，看也不看一眼地转身离开考场，步入温热阳光之中，指尖却有一丝发凉。

理科，化学，再与我这个文科生无关。此后我的课堂，上面不会再有阿雪，阿雪的讲台下，再也没有我这个学生。

一切都已经过去了吧？

雪，落在那年盛夏，一场空美丽，转眼消失殆尽。

# 斯 默

王天然（2015级基地班）

斯默离开的时候，是在二〇一一年的夏天，距离他的初次到来恰好隔了四年零三个月。

斯默在一个春寒料峭的下午来到我家，他身上湿漉漉的，沾满了春雨的气息。我在家门口发现了他。他瘦小的身躯缩在门缝与墙壁之间，像一块残缺的石碑。我心下一惊，慢慢地靠近，他竟不怕，反而抬眼看我。一双玻璃球般的灰色眼珠，隐约映出我苍白的唇色。

我轻轻地抱他进屋，将他放进柔软的毛巾里，用温水擦拭他的皮毛，并试图喂他吃些东西。他是那么脆弱而无力，连白开水都难以下咽。他太瘦小了——人人都劝我放弃，但我一心想留下他，终于求得父亲带我们去医院。三天后，他得以进食，渐渐有了精神，自然地入住我家。我为他想过许多名字，最终决定叫他斯默。

我那时是很爱猫的，也曾喜欢过斯默。

斯默有一身乌黑的皮毛，在阳光下光滑柔腻。四只爪子倒是雪白的，大抵是叫作"四蹄踏雪"。他的额前梳着凌乱的、黑白相间的花纹，混着点儿棕黄色的杂毛，一双灰色的眼睛像极了童年时的玻璃球玩具，通透又明亮。

刚活过来的时候，斯默是个粘人的小可爱，怯生生地卧在沙发的一角。我放学回家后，习惯吃些下午茶，斯默便跟在旁边，不叫也不闹。我每每过意不去，便分一些食物给他，他十分受用。日子久了，他会主动来与我抢食，而我佯作愤怒，次次饶过他。

毕竟那时候，人人都爱斯默。

斯默来到我的书桌旁，黄色的读书灯在他脸上投下光影分明的线，一半在明亮中，一半在幽暗里。他额上的绒毛根根分明，黑色、白色和棕黄色，显得柔软而轻暖。我做题，间或抬头，便看见他一动也不动，只专心地待着。斯默睁着一双灰色的美目，闪闪发亮。

我问他，你在这儿做什么？

他不回答。

我再问,这道题你会解吗?

他不作声。

我又问,那要你何用?

他短促地呻吟了一声,跳开去了。

我获得了一丝促狭他的快意,但很快后悔了。事实上,我养猫的初衷,便是渴望有人陪伴左右。当我读书时,若是有人能在旁看着我、陪着我,哪怕不作声也好！心思一转,我憎恶起方才刁难斯默的那个自己。我扔下笔,去寻斯默,好言好语地将他哄回。他依旧一动不动地待在我身边,不发一言。

某次晚餐时,父亲在餐桌上提起白天斯默打架的趣事。在鲜牛奶与白面包的滋润下,斯默迅速地长大,接近成年的时候,他变得敏感而好斗,日日出门圈地、打斗。

父亲笑谈,斯默在门前唤他,他马上跑出去,跺了几下脚替斯默壮胆,效果显著。

我原不知父亲也爱猫,心中暗暗惊奇,难以将他魁梧的身躯与斯默的灵巧联系在一起。我紧紧地攥着筷子,不敢多说一句话。话随兴走,父亲又说到十二年前走失的老猫,名作"黄鱼",用加糖的鱼尾养得肥胖,眯一双碧蓝的眼睛,只爱卧在父亲的膝头。

我知晓,十二年前我尚未出生。我低低地埋下头,只夹自己跟前的菜。

斯默走了过来。他脑门儿上的一片毛被蹭掉了,露出皮肤本来的颜色,像贴着一块小小的膏药。伤痕不大、没有流血,但他昂首挺胸的,丝毫没有伤患的病弱感。他走到饭盆前,抖了抖腿,开始进食。我今晚吃的什么,他也吃什么。

不知是怎么回事,但我似乎没有那么喜欢斯默了。

在漫长的夏天里,斯默称霸房前屋后,频繁的打架令他形容凄惨,灵巧的身形在斗殴与暴食中走样。斯默不如幼年时那般美貌了——他背部的线条突兀而瘦长,下巴尖尖的,显得一双灰色的眼睛愈发地大,腹部却病态般肥胖,雪白的,像抽去筋骨的面团。他身上的皮毛从未完整,今日养好一块儿,明天又添新伤。有时我不得不替他上药,而他敏感极了,警惕着我手中的药棒,在我靠近时发出"呼噜呼噜"的警告。

我有些厌烦斯默——厌烦他不受管教,厌烦他喜怒无常而不肯乖乖留在我身边。于是我打定主意,决定约束斯默的行动,把纱窗上的洞口全部封好,不允许他轻易外出。可他处处与我作对,见缝插针地寻找溜出家门的机会。有一回,我正想出门,斯默闻声而动,我们在家门口狭路相逢。

他在铁门边看着我,我也看着他。他脏兮兮的,充满戾气,后臀上的皮毛掉了一块儿,露出突兀的肉色。我不敢走近,他也不出声哀求我,只用一双玻璃球似的眼睛瞪我。我们沉默着对抗。

门外,相隔不到半米的地方,便是当初他蜷缩的所在。如今那儿裂纹纵横,堆放着一些临时的垃圾。

我与斯默愈发地疏远,他不进我的房间,我也不喂他食物,偶尔进厨房时,若是发现他先在了,我便退出来,另做打算。上中学后,我住校,一个月方回一次家。回家时，斯默已不认识我甚至敌视我了。

一天下午，我去父亲的房里找些书。父亲外出有事，我没能事先和他说，便自顾自地推开书房门。刹那间，一道黑色的闪电掠过眼前，随即右手臂传来一片尖锐的痛。

我没发现斯默——若是发现了，我是可以躲开的，我猜——就径直走进书房，而他猛地一扑，亮出利爪和尖牙，一下子刺破了我的手臂。我惊叫起来，疯狂地甩动手臂，试图赶走斯默，可他仍死死地挂在我的手臂上，将爪牙刻进我的皮肤。

斯默的灰眼珠浑浊了，泛着碧蓝色、凶恶的光。

在长达两个月的时间里，我不得不奔波于学校和医院之间，按照规定注射药物。最后一针来得很迟，正赶上积劳成疾，发着高烧。而当时恰巧流感肆虐，并不知晓我的高烧是因为药物过敏，或是染上疾病。我愈加紧张，疼痛勒紧喉咙。

夜晚的就诊室没有什么人，即使灯光昏黄，我仍觉得刺眼。每注射一次药物，就要量一次体重；而我病得不愿起身，被护士强拉硬拽起来。头脑昏昏沉沉，半梦半醒。蜷缩又伸展，酸疼又空虚，慢慢地迎来一个稀薄的黎明。

病愈归家，我趁着苍白虚弱劲儿，问父亲，斯默呢？

父亲回答，还在。

我再问，斯默还在吗？

父亲回答，在厨房。

我又问，斯默还在吗？

父亲瞟了我一眼，大概是我虚弱的模样令他动摇，他只冷淡地说，不。

我终于满意了，晃着单薄的身躯回房，一头栽倒在床上。晚些时候，母亲告诉我，决定将斯默放生。我装出一副惊异而遗憾的模样，但心中窃喜。我想，大概是我赢了。

归家后，我没有见过斯默，也并不想见斯默。可到了放生那日，莫名的好奇心涌上心头，竟令我想去看看。

父亲抱着斯默，我抱着自己的手臂，我们在客厅相遇了。灰黑的毛球蜷在父亲怀里，而我手臂上的伤疤又开始隐隐作痛。斯默突然转过头来，用滚圆的灰眼睛看我。

你已经不爱我了吗，斯默问。他的声音沙哑又饱含攻击性。

可当初不是你把我留下来的吗？

我瑟缩了，退回到沙发上，将通往未来的路留给斯默。

请不要怪我。我悄悄地为自己辩解。这并不是我的错。

我缩在沙发上，像一块残缺的石碑，窗台的影子笼罩在我的头顶。隐约间，我听见父亲的声音自楼下传来，忙推开窗户望出去。

父亲抱着斯默，从楼下走过。父亲穿一身黑色衣服，脚上一双白色球鞋，他的头发黑白相间，额前凌乱地散着些棕黄色的杂发。父亲的腹部病态地肥胖，他魁梧的背影愈来愈远，模糊成夕阳中小小的一点。

我又想起最后的、斯默的眼神,分明闪现着胜利的喜悦。灰色?还是碧蓝色?我分辨不清。

我全然不喜欢斯默了,也没从前那般爱猫。

后来,我似乎在小区里见过斯默。他穿一双雪白的靴子,戴着高高的黑礼帽,滚圆的眼睛闪闪发光。当我正打算上前去看个究竟,他却拐进了一条小路,沙沙数声,消失在灌木丛里。

# 梦中的你

吴露露(2015级师范班)

“樱,快回来吃饭……”一个白发苍苍、面带灿烂笑容的老奶奶挥着布满老茧的双手向我招着。样子是那样清晰,又是那样模糊。我狂喜地向着你的方向奔跑着。可是,跑着跑着,你犹如炊烟般在我手缝里消失不见了。

那年,我五岁,那是我第一次见到你。那时的你,头发乌黑发亮,总是面带慈祥的笑容,但那笑容隐约带着一丝丝伤感。还记得你带我离开我曾经居住的地方,那时,你的手掌好大。那偌大的手掌紧紧地牵着我的小手向前走着。可是,你突然停止步伐,抬头伤感地呆望着天空,然后语重心长地对我说:“樱,从今天起,你再也吃不了很好吃的饭和糖了,那你还愿意跟我走吗?”那时你的手在颤抖着。“樱可以不吃糖糖,樱也不怕吃苦,只要你不抛弃我……”那时你猛地抱我,哭了起来。

那年,我十岁,皱纹早已爬满你的脸颊。你总是想像以前小时候一样喂我吃饭,说什么“吃再不好,爱也不能少”的话。我总是拒绝这把我当小朋友的行为。到了夜深人静的时候,你总会趁我睡着时偷偷地摸我后背,并时不时心疼地念叨:“怎么这么瘦啊,是不是我照顾得不好?”后背因你手上的老茧刺痛着,但那么温暖。

那年,我十八岁。病魔缠身的你再也无法起床,只能一直躺在床上。每当我喂你吃饭时,你总会像孩子般嘟嘴低喃:“现在我再也不能喂你吃饭了,这么快就轮到你喂我这老人家吃饭。哼!我不吃饭!我要喂你吃饭。”那时,我总会劝突变小孩的你吃饭,劝许久你才肯乖乖吃饭。但是,直到有一天,你再也不发小孩子脾气了,只是安详地闭上双眼,再也没睁开过了。

梦,寻着香浓又熟悉的饭香,听着熟悉的召唤声,看着向我招手的你。伸手想去触摸,却化作一缕缕烟消失在我的手缝里,只留下温暖的泪水留在我的手掌心。你在天堂还好吗?奶奶。我好想你,好想你。

# 母亲与厨房

吴露露（2015级师范班）

一说到“厨房”两个字，我的脑海里总会浮现出一个场景：在一间空间很小、墙被烟熏黑的小房间里，站着一个系着围裙的妇女，她的脸上总是洋溢着幸福的笑容，手拿着煎铲，注视着电磁炉上平底锅里肉片跳动的舞姿，那人就是我的母亲。

小时候，家里的厨房特别小，小到只能进两个人。那时候，母亲总会起早贪黑地为我准备早餐。当时，家里并不是很富裕，厨房设备的种类屈指可数，至今我都能用手指头数出来那些设备种类的数目，有电饭煲、电磁炉、平底锅，没有微波炉和冰箱。因此，家里总是没有过夜的蔬菜、肉类。母亲为了能让我吃到新鲜的蔬菜和肉类，她总是会起早贪黑去菜市场买菜，为我准备我最爱吃的早餐——稀饭配肉片。母亲的手像是魔法之手，即使每天都煮着同样的早餐，但我从来都不会吃厌。每次母亲看到我狼吞虎咽吃着她做的早餐，她的脸上总会洋溢出幸福的微笑，那是我最爱看的画面。

但这画面随着岁月推移而渐渐消失了。长大后，母亲因与父亲性格不合而闹离婚。她离开了我所在的城市，去开启她人生中另一个新的旅途。家里的厨房也因家中经济日趋好转而被重新装修了。厨房不再是小时候那么小了，可以进超过三个人的容量。厨房的设备种类也不再像之前那么单一了，变得多元化，有抽烟机、冰箱、微波炉、橱柜等，橱柜上还摆着各种款式的酒杯和碗筷，整整齐齐地摆放着，犹如士兵排队般那样整齐。厨房的墙也不再有之前被油烟熏黑的痕迹，反而涂上粉红的油漆。每当看到这些改变，我心就痛，心中总会浮现这些念头：“要是母亲能在这里就好了，她就不用那么早去菜市场买菜了。要是母亲在这里就好了，她就……”可是，不可能了。

在梦中，总有那么一个人，她站在被粉红油漆粉刷的房间里，那里有电磁炉、冰箱、橱柜，她面带幸福的笑容，手拿着煎铲，低头煮着那令人幸福的爱心早餐。

# 道之将废也？文不在兹乎！

## ——鲁迅先生逝世八十年纪念日有感

邹逸轩(2015级基地班)

题中的这副对联来自哲学家熊十力的集句联。两句皆出于《论语》,上联为"道之将行也与,命也;道之将废也与,命也"的摘选,下联则出自《论语·子罕》:"文王既没,文不在兹乎？天之将丧斯文也,后死者不得与于斯文也;天之未丧斯文也,匡人其如予何?"

熊十力作此联时,处于一种精神狂乱的状态,着破烂衣衫,独自一人到街上或公园去,跌跌撞撞,双泪长流,口中念念有词。"道之将废也"或许就是先生对当时现状的咆哮和无奈。而"文不在兹乎"则是在他半醒半狂的精神状态下对自己文化本位的坚守与自信。"天之未丧斯文也,匡人其如予何?"正是以"文"自居的自信,才使得哲人仍能主动担负起斯文之脉。

今天离鲁迅先生逝世已经八十年了。在重新阅读先生著作时,忽然才想起了先生那句"我们有并不失掉自信力的中国人在"。

子曰:"三军可夺帅也,匹夫不可夺志也。"夫子所处的是礼崩乐坏的年代,但他的一生都在为式微的礼乐而奔走。便纵是式微,孔子也未尝放弃其道。他曾经对曾参和端木赐都说过他"一以贯之",不改其道。夫子周游列国,宣扬儒道,以天下为担当,不可以不弘毅,不能不任重而道远。

夫子是孤独的,他的理念在混乱的利益征战中显得无用与软弱。有人说"儒者,柔也",便是后世对儒家在春秋乱世失利的一种看法。但我看到的是夫子周游列国时"匹夫不可夺志也"与"文不在兹乎"的弘毅刚强、自强不息的精神。大抵便如《中庸》所说:"国有道,不变塞焉;国无道,至死不变。"春秋之礼崩乐坏,孔子不易其志,以天下为己任,一以贯之,至死不变。

而先生所在的,也是一个"国无道"的时代。民国虽立,然国民未觉,民国其实未成"民国"。他发现了吃人的世界,发现了麻木不仁的劣根性,发现了"先觉者"走不出去的没有窗户的“铁屋子”。先生是悲观的,他对启蒙有着很深的怀疑,但即便如此,他仍旧为彷徨的民族而呐喊。“做人就像蜡烛,有一分热,发一分光。”这是先生对他人的鼓励,也是他醒世信念的自勉。

先生在《为了忘却的记念》里如是说:“在这三十年中,却使我目睹许多青年的血,层层淤积起来,将我埋得不能呼吸,我只能用这样的笔墨,写几句文章,算是从泥土中挖一个小孔,自己延口残喘。”直至他作品中“死”的母题即将降临到他身上,冷箭与流言不断攻讦。先生给友人的信写道:“以前以畏祸隐去之小丑,竟乘风潮,相率出现,趁我危难,大肆攻击。”他也不是未想过他的处境,但是“寄意寒星荃不察”,要“以血荐轩辕”。

苏轼的《留侯论》言道:“天下有大勇者,卒然临之而不惊,无故加之而不怒。此其所挟持者甚大,而其志甚远也。”可为先生之写照,他是“真的猛士,敢于直面惨淡的人生,敢于正视淋漓的鲜血”。并在淡红的血色中,会依稀看见微茫的希望,更奋然而前行。先生在八十年前的今天停止了思考,我们应在先生停止思考的地方继续反思自省,不断前行。

鲁迅先生在《野草》的题辞中写道:“野草,根本不深,花叶不美,然而吸取露,吸取水,吸取陈死人的血和肉,各各夺取它的生存。当生存时,还是将遭践踏,将遭删刈,直至于死亡而朽腐。但我坦然,欣然。我将大笑,我将歌唱。”我才明白先生已经把他的思想与精神留下了,便如野草。

陈寅恪先生曾经有诗道:“寻梦难忘前度事,种花留与后来人。”先生留下的,似也只是寻常花草,杂然赋形尔尔。我们行于道上,或视而不见,不屑一顾;或践踏摧毁,大笑而去;或为这前人所遗的花草所吸引,采撷一二,行至他处,又将它们的种子播下,留予后来之人。是繁荣还是毁灭,是传承还是改造,都由后人选择。只愿继往圣,开来学,万世之太平,便由后人享受,而哪怕只有一个人愿意在这朵花前经过、驻足或采撷,相信先生可以长舒叹道:“吾道不孤!”

夫子相信这把火可以传承下去,他相信“德不孤”,更相信“天之未丧斯文也”。纵使是“道之不行,已知之矣”的不可为,也要努力为之——“天下有道,丘不与易也!”

一生致力于打倒偶像与封建礼教的鲁迅先生,与春秋的夫子何其相似!他说:“此后如竟没有炬火:我便是唯一的光。倘若有了炬火,出了太阳,我们自然心悦诚服的消失,不但毫无不平,而且还要随喜赞美这炬火或太阳;因为他照了人类,连我都在内。”二人的执着,以及他们所坚信的东西,便是这合契嗟叹之处,可以作为他们跨越二千年的对话。

钱穆先生在其最后一课上如此讲道,我们是中国人,不能忘记了中国,要从历史与文化的本源中探寻存在和发展的途径。我们不应盲目外信,妄自菲薄,要记住“我们有并不失掉自信力的中国人在”,要知道我们走到哪,我们都应该是“中国的脊梁”。这是我们作为中华儿女而必然要有的文化自信。中华民族的伟大复兴必然伴随着中华民族文化的伟大复兴,这便需要作为中国少年的我们,以高度的文化自觉,担负起民族未来的希望，为中华民族文化的传承与发扬，有一分热，便发一分光。未来的中国，将是少年中国走向复兴的中国，将是中国少年为之骄傲，为之奋斗，充满自信与自觉的中国！

道之将废也？文不在兹乎！

偶然之间得到的一副对联，可以用在今天，来缅怀先生，并以此唤醒我们的初心，牢记作为中国少年的使命：

继孔夫子之后可称圣人，一者教民，一者醒世；

与嵇叔夜相仿同为名士，半曰彷徨，半曰清狂。

写于二〇一六年十月十九日鲁迅先生逝世八十年纪念日

# 金黄色的春天

张嘉琪(2015级基地班)

在南方出生、南方长大的我,早已习惯了树木四季常青的景象。但就在回归广州校本部度过的第一个春天,我有幸见识到了不一样的奇景。

三月中旬的明湖楼边,绕着湖畔青翠了一整个冬天的树叶子仿佛一夜之间全黄了。也许是我不善于观察生活,才没留意到这一变化的完整过程。渐渐地,图书馆旁、校道两侧的行道树也变得金黄了。即使阴雨天气连绵不断,我们头上没有蓝天白云,没有灿烂的阳光,这满树的金黄仍然能让人联想起北方那晴空万里、瓜果飘香的季节。

春季的雨总是来得迅猛而突然。一夜春雨过后,金黄的叶子铺出了一条灿烂的路。清晨和朋友说笑着走向教学楼的时候,校道才刚被洒扫车清理干净;待到中午去食堂吃饭时,落叶就又扑到路面上来了——这回不是被雨水打落的,春风只是轻轻摇了摇枝干,那些金色的精灵就扑簌簌飞向大地的怀抱。学生三三两两行走在校道两侧,叶片就打着旋儿从大家身畔飘落。

对我来说,落叶满地的壮观程度绝不亚于第一次在深圳看到下雪。实在觉得新奇,便拍了几张照片发给家里人看。母亲调侃说:“你们学校这季节都是颠倒的。”

让我确定我没有错认季节的,是在一个难得的晴天偶然的一个抬头。树枝上不知何时长满了叶芽儿,好些新叶甚至已经迎着阳光伸展开了身子,绿莹莹的,看得人眼睛特别舒服。因湿润的空气而显得黝黑的枝干和透过阳光显得耀眼的绿色叶片,色彩对比竟如此强烈。而树下依旧金黄一片,走过时会发出“沙啦、沙啦”的声音,让人心里一片宁静。如同秋与春被一双巧手无缝对接起来般,谢幕与登场、衰亡与新生在这些树上并没有分界线。

我实在不知道怎样去描述这番奇景。

直到后来上文学概论课的时候,从老师那里听到一个我特别喜欢的说法:广州的树,黄叶飘落并不意味着秋季生命的凋零。它是被蕴含在枝条内部的崭新能量催促着,被隐藏在芽苞里的幼叶反反复复地提醒着——我要出来了,我要生长了,你们快些给我腾出成长的位置来。

我很喜欢也很认同这样充满生机的想象。很早就听过"落红不是无情物,化作春泥更护花"的名句,却总觉得诗中想要表达的豁达情绪里隐含着面对自然规律的无可奈何。但谁说落叶就不能是充满活力与朝气的事情呢?这个三月,它不就在一个南方长大的姑娘的眼前,用它耀眼的金黄颜色,呼唤出一个崭新的春天了吗?

# 阳 光

张嘉琪(2015级基地班)

尽管教练对我很有信心,但当我坐在教练车里,而窗外就是科目二的考场的时候,我觉得我的心都快跳出来了。太久没考实操类的考试,我完全不能像平时面对笔试那样放松。我甚至无法控制住自己的思绪,脑内反反复复想象着的,都是无数种导致考试失败的可能。

同行的姐姐被安排到的考试时间比我早了三个小时。这意味着我需要比她多忍受三个小时的待考时间。她真幸福,闷在车里等待的过程实在太煎熬了。我想不出还能有什么可做的,只呆呆望着窗外颤动的树枝,刚刚好像有只鸟飞了进去,转眼看不见了——第五次摁亮了手机屏幕,沮丧地发现时间才过去了三分钟。我想我该出去,车里憋闷得我有些难受。那天刮了北风,气温降了不少;我独自坐在树荫下冰冷的石凳上,模模糊糊地想着这回广东可算是入冬成功了。手脚冰凉,也不知道是紧张还是被冷风吹的?或者是石凳实在太冷,还来不及将它焐热?

旁边突然凑过来一个满脸笑容的阿姨。她在我旁边的石凳上坐下,问我现在签到的队伍排到几点的场次了。这一问便牵扯出各种关于考试人数多、排队速度慢的吐槽,一番交流下来我才发现我俩考试场次居然是一样的。

"这里真冷,小姑娘我们到那边去,那边人多,比较暖和。"我注意到本来模糊一片的树影渐渐清晰,抬头一看,太阳终于挣脱阴云的遮挡,散发出不甚强烈的光与热。阿姨率先朝着阳光照耀下的人群走去。我下意识就跟着走了,尽管我心里还留有一点点对陌生人的防备。

接下来的时间,就都在两人的闲聊中悄悄度过了。从分享练车感受开始慢慢扯到将来的人生规划,这种和陌生人聊天的体验对我来说还是非常新奇的。多亏了阿姨的陪伴,我大部分精神都集中在聊天上,再没空去担心考试的事情了。阳光驱散手指的寒冷,带来麻痒,感觉很舒适。

阿姨是第二次来考科目二的。她半开玩笑地说,来考场之前教练警告过她,如果这次再不记得在侧方位停车时打右转向灯,就别想再坐教练车回去。她撇了撇嘴:"这么个鬼地方,我才不想再来呢!"一句话把我逗笑了。是啊,为了这场考试我之前没少练习，起早贪黑来一次考场也不容易，当然要加把劲一次考过，才对得起自己的努力呀。还没尝试就开始担心着失败的后果，不就否定之前练习的成果了吗?！阿姨乐观的心态感染了我，我想起进考场前教练和姐姐的鼓励，默默告诉自己要自信，要冷静。

大屏幕上终于显示出我领取到的考号。我捏紧了手里印着考号的纸条走向门口，阿姨还不忘提醒我一句："千万要记得打右转向灯呐！"刚涌上心头的紧张感瞬间消散了，我笑着对她点点头，深吸一口气，走进那片临近正午时分而显得格外明亮而温暖的阳光里。考试专用的车子已经在路边停好，我只需要像以往反复练习时那样，有条不紊地完成所有的操作，就一定能行！

考试进行得很顺利。可惜从考场出来后我就被教练接上了车，没能再次见到那个可爱的阿姨。希望她能顺利坐上教练车回家。

也许阿姨找上我聊天只是因为她健谈的性格和一副热心肠，但她无意的行动的确让我感受到了关怀与支持，并帮助我克服了考前的恐惧。如果可以，真想当面对她说谢谢。遗憾的是，我们当时并没有交换联系方式，到现在我甚至连她的模样都快想不起来了；只记得她问我考试场次时那一脸亲切真诚的笑容，还有背后隐约透出云层的几缕阳光。

# 偷闲儿

边辑(2016级基地班)

要说我最大的兴趣,唯有“偷闲儿”。

我平常爱偷别人时间,也经常被别人偷走时间,尽管结果是入不敷出,但常常觉得自己从中获得巨大的快感,就像是落羽杉的膝根偷偷冒出来大口大口地呼吸氧气一样,仿佛是一种生理需求,在我看来,就五个字儿:偷闲儿放松。但有时我也很郁闷,那就是没有时间给我偷,别人忙,没有时间给我偷暂且不言,令人惆怅的是连自己的时间都没法偷。新书没开封,画板落了尘,电影票过了期,朋友忘了我,我发现自己的生活如同即将枯死的树,我连对自己时间“施暴泄气”的拳头都没有,这真是个悲剧!我懊恼着,闷着头干活儿,追赶一个个ddl(deadline的缩写)。我受气包一般的窝囊样儿,就像是被人偷了东西后还被十几个彪形大汉群殴一样,委屈地受着拳打脚踢,但没法把这种痛苦施加给别人,那个时候,我真想偷!偷走自己的时间去末日狂欢,去宿醉,去泛舟湖上,去采菊东篱,去爱,去喊,去拥抱!可24小时后我依旧坐在案前,笔耕不辍,如同走在悬崖边的飞鸟,心系天空,爪子却死抠着悬崖,仿佛能活千年的圣鸟却长了一个鱼脑子,只有数秒钟的记忆,就是不再会飞了。

于是,我终于计划了一次逃离,一次伟大无比的“偷闲”!

我弃赛了。指导老师劝我,我没答应,他接受了,但第二天他被领导批评了;辅导员劝我,我也没答应,过了报到时间,我的手机终于安静了。尽管弃赛是个无耻的决定,但这无赖我要定了,偷得几日闲,甚是欢喜。

抬眼看,嘿,原来不只我一个“小偷”。春莺偷来百鸟的声音,一时莺啭柳如丝,香尘落人醉。五月的风偷走木棉树的孩子,他笨拙的手抱不住棉絮般的种子,边走边掉,还不敢停下慌张的脚步,于是,满世界跑着木棉树的小孩,他们也暂时忘记扎根的任务,忙里偷闲,在结缕草柔软的胸膛打滚儿,在蒲葵的扇面上跳舞,在刺葵的指尖上响当当挂着。黄脉爵床偷了一点儿阳光洒在身上,花序也沾了光,骄傲地朝太阳吹着喇叭,是庆祝自己盛开,是感念太阳赏光。合果芋偷偷爬上落羽杉,把身子挂在树干上懒洋洋地晒太阳,那副慵懒的神态,连猫咪都嫉妒……这些生灵真叫人羡慕!

人海茫茫,琐事重重,不如偷得浮生半日闲,逍遥一回算一回。

# 生活处处有暖意

陈怡妮(2016级师范班)

这几天的天气一直反复无常,太阳公公和乌云小姐就像在你追我赶一样,每次占了上风的都要大张旗鼓一番。刚到珠海,人生地不熟的我们,为了防止突如其来的大雨,只能一路撑着伞,急急忙忙地想找间店铺填饱自己的肚子。

我会注意到这家店,不是因为它闪着灯的指示牌,也不是因为它那琳琅满目的菜单牌,阴雨天里,我碰巧微微抬起头,目光穿过雨伞的边檐,看见了那个被贴在窗户上很俏皮很搞怪的表情包贴纸以及那一串平凡无奇的标语"开一间温暖的小店,遇见温暖的人"。我惊喜地扬起头,才发现这个像咖啡店一样装修的小房子是一家吃花甲粉的店铺,小店倒是真的小,但是温暖。尽管店面很小,但是饿了一个早上又面临着暴风雨威胁的我们还是相互对视了一下,迅速收起伞,推开了店门。

店里只有一个人在忙活,一位客人也没有,小店里只有两张桌子,最多也就只能坐八个人,我们五个人坐下来感觉就已经把整个店铺塞满了。坐在柜台后面的阿姨一看到我们就马上迎了上来,热情地帮我们点单。

在边吃边高谈阔论的时候,我一直在观察外面的天气,我希望恶劣的天气不要影响到我们接下来的行程。突然有个小女生双手提着两袋东西,从旁边蹦蹦跳跳地走到了店门口,她把雨伞夹在肘关节的位置,把右手的东西换到左手,用左手开门。我才发现,她不是小女生,大概有三十岁。看着她刚刚像个孩子一样跳着过来,以为她还是个学生,手里提着自己喜欢的东西,怀揣着就算是阴雨天也无法浇灭的喜悦。她对我们笑了笑之后,急急忙忙地把手里的东西放到冰箱里。是花甲和青菜,分门别类之后,各自用一个碗装起来,再小心翼翼地放好。她笑着转身,柜台后面的女人说还差牛腩,她笑着大声而坚定地回答了一个"好",弯腰拿起了雨伞匆匆忙忙地向门口走去,在出门前,她灿烂地笑着跟我们说慢慢吃。她的这个微笑,不是一种应付客人的虚伪假笑,而是一种见到老朋友的大笑,就好像我们是她认识很久的朋友,偶然到她家里做客,而她又必须暂时离开一样。最近几天时时下雨,路上的行人都低着头快步走,没带伞的在雨中奔跑,会骂两句。她的微笑大概是我这几天看到的最自然、最真实的笑容了。

过了一会儿,她带着那个急需用到的牛腩回到店里,还是蹦蹦跳跳,还是太阳式微笑。店里只有我们这一批客人,她给我们纸巾,还非常自豪地介绍店里的麻花。在聊天中,我了解了一个故事。在台湾土生土长的她,独自一个人到了广州,在广州打拼过后,独自一人来到珠海开了这家小店。她一边跟我们聊着自己的故事,一边摇头说后悔了,没想到珠海这么小,在这里开店的几个月里,守着昂贵的店租和稀少的客人,亏的总比赚的多。在吐槽店租的时候,她手舞足蹈起来,我们最后离开的时候,她嚷着让我们下次有机会一定要再来。

离开珠海好几天了,我还是会想起这家店铺的老板娘。我是一个喜欢旅行的人,但是对住在酒店里,用着陌生的东西,睡着陌生的床,我总会感到心慌。我不知道是什么支撑着她在陌生的城市里守着希望。

我想,老板娘应该总是能有温暖的力量吧,所以才可以在看似孤独的世界里活得像个少女。我抬头看了看天上的太阳,嗯,生活确实处处有暖意。

# 那片土地，那些岁月

崔玉奇（2016级基地班）

我在一九九八年出生，今年我十九岁。我的家乡是我心中最美的地方。

奶奶在我这个年纪时，每天在天刚刚亮的时候起床，走上几公里的山路去挑粪，用一个长柄木勺将粪一勺一勺舀到桶里，背在身上再走上几公里放在化粪池里，那是别人分给她的任务，不完成是要受惩罚的，去的时候上坡多山路艰难要弯着腰前进，用手扶着旁边的小树，手被割得一道一道的，回来的时候下坡多，雾气散了，散在山路的石头上，脚下直打滑，注意力要集中，一脚踩空虽不至于摔下山去，却会弄得一身的粪味，奶奶爱干净，但水是用来喝的，洗澡要去更远的地方。现在生活好了，可奶奶天一亮便起床的习惯改不了了，并且有很长很长的时间都要弯着腰走路。有多长？今年六十七岁，应该有二十年了吧。风湿病也是在那个时候留下的，经常在某一个夜里痛醒，剧烈地咳嗽，带着哭腔。小时候我很害怕和奶奶住在一处，觉得她在夜里像是变了个人，现在还是怕，怕咳着咳着便再也见不到她。她常常说："自己活得辛苦，从前熬一碗鸡汤要先送给太爷吃，太爷吃完了，骨头要留给弟弟妹妹，自己舔舔碗底便算是喝了鸡汤，高兴地忘乎所以。所以要珍惜生活，尤其是现在的生活，不要喊苦喊累，因为那个年代已经过去了。"

奶奶到了我这样的年纪时，家里更加困苦，也就嫁了人，嫁之前向人打听对象情况，听人说："那人上过两年学，不是个傻子。"奶奶放下心，嫁了过去，才发现爷爷原来不识字，混了两年学，得了个"假文凭"。后来奶奶怀孕了，不能下炕，要得到工分，只能在炕上挑豆子，各种豆子和碎豆荚混在一起，要把它们分开来，经常挑着挑着就到了晚上，灯里的煤油烧光了，奶奶坐在炕上怀着身孕没法下炕，碎豆荚扎进肉里。让爷爷去买煤油，爷爷说："家里没钱。"让爷爷去借，爷爷说："我不好意思借，要去你去。"奶奶就骂，然后打，最后哭，哭累了就找个月光能照到的地方接着挑，挑到眼皮再也睁不开才睡觉，第二天继续挑。我一直都很好奇：为什么那个年代，我的爸爸竟然是独生子？后来听爸爸说，他的兄弟姐妹有的还没生出来就死了，有的一出生就夭折了，仅有一个妹妹养到两岁，但最终只剩下爸爸了。据说奶奶之所以这么疼我，是因为我的肚脐上方有个胎记，隐约能看出是个"六"字，而那个夭折的两岁孩子就是奶奶的第六个孩子。

奶奶如今每天仍不能好好睡上一觉,半夜里还是经常咳嗽,走路时腰越来越弯了,但她还是告诉我:“要珍惜生活,苦难都已经过去了,现在是最好的时代。”

# 荒院情深深几许

谭智（2016级基地班）

外公家的院子荒了。

这个经历了百年风霜的大院着实让暑期回乡扫墓的我吃了一惊。与其说是院子，倒不如说是一块无人耕种的荒地。原来木榫土坯结构的四合院现如今空无一人，只剩下几间残破的房屋和几段颓圮的土墙孤零零地守在这儿。

拆掉的门房只剩下屋基，用石头稍加垒砌便成了天然的小菜园，往日的大石碾盘被用作田坎的石料倒是很坚固，屋后的梨树结满了果实却无人收获，大多被蜜蜂啃食，有的掉在地上慢慢腐烂。

院子内长满了密密麻麻的杂草，荒得不成样子，几乎让人认不出原有的路。堂屋变成了一个野草遍布的平台，而尚未完全垮掉的厢房，已无四壁，只剩下柱子和屋顶，长满青苔的楼板悬在了半空，似乎随时都会落下来。从房顶掉下的瓦片零碎地摆在空荡荡的走廊上，只有那石阶和石基完好无损地矗立在院里。

躲在阁楼上的野猫闪着大大的眼睛，透过破窗注视着院子里的一切，叫几声，转头扎进了身后的阁楼里。也不知是哪家的小黄狗，悠闲地踏着步子，从院子中间穿过。几只黄色的蝴蝶一会儿在院子里飞舞，一会儿又在柱石停留。除了我们的低声交谈，能听到的只有风吹树叶发出的沙沙响声，还有那清脆响亮的蝉叫声。白天的院子静得如此出奇，看来是真荒了。

昔日的院子怎么也不会是如此破败与冷清的！这个修建于清末民初的院落一度成为县里的焦点，大院总是不缺少前来拜访的宾客，也总是挤满了四面八方的朋友，那时华丽与繁荣的大院就像一个风华正茂的年轻人，彰显着这个家族旺盛的生命力。即使是在后来被分掉，住进外姓人家的大院依然保持着热闹，院中充斥着人们日常的生活闲谈，儿童的欢声笑语常常从院中飘荡出去。

以前院子还不那么荒的时候，我嫌路远难走而很少回去，如今外公家的院子的的确确荒了，还如此破败，我却总想回去看看。我时常会梦到它，梦到自己站在院子里，望着屋后的梨树傻笑。

细碎的阳光从树叶的缝隙倾洒而下，汇入院子苍老的生命中。祥云铺满了西天。

傍晚,院子后的山坡上,浮动着牛羊回圈的身影,一群玩耍忘了时间的鸭子匆匆从山间小溪边归家,踩着自己的倒影,摇头晃脑地走一路唱一路。

这个夜晚,我触摸院子的荒芜,它是那么深,那么静……

# 梦留草坝

谭智(2016级基地班)

七月初的天气算不得顶热,大学同学的到来,更让这夏天变得凉爽。我们一行人牵着季节的手,走进草儿青、花儿香、路儿烂、牛儿满山跑、风情万种的草坝。

早就听说了草坝的盛名,只是无缘前往一览它的风采,而在巴山深处的这一大片高山草甸着实成了我们心里向往之处。久居红尘,浮躁的心越来越疲惫,每次自穗返乡,总会有一个声音在耳边轻声呢喃:走,到大自然中去,卸下心灵的枷锁,放下所有的俗世纠缠,给疲惫的心灵放一个假。

风轻云淡的早晨,阳光暖暖而柔柔地照在身上。向往草坝的风情让我们战胜了急速行驶在山路的恐惧,我们就像白云一样,自由自在地穿梭在盘山公路上,尽情与蓝天作伴,与青山为友,与花儿邂逅,与羊儿牛儿低语,心如琴弦,干净而流畅。

或许是山高路远的缘故,这片土地才得以保持原生态的味道。苍茫的山林,青黛的岩石,古朴的松柏上缠绕着藤蔓,耳边不时有风的低唱。仿佛只需要一个转身,所有不堪回首的往事都会被时光凝固在这山野之中,都会凝固在长长的岁月中。

谁的一声号子划破山野的宁静,一阵高亢的山歌定格在心灵。荒僻的草地上盛开着各式的小花,一条青草路上显露着汽车车轮清晰的痕迹,一片又一片的草甸连接在一起,草坝近在咫尺。不远处的茅草房让草甸暗生诗意,这本是一片诗意的土地,一片诗意的季节。

草坝的美,在寂静的山林中悄然绽放,就像蒲公英温婉动人,美丽而不张扬,默默开放,默默散发出属于自己的一缕幽香,纵然在这片被人遗忘的荒原角落,也要绽放出属于自己的美丽。草坝就像一泓翠绿的深潭,悄然镶嵌在大山深处,独特的神韵,恬淡静谧,高雅素洁,就像一位少女,在清风中展颜微笑,旋转着动人的舞姿,浑身上下散发出一股熟悉的青草味道。

躺在草甸之上,抬头仰望湛蓝的天空,我们的灵魂仿佛都搁浅在这草坝姑娘的眼眸里。远道而来的旅行者在这片高山草甸飞舞旋转。

夕阳悄然隐迹于山坳,只露出一抹羞涩的光晕,我们依依不舍地起身告别多情的草坝。临走时,风起云散,眼泪封住了我的眼帘,看不清草坝挽留我的余光。努力转身,把草坝放在心中,轻轻地对它呢喃。我知道,从此以后,身体的每一个神经,都会赋予思念的色彩,延伸到这草坝。

# 听 雨

王艳荷(2016级基地班)

在海之南,水之端,雨是最常见的,也是最亲切的。她时常与风共舞,潇潇里来,随心而去,留下清凉给大地。

然而她又是变幻多样的,似一个调皮的魔术师手里不断更换的物什,倏尔是轻巧讨喜的玫瑰,倏尔是令人恐惧的火焰,倏尔是令人眼花缭乱的牌,但无疑是精彩绝伦的表演。

江南六月缠绵的梅雨,不及海南六月清爽的倾盆大雨,即使上一秒灰尘如烟在空中乱飞,下一瞬一场如期而至的夏雨便可将此清洗,将一切沉闷冲销。这时,最好是在房间里的窗台前仔细倾听这一首雨的交响曲。来时,她似一个芭蕾舞女,轻踮着脚尖,在红瓦上开始舞蹈,哒,哒,哒,声音似细密的鼓点开始敲响;不一会儿,她风风火火像草原上狂奔的千军万马,狂乱嘈杂,以不顾一切的姿态冲撞在坚硬的红瓦上;待全部的乌云散去,这雨又似那身姿袅娜的女子,撑一把素色油纸伞缓缓归去。

又或小雨,探访许久不见的人,堂前品茗,互相寒暄,欣赏在堂门前自然而垂成的雨帘。这时什么话也都不想说了,只是静听雨声,一室安详。

风尘滚滚,在外摸爬滚打,“人生天地间,忽如远行客”。有时风雨交加,雷声恐吓,半身泥水,一身狼狈,最爱的雨声倒成了恐惧的信号,避之唯恐不及,但回到家乡,一切似乎变得轻松了。而好友也未曾远离,一生原来不长。

大雨过后,浮动的是暗香,是悠然。

# 愿她的光芒陪我颠沛流离

席晓悦(2016级基地班)

## 一

“我好想你,可你在哪里?”在和闺蜜的聊天界面里,我泪眼模糊地发出这条信息,此刻的我在离她千里之外的广州,随后很久的沉默让我再一次怀疑“时光不老,我们不散”的誓言是否真的只是年少轻狂。发出的消息石沉大海是我和好友相隔两地时的常态,我今晚发的一句“难过”,她明晚回我一个“抱抱”,却已经再也达不到安慰的效力。即使后面再追问一句“怎么了”,也只会收到漫不经心的“没事”。一个拥抱就能给予的温暖,在隔着千山万水的距离面前变得那么奢侈。我们各自奔忙,各负心事,你不懂我的苦衷,我不知你的境遇。即使是在视频通话中,彼此也只用微笑掩盖了过去一切的不如意,似乎不想让难得的聊天晦暗。面对一次次的倾诉扑空,我开始将自己的时间安排得很满。看到每次我的答复都是“有空再聊”,她也知趣地不再打扰我,可很少有人明白匆忙里的空虚是不曾填满的。我很想告诉她,我不想继续在这里形单影只,不想继续连你的影子都抓不到。

## 二

我曾相信感情输给了时间和距离,这一年时有时无的联系让友谊仅有的温存都消失殆尽。但不曾想过,改变只是从一次简单的相聚开始。闺蜜问起生日怎么过,我一时语塞。生日在暑假,每次我都能在朋友们陪伴下度过。可是这一次,我想在生日那天安静地回想这一年的点点滴滴,看着十九岁的最后一点岁月光辉慢慢消失。于是,她拿着蛋糕来我家,说想陪我一起看日落。熟悉的好友、美味的蛋糕、平凡的愿望,一切是我想要的简单,轻松的氛围、畅快的谈笑、灿烂的笑颜,一切仿佛回到了从前的时光。我们自然而然地做着所有女生都喜欢的事情:吃美食、听音乐……不再因为距离的遥远而感到前所未有的陌生。我不禁讶异,距离产生的隔阂竟然如此之快地消融!我们席地而坐,平淡地谈论着曾经萦绕很久的心事。我们默契地将烦恼一笑带过,不是刻意隐藏,而是不再在意。在她面前我不会纠结过去,因为那样热切的眼神散发着光芒，能将所有坚硬的伤疤抚平。当我们坐在温暖的夕阳里，闺蜜忽然说："我很久都没有这么开心地笑过、这么畅快地聊过天了。"短短一句话，让我流泪。原来谁的生活都不那么一帆风顺，以前的独自坚强在这一刻被彼此的光芒融化，只剩下重聚的喜悦。

## 三

当"我陪你颠沛流离"的诺言被两张录取通知书轻易打破时，我们眼中看到的再也不是相同的风景。曾经无法接受连你影子都离我而去的生活，可是我却忘了，你的光芒永远在我背后闪耀。分隔两地，我要开始习惯没有她陪伴的生活，她的笑容在记忆中模糊，她的话语听起来熟悉又陌生，似乎友谊注定要接受考验。在二十岁生日的那天，我终于明白，朋友其实是那个给你光芒的人。在这个节奏飞快的时代，人生在各地折转，生命在路上奔波，永远陪你并肩作战的又有多少人呢？尽管老友远在千里，不能立即飞蛾扑火般来到你身边解决一切问题，但是，只要你见到她，看到她眼中难掩的兴奋，听到她口中时时刻刻的关心，你便能忘记一切烦恼。从此，苦闷变得云淡风轻，人情冷暖变成了一句调侃，就算不了解事情的跌宕起伏，一句"看吧，谁都没有我对你好"让你哭笑不得的同时轻松释怀。友谊，是我身后最强大的光芒，让我在独自一人时只要一想起就倍感温暖，让我在迷途中一直心怀感激——这世界上有这样一个人，在她面前我无拘无束，可以感受到自己真实的存在。你让我明白，除了生死，一切困难也不过如此。过去的终究过去，彼时的委屈在此时只化作一句调侃，无足轻重。它可以成为我们饭前餐后的笑料，也可以成为记忆的一片羽毛，稍一起风便无影无踪。感谢她带给我的欢笑，带给我的面对世事的勇气。我会坚定地走下去。

# 老 魏

薛永玮(2016级基地班)

那年五月,我转到了中文系。是老魏,让我有了这样坚持去寻找自己的信心。我总怯懦,却幸好被她庇佑。得她相救,我才没有变成趴在树干上怕刺眼的阳光灼伤自己的小虫子,我带着自信和期待安度了那三年,我开始和世界握手言和,并兴致盎然地与它交流,就在这藤蔓间泛着新绿的路。

第一节语文课我迟到了,通过门缝瞥了一眼语文老师,她穿一件绿色的短袖,九分棉麻阔腿裤,清爽干练。臂膀微圆,整体微胖。声音很好听,语气很温柔,说着普通话。卷卷的短发,看起来蓬松柔软。老魏的样子完全契合了我对一个语文老师的想象,她的绿意是那种脉络清晰、光合充分的叶子才能呈现出的。

老魏总是对我们笑,很少发火。她给我们讲她带学生出去玩的场景,十来个人,行走在埋没半只腿的雪地,玩闹在废弃的防空洞里。我能想到,大雪飘飘,树上挂着积雪,大地穿着银装,雪白,轻盈,风一吹枝条就落下雪,学生们追着打雪仗,手套上粘着冰粒。"那些戴眼镜的同学,眼镜上布满湿气,只露出鼻子。"听她这样说,我便能想到那些眼镜跨在鼻梁上,羽绒服帽子裹着头,仰着头追逐奔跑的学生。

"很可惜,后来学校不让我们随便组织出游了。"每次说到这里老魏似乎都有点难过。她经常鼓励我们去更远的地方,用更大的视野,用不一样的心态去看这个世界。在她眼里,生活的舞台是无限的。

入学后第一次考试,没注意检查试卷和答题卡,把该写在答题卡上的作文写在了试卷背面。考试结束交答题卡时我才发现自己的失误,监考老师说可以和教导主任沟通,会把作文的分给我的。但我还是哭,一直哭,那时候很胆小,尤其我的理化成绩不好,一想到可能又少了作文的六十分,就觉得天都塌下来了。尽管大家都安慰我说只是期中考试,老师们不会那么较真,但一个中午我闷闷不乐。下午去考场的路上,看见老魏走在前面,我小跑着在她身后喊了一声,想和她说明早上语文考试的情况。

"魏老师!"

十月的天,阴冷极了,刺骨的风呼呼地吹。老魏一个转身,被坎绊倒,我突然一惊,冲过去扶她起来。她慢慢地站起来,捂着自己的左半边脸,一边还向我摆手:"我没事,你快去考试!”我分明看见她有点眩晕的样子,但她执意要我离开。还有两分钟开考,我站在那里红了眼睛,不肯走。她再次催促:“快啊,快去!”

考场里都是笔尖快速计算公式时和纸张摩擦发出的声音,而我的心里是摩擦发出的尖锐声响,让人头疼欲裂。物理是最后一门考试,我考完后冲出考场,两步并做一步地跑上三楼老魏办公室。

老魏不在。

办公室的老师说老魏摔伤了,去医院包扎了,下午没来监考。

我的眼睛突然噙满了眼泪,她是因为我才变成这样,我不该没礼貌地在她身后呼喊而让她不小心绊倒,我不该丢下她让她一个人去医院包扎。

第二天我早早地来到三楼等老魏,办公室一直到早课打铃都没开。无奈的我只好回去。等下课后我再来办公室,走到门口就听见了老魏的声音。我在门外怔了怔,不知道以什么样的表情面对老魏。那时候开学还不长,老师和有的新生还不熟悉,尤其我因为物理、化学学得很差,平时上课不活跃,在班里并不引人注目。她戴着墨镜,墨镜下贴着白纱布。我蹑手蹑脚走到老魏跟前,她看了我一眼,没有意识到我是来找她道歉的。

“魏老师,对不起……我昨天在后面喊了您,让您摔倒了……”说完这句我一下子拉了哭腔,眼泪开始直往外冒。“哦!叫我的人就是你呀,我那天也没看清,哈哈,你终于来看我啦?”老魏摸了摸我的头,笑着嗔怪。我看着她眼角的纱布,啜泣着问:“老师,眼角伤得重吗?”

本来应该我安慰她,却变成了她来安慰我,她拍了拍我的肩,说:“不重不重,又没破相!”见我仍然低着头,她又说:“不怪你呀,我没看清路。”可我还是像个鼻涕虫一样,泪眼模糊。“我都没哭,你怎么倒哭起来了?”她还是笑,仿佛一切真不要紧。

“好了,老师没事,回去吧。”老魏又轻轻拍了拍我的背,“对了,你去帮我把这个同学叫来。”她递给我一张卷子,是错把作文写在了试卷背面的卷子。我吞吞吐吐地说这就是我的卷子,是我没听清监考老师的安排。我话音刚落,老魏笑出声,说:“我们好有缘啊,我正准备夸这篇作文呢,写得真好。”

那天的课老魏当着全班念了我的作文。她去上课前把眼角的纱布撕了下来,墨镜低一点遮住消炎后留下的痂。前排的同学们问她,也没太阳啊为什么要戴墨镜。老魏站在讲台上,依然温柔地笑,说:

“因为我觉得这样很酷。”

台下哄堂大笑。

当然,除了我。

从此我和老魏的关系似乎比别人更加亲近了。每周我很期待的就是翻开发下来的随笔本,看看老魏给我写了什么评语。一段文字,写它的人和读它的人会因为它而建立起一种隔空的默契和互动,就是这小小的互动让我在压抑而不自信的高一生活中体会着被理解的快乐。老魏鼓励我参加了一次影评征文大赛,我说我不会写,老魏摇了摇头,拍了拍我的肩说:“试试!”

后来我拿了奖,拿着奖杯回学校后,老魏从远远的地方笑着走来给了我一个大大的拥抱:“我就知道你一定可以。”在那个大家都在准备化学竞赛的班级,老魏一直鼓励我写作投稿。我所有的自我怀疑,都开始一点点消释。如果说每个人的生命里都有个贵人,那我的贵人便是她。

高二文理分科时我决心离开那时的理科尖子班。我用陶泥捏了一只小虫子,放在灌木叶上,拿给老魏。老魏先是吓了一跳,迅速收回前倾的身子,看我一脸憨笑后,她凑近一看,发现是个假虫子,便大笑起来。她从办公桌的笔筒里抽出一只黑笔,端起小虫子,在头上点了两个黑点。她说:“再小的虫子也要有眼睛。”老魏揪着我的耳朵说,要去新的班级了她舍不得我。她说:“我们的缘分很浅。”那只小虫子在她的办公桌上放了有很长一段时间。

陶泥虫爬在那绿叶上看世界。

那本随笔本我至今保存,最后一篇随笔老魏给了一段长长的评语,最后一句是:“有你做我的学生,我三生有幸。”

有您做我的老师,我三生有幸。

# 姐 弟

薛永玮(2016级基地班)

我弟是我舅妈半夜生下的,那天雨很大,地面湿滑。我在医院看到外面的树枝轻摇,洼地起波。雨水的洗刷仿佛给这座城市带来了鲜活的生命力。家人给他起名叫晓雨。

晓雨的父母在外打工,把他托付给奶奶照看。奶奶年事已高,不懂给他内心上的宽慰。父母的不陪伴和陪伴者的不理解,都让他的童年显得并不轻松。

奶奶的教育方式就是激将法,以为通过那些“逆耳”的话就能给他的成长以必要的忠告。但是她用语过激,已经对晓雨形成伤害。舅舅也是在这样一套教育方式下长大的。舅舅把这样耳濡目染的教育方式二度运用在自己的孩子身上,为了让晓雨更服管教,他甚至采取更过激的方式。如果看到晓雨调皮捣蛋,舅舅会直接用巴掌打他。

起初晓雨也大哭大闹,到后来就无所谓了,明明屁股被打得生疼,却还在犟嘴,再到后来就直接沉默,一句话也不说,任凭眼泪一个劲儿打转。他的性格开始趋向古怪,敏感而执拗,不配合,不表达。

后来舅舅舅妈离婚了,舅妈跟了别人。舅妈每个月带他出去玩一天回来后,奶奶就要骂:“你妈不是好东西!”晓雨起初还会生气地说:“我妈好!”但是后来就假装听不见了,毫无反应。奶奶本来是气头上说错了话,一听做小辈的顶了嘴,更加口无遮拦:“你妈跟别人跑了!你妈都不要你了!你妈有什么好?!”晓雨一边哭,一边抱起自己的玩具把自己蒙在被窝里。

以后舅妈再来接他,他就藏在屋子里,怎么都不出去。

如果好不容易去了,也是一句话都不说。舅妈问他要不要这个零食,他看都不看就说不要。他也不说自己到底喜欢哪个,直接把商品拿过去藏在兜里,舅妈发现后,再带他返回商店付钱。

他很享受这种感觉,他就是通过不断制造麻烦来获取别人的关注,这样别人的关注才会聚焦在他身上,这样的关注不会分心,不会显得虚伪。又或许,在他的心里,这样扭曲的变形的关注,已经成为他收到的外界关注的常态。

晓雨太厉害了,他似乎能看穿成人所有的虚伪,并对那成人世界的虚伪不屑一顾,且妄图破坏。来小学门口接送的家长们互相攀比,展现出对孩子比在家中多一倍的关怀,孩子们冲到家长怀里,家长问东问西,但其实他们每天都这样问着,却很少认真听孩子们在说什么。晓雨不回应奶奶的嘘寒问暖,只跟在她身后走着。突然会跑来一个和他同龄的男孩子,朝他做鬼脸,说:“你爸又没来接你啊?”

在平常的日子里,我观察着他,他观察着我。我们平等相处,不伤害、不拆穿。我不会随意践踏他的自尊心,也不会打着爱的名义破坏他的快乐。因为这样,我们之间似乎能互相体谅。一天我坐在沙发上,他突然跑来,也不说话,就把一个糖果塞进我的手心。我明白,这是他表达好意的方式,平静而不张扬。他不需要做给家长看,让家长觉得他多么关心姐姐,他甚至并不想让别人知道,因为这本就不需要别人知道。他的好意完全发自内心。

假期,在舅舅家楼下学骑自行车,由于平衡感不好,我只敢右腿蹬车,左腿蹬地,带着整个身子和车子向前。突然晓雨从一旁过来,抓住我的车后座,说:“我给你抓稳,你放心骑,不会翻。”

我开始双脚踏着脚踏板骑起来了,车很快,他就在后面大步跑,抓着我的后座,笑得像是久未放晴的天空突然出现了雨后彩虹。我仿佛看见江水穿过明媚的山间,把一路上的波折都唱成一首歌。时光多么好。我希望他永远这样快乐,迎风疾驰般奔跑。

走廊的水池,木雕的树熊,街边的烧烤,骑行的单车,清晨的拉面……我们姐弟在一块,即使不说话也互相感受着血缘的温情。

我的暑假有一半以上的时间是和他一起在奶奶家度过的,为了监督他写作业,我重新拿起了小学课本。在我返校的前一天,也是晓雨报名的日子,我带着他去了他们的学校。我们站在教室附近时,有小朋友过来得意洋洋地问他:“你爸是不是也不要你了?”我狠狠瞪一眼那些小子,想破口大骂几句,反而是晓雨一言不发。大概是他习惯了。小朋友想看他被嘲笑后的窘迫,他就偏不让他们如愿。

整理他的书包时我发现了前一天在我家我拿给他玩的游戏机。我有点生气,因为我告诉过他不可以随便拿别人的东西,就算是姐姐的也不行。我没收了这个已经被我淘汰的游戏机。

他低下了头,不说话。我知道那是抱歉的意思。

“你不在,只要它陪我玩了。”晓雨把头低下,眼睛不敢看我,两只手背在身后。

我突然像被空中的大雨淋湿,毫无防备。我一把抱住他,告诉他:“这个世界上,有很多人爱你。”他依然装作听不见,却紧紧抱住了我,把头埋在我的怀里。

空气湿热,一阵大雨把浮躁的城市清洗干净。我的弟弟,我希望你有流动的欢乐,不论在哪里,都能将烦恼全部冲刷掉。我希望你,也知晓那雨的功劳,不论是细丝或是大滴,它们都曾给人间带来过美好,你干净如洗,你未来可期。

# 养猫记

张雨桐(2016级基地班)

猫,是一种非同寻常的动物,脾气捉摸不定,行踪捉摸不定。在猫的世界里,似乎不论软磨还是硬泡都不管用,他们只讲究“我愿”,至于“你情”,是可有可无的。我得出这样的结论,似乎是对猫存在一种极大的偏见。然而这是我的亲身体验,绝无半句造谣。非要说哪里有问题,只能说这只“猫”,指的是我养了七年的花猫,她是母的,而不是其他的猫。

本来我不是一个适合养猫的人。我急躁起来没有半点耐性,面对着浑身脏兮兮却在放好水的大盆前迟迟不肯“就范”的花猫,我简直想要把她五花大绑丢到热锅里。我当然只是在脑海里设想了一下那个血腥恐怖的画面,要是我真的把花猫丢进热锅里,那只能说明我不但不适合养猫,而且是个丧心病狂的人。不得不说,每次给花猫洗澡,我的忍耐力都会得到提高。到最后,我居然从一个急性子的人变成了一个“温吞”的人。她的爪子很锋利,勾住盆沿就是不肯放,我一去碰它,她就反过来抓我,好几次抓出了血痕。那时我刚养花猫,一点经验都没有,几次周旋过后,我才掌握了各种推拉技巧来保护我脆弱的肌肤。花猫很倔,尽管七年里她洗了很多次澡,但是每一次都拼死挣扎。

她讨厌水,讨厌湿身。不管事前做了多少功夫事后又给了多少甜头,她还是一样地讨厌,那么有原则!而我在这七年里变得越来越圆滑了,从前讨厌得要死不活的人和事,现在都微笑。也许是猫的世界比较简单,人的世界比较复杂。我始终羡慕花猫,她那么有原则!因为不管是她还是我,坚持原则都难免要拼命挣扎一番,只是她坚持下来了,我没有。

我不知道是不是因为我强行给她洗澡,我们一直都不是很亲近。一般来说,猫总喜欢粘人,即使不粘人,也不会排斥温柔地抚摸。但花猫总是摆出一副高冷的姿态,从来不会走过来让我帮她挠背。有时我试探性地抚摸她两下,她就“喵呜”一叫,吓得我赶紧把手缩回去。说到她的叫声,她叫起来就像午夜哭泣的鬼婴,让人毛骨悚然。幸好,她不常叫唤。我本以为我和她没有什么缘分,没想到,她的冷漠正好成全了我的孤独。我发现我和她都很享受一种没有任何羁绊的感觉。繁华的都市生活里,难得的“孤独感”。我们知道彼此的存在,却不去打扰,也算得上是各取所需。后来,我再也没有抚摸过她,她自然从来都不来蹭我。这让我有一点不甘心,早知道我也不主动了！唉,她怎么那么有原则?!

我这样养一只猫,在外人眼里大概是极其无趣的。我不以为然,我和花猫之间的相处只是不太寻常罢了,但与她生活的每一天都意义非凡。我总是觉得她教会我很多事情,毕竟老话说猫活一岁相当于人活十岁,她在比我短暂的寿命里应该是活出了丰富的阅历。就在她大约一岁的时候,我领她上宠物医院做了结扎手术,以我的精力,实在是无法照顾两只以上的动物。一个我,一只猫,刚好。做完结扎手术的花猫,有过一段茶饭不思的时间。而就在她茶饭不思的那一段时间,她叼回来一只刚出生不久的小野猫。那只小野猫,粉粉的,一小团,刚开始我还以为是一只老鼠,吓了一跳,但是后来发现是小猫。那只小猫已经死了,而花猫很小心地发出“咕噜咕噜”的声音。尽管不知道那声音意味着什么,但花猫从来没有那样叫过,像是烧开水的时候涌上来的气泡——咕噜咕噜。声音并不好听,只是格外轻柔。我至今不知道“咕噜咕噜”具体是什么意思,但花猫再也没有那样叫过。我只觉得,那一刻,她是母亲。

和她生活的七年,没有大风大浪,平静而安详。而七年后肠胃病带走了花猫,我便再也没养过猫了。我实在觉得,我不是一个适合养猫的人。

# 冰糖草莓

张苑瑜(2016级基地班)

如果问我喜欢什么糖葫芦,那必然是草莓的。嘎嘣脆的糖稀裹着汁水饱满、清香四溢的草莓,是最美味的搭配。

上高中那会儿,学校的饭菜很难吃,门禁又严,只有每天傍晚可以比较自由地进出校门。于是,晚自习前那一个多小时,便成了我们难得的“放风”和解馋的时间。

形形色色的小摊贩挤在校门口旁边的一条沙土小路上,除了能填饱肚子的主食之外,各色小吃也遍地开花:钵仔糕,手抓饼,炸番薯,关东煮,烤面筋,糖葫芦……

任君挑选。

与众多每天准时出现的小摊贩不同,卖糖葫芦和糖草莓的那位老伯隔三岔五才会来一次,推着自行车在小吃街末端不太显眼的位置。他不吆喝,也不开音响,就静静地坐在那儿,看着水泄不通、来来往往的年轻人。他的生意好像要淡一些,几乎全靠熟客光顾。

我朋友就是他的熟客之一。她偏爱冰糖草莓,常常托外出觅食的同学帮她捎一两串回来,多则七八个,少则四五个,给你咬一口便是真挚友情最大的见证了。

在她三番五次的诱惑下,我慢慢爱上了冰糖草莓。那是沾了尘土、家长不让吃、还经常坐地起价的路边摊里,最不起眼的一股清流。

在高中“樊笼”里生活的三年,是我最珍视、最难忘的时光。恰好的年纪里,遇上了许多要好的同学,结伴品尝廉价但美味的路边小吃,向外张望着不一样的世界……虽不能彻底自由地飞翔,却也能在强大羽翼的庇护下活蹦乱跳。

就像冰糖草莓一样,刚刚好。

高中毕业半年后,回学校参加冬季宣传,发现门口原本热闹非凡的小吃街已杂草丛生。这才听说,在我们毕业后不久,开展了一次彻底的环境卫生整治,校门口的流动摊贩没能逃过被“扫荡”的命运。

“唉,可惜再也吃不到冰糖草莓了。”朋友说。

“是啊,我以前也想过,上大学后一定要回来吃一顿健记云吞面的……”我也叹了口气。“以前老是一有检查什么的就跑,这回跑了就再也回不来了。”

她笑我多情,说那不过是乌托邦。

上了大学的我们,各自去往一座座现代化的大都市,穿梭于真正热闹繁华的街道,那群追逐于九街十二巷的朴素少年,连同那些关于校门口路边摊美食的记忆,被时光渐渐地抛在身后了。

直到某天偶然看到一个同学发的朋友圈:“明天谁出去遇到冰糖草莓可以给我带一串吗?”

心底里的某些东西似乎被唤醒了。

这东西应该到处都有吧? 我想。

那天上午我刚好在外面参加一场活动,便满怀信心地答应了下来。活动结束后,我慢悠悠地骑着小黄车回学校,一路上走走停停,贪婪地向马路两边搜寻着冰糖草莓的身影,一直到学校门口,别说冰糖草莓了,连卖冰糖葫芦的都没有。

奇怪,印象中在逛街的时候好像见过几次啊?

我不死心,连忙问舍友:“你还记不记得,以前咱俩逛街,是不是在哪儿见过卖冰糖草莓的?”

“不在北京路,就在上下九吧。”

好吧,太远了……看来只能让那位同学失望了,我有些沮丧地想。

快走到宿舍楼下的时候,我不经意地往旁边的超市瞥了一眼,看到有位阿姨站在超市门口,怀里竟抱着圆柱形的白色秸秆柱子——啊! 那不是我踏破铁鞋苦苦寻觅的冰糖草莓吗?

我一路小跑过去,走近了才看清那只有冰糖葫芦,而且只剩下最后一串了。我正想走开,阿姨却注意到了我:“哎,姑娘,要来一串吗? 最后一串了。”

“不用了,阿姨。主要是我有个同学特爱吃冰糖草莓,我刚才还以为是,就过来看看。”

“哦,冰糖草莓啊,有是有,但是只在店里卖。这东西不好拿出来卖,这么热的天儿,不用多久冰糖就开始化了。”

“原来是这样啊。阿姨,那您的店在哪儿呢?”

“我的店啊……”阿姨用手指了指西边的方向,一副欲言又止的样子。“唉,那地方不好找,很难给你指路啊。姑娘,要不你帮阿姨把这串买了吧,行吗?”

“呃,阿姨,其实我不太爱吃这个。实在不好意思啊。”

“没事的,姑娘,没事儿。”

我满怀歉意地离开了。

刚走了几步,突然想到了什么,又转身折回。

“阿姨,要不我把这串买了吧。那个……我能不能跟您回去,去您的店里看看?”

# 同情心不与劳动等价

张苑瑜(2016级基地班)

午后的雨一停,太阳的暴烈辐射可以让温度直接从初夏跨越到酷暑。上涌的热气把我包裹着,即使是站着不动,十分钟后额头上、嘴唇上也冒起了细密的汗珠。

“好了!收你三块吧,微信还是支付宝?”

“我正好带了现金。五块,不用找了。”

“要的要的,来!”阿姨把缝好的帆布袋和两张零钞递给我。

在阿姨的修衣摊位几米开外,正好坐着个流浪汉模样的阿伯,面前放着个铁盆儿。我径直走过去,把阿姨找回的两块钱放进了铁盆里。

转过身时,我隐约感觉到阿姨看着我,正想用微笑回应她,目光触及的一刹那,迎上的是她毫无表情的脸庞,和一个或错愕或略带委屈的、复杂的眼神。

我的笑容顿时僵住了。

读小学或者更早的时候,在路上看到乞讨者,我会特意让妈妈把手中的零钱给我,然后啪嗒啪嗒跑到乞丐身边,把手中几张钞票骄傲地投进铁盆里。此后,学校里的各种募捐,同学得重病了,同学的爸妈手术了,我总会从自己的零花钱里贡献几块钱到募捐箱里。我记得,有个捐了100元大钞的同学,被教导主任在升旗仪式上点名表扬了。

再后来,有了微信推文,有了暑期支教,有了众筹,有了名人转发,有了网络营销……信息时代宣传慈善的形式越来越多,钱也越来越多,这个社会上,仿佛人人都是慈善家。

尤其是对于刚刚具备独立行动能力,心思还比较单纯,一腔热血而世故不足的大学生而言,“做慈善”显然是一种时髦的、用于体现个人价值的热门选择。

是啊,去偏僻落后的地方体会一下艰苦的农村生活,给陌生的小朋友上几天课,晒晒太阳,看看星空,黑一圈,瘦几斤,的确会有脱胎换骨的错觉。毕竟做这些事,比你看半年文献写出一篇论文,更容易获得朋友圈的点赞和鼓励,也会让你在聚会中更容易地开启话题,而所有的申报奖项的材料里,从此都可以加上一句“我热爱公益”……

上大学以来,我也当过好几次志愿者。我认为学生做“公益”和“慈善”,主要是为了体验生活,学习如何表达和传递善意。更重要的是,培养积极的态度并反馈到自己的生活中,万一遇到难处不要怨天尤人;若是过好了,也一定要懂得感恩和不忘初心。

小时候投给乞讨者的那点钱,募捐时放进捐款箱里的那些钱,并不是我自己拥有的,而是父母为了培养我的善心,以我的名义奉献出来的爱心。但如今我会觉得,不必再用他人辛苦的劳动和付出,来满足自己廉价的同情心、虚荣心和优越感。面对真实的不幸与悲惨,我会有悲悯的情怀与感伤;而面对职业的乞讨,我选择吝啬与拒绝。我尊重每一个人的劳动成果与付出,无法容忍利用别人的同情心而不劳而获。

做好人,行善事,其实比做坏事更需要认真的理性思考。希望我们都能成为内心柔软且能保持理智的人,而不是同情心随处泛滥的人。

我总会想起那个下午,想起汗流浃背换来的三块钱和轻描淡写投下的两块钱,想起阿姨那个我说不清楚但永远也忘不掉的眼神。从那以后,只要遇到的是四肢健全的壮年乞讨者,我没给过一分钱。

就当我是狠心而又世故的路人吧。

# 遇见火山岛

陈洁(2017级基地班)

小巴士依旧平缓地在小路上前进着。两边青草迷离,雨水过后愈发清新,深吸一口气,仿佛还能闻到清晨的泥土气息。偶尔有杂草丛生的地方,昆虫早已翻山越岭,占领了一席之地。起初我是没发现的,刚好拿出相机,拉长镜头,小昆虫便跳进了我的取景框里,让人惊喜。打开窗户,风拂过浅蓝色的帘子,从缝隙里灌进来,咸咸的,凉凉的,又有一丝痒痒的感觉,我的脑海里浮现出海的样子。还没靠近海,火山岛便请风给我们捎来了情书,让人愈发期待相遇了。

火山岛是很独特的,作为中国唯一的滨海火山地质地貌风景旅游区,被誉为一座典型的"天然火山博物馆",除旅游者观赏壮观美景、拍照摄影外,可供地质爱好者勘察研究。虽其性质独特,但游客量并不大,我独爱这片难得的宁静。

两个小时的车程结束,小巴士把游客们放在火山岛后匆匆离去。我们几乎是迫不及待地就朝着海奔去了,急不可耐地脱下鞋子,不顾滚烫的沙滩,一心只奔向这片海。来不及适应脚底下由炽热到清凉的转变,第一眼所见便讶异于海的这般美。"一半是海水,一半是火焰"的情景原来不只是存留于处理过的影像中。

"一半是海水":这片海,安静、灵动,如同火山岛一颗蓝色的泪珠。绵长的海岸线为我们勾勒出了火山岛的轮廓,目光所及,一片蓝色包围着我们。这感觉像是乘坐在一艘蓝色的邮轮中,地板、天花板、窗户都是蓝色的,即使闭上眼睛,也能感觉到邮轮外的蓝色海水,一阵一阵地向我们跑来。又像是躺在一张蓝色的被单上,无论你怎样动,无论你瞧向哪里,也还是被这片海紧紧地抱在怀里。海浪唱着小曲儿,踏着舞步,朝我们奔来了,有时候是快节奏的,有时候是轻缓的,有时候又是热烈的。

远处海天一线,融为一体,蓝天使得这片海更加立体了,偶尔有鸟成群掠过,远远望去仿佛掉进了大海似的。若不是还有一轮金黄的太阳,照得海水闪闪发光,真叫人分不清哪儿是海,哪儿是天。

"一半是火焰":这片海,火红、炽热,如同火山岛一片鲜艳的枫叶。海岛上神奇的火山口以及巨型的玄武岩柱,构成罕见的古火山景观。火山石经海水的沐浴慢慢褪去原先的橙红色,逐渐显现出黑红色,一半在海水以下,与虾蟹玩耍,一半在海水以上,与海风捉迷藏。它们的形状不一,有的是圆形,有的是方形,还有的是奇形怪状的,但都厚实,站上去稳稳当当。

遇见火山岛,内心是平静的,这是一个让你静下心来思考的地方。海水与火焰的结合,构成了火山岛海域的独特,像是海盐冰激凌上撒了奥利奥的饼干屑,一半热情、一半温婉。

与青草一起呼吸,也是火山岛的馈赠。与乘坐巴士时途径的青草不同,这里的青草更加湿润,倘若想躺在草坪上,定会将衣服打湿。我寻思着这里的青草有着些许清香的原因,直到我发现了鸡蛋花的存在。这种花一般由五片花瓣组成,白色的花瓣上有一抹抹的黄色,像是蛋黄与蛋白,因此被称为鸡蛋花。它们肆意地躺在草坪里,躲在人们不易发现的青草中,与露珠结伴,与微风共舞,与昆虫嬉戏。

据说,每到夏初,花期来临时,岛上的相思树会弥漫淡淡的花香,故名“香山”。相思树不知道有没有见着,倒是看见了一片又一片的小黄花。漫山遍野的小黄花映着碧海蓝天,美极了。还有一片金黄色的向日葵,大朵大朵的,向阳生长,以及那四季常青的龙舌兰,据说一生只开一次花,它们在绿叶的点缀下显得愈发好看。未被破坏的原生态植被构成了如诗似画般的绿岛风光。

火山岛还有房车。一排排房车像是整装待发的士兵。房车虽小,五脏俱全,厨房里灶台、烤箱、炉子等样样具备。一番精心的准备,一个蛋糕新鲜出炉,香气萦绕在整个房车内。端着一杯咖啡,品尝着刚烤好的蛋糕,坐在窗边,揭开窗帘,仍能瞧见远处的浪、天上的云、两岸的树,实在是一种享受。

当夜幕降临,海边的灯塔亮了,湛蓝的天空里星星点灯,我们忍不住走出房车,在房车外的椅子上坐着,听风呢喃,听海歌唱,听星星讲故事,听大树说梦话。

遇见火山岛的海,走过火山岛的草地,拥抱星星和月亮,凭栏,望海,听涛,饮茶。清风过耳,共此盛夏。

# 棉城往事

陈洁(2017级基地班)

我的故乡在棉城——汕头的一个小镇。

许多年以后，当我在远离故乡的土地上生活时，依然能够清楚地记得在故乡乡间的小路上，父亲骑着一辆咿咿呀呀叫的老式自行车，车后座带着小小的我，我们一路唱着些乡间流传的不知名的歌儿，沿途捡起一束束快乐的时光。

棉城之所以叫棉城，是因为小镇在春天俨然一片木棉花海。一排排的木棉树繁盛于窗边，每年三月，老树抽出嫩枝，飘飘扬扬的花絮蹭到窗台上通风报信：嘿，春天到啦。这群小天使儿或与微风跳起舞，或在栏杆荡秋千，或与鸟儿相嬉戏，好不活泼灵动。每当这个时候，我与邻里的小伙伴就会手挽手守在窗边，够不着花絮，又生怕错过，便在花絮掉落之前，嘴里喊着"一、二、三"一起往上跳，伸出手在空中紧紧攥住雪白的天使。一朵、两朵、三朵，接二连三的，落在手心里，痒痒的，我们看着对方咯咯地笑。听着小伙伴喊着"看我拿到的比你多"，不甘示弱，索性跑到庭院去捡那些湿润的花絮，然后高昂起头，骄傲地对他说："可不，我拿到的比你多了呢。"

嬉笑打闹过后，双手捧着收获的一团团棉絮，把它们送进小竹筐里，兴高采烈地喊着"妈妈，今天我们的战利品"。系着围裙的母亲急匆匆地从厨房里跑出来，看到我们一整筐的棉絮不由得笑了："洗洗手，把好的拣出来，妈妈拿去晒后给你们煲汤、做被子。"

棉絮晒干后已是傍晚，庭院里那棵木棉在夕阳的映衬下显得更美了，橘红色的光晕一层一层，显得壮硕的树干顶天立地。簇放的木棉花抬起头，血红色似的，像极了英雄的鲜血，执着而坚定。哪怕是在阴雨连绵的天气里，也洗不尽木棉的火红与热情，冲不掉儿时在饭桌上品尝母亲的木棉陈皮汤、睡觉时拥抱一床棉被时那满心的回忆和欢喜。长大了我才知道，木棉花是珍惜眼前幸福的象征，然而那时的木棉树，连同关于它所有的一切，都回不去了。

香蕉收获的季节，也有很多有趣的纪念。一到六七月份，我央求母亲让我随着农民伯伯去摘香蕉。起初母亲不肯，怕我在田里摔倒，禁不住我软磨硬泡，只得嘱咐哥哥照看我，不要让我受伤。走进香蕉树之前，我就被眼前一抹抹绿色深深地吸引了：

全是绿的,绿色的田地、绿色的树叶、绿色的果实,仿佛要把天空也给染绿了似的。戴好手套,紧紧跟在农民伯伯身后走进一排排香蕉树。一人先把假茎和果轴抽断,另一个人及时将果穗抽下,为了防止果穗落地,我和哥哥屏息凝神,紧紧守护着蕉叶。尽管我们做的只是一项简单的工作,但是参与采摘香蕉的工作,我们都有满满的自豪感,农民伯伯比着大拇指,给我们送来已经成熟的香蕉。汗流浃背的我们拍拍屁股坐在香蕉地里,大口大口吃着,心里仿佛也像灌了蜜一样甜到心里。

棉城的建筑很有特点,老屋有阁楼敞开的窗户、徐徐飘扬的帘子、镶边的红木大门,再加上青砖红瓦藏在树荫里,好看极了。清晨六点钟,整条巷子会被一首用潮汕话创作的歌曲所环绕着:"金厝边、银亲戚、厝边头尾尽欢声。"意思是棉城左邻右里的关系亲密和谐,谈笑风生,已把彼此当作家人亲戚。

除了清脆悦耳的起床铃声,胡同里还有卖豆浆油条的大爷,他经常拖着一辆板车,一路叮叮咚咚地摇着车铃,吆喝着"新鲜的豆浆和油条",接着是飘进窗帘、触碰味蕾的浓浓香味,我趴在窗台喊"老爷爷,等等我",便赤脚跑下阁楼,砰砰砰地跑出院子拦下老爷爷,手里递上两块钱,仰着头奶声奶气地说:"爷爷,要一杯豆浆、一个油条。"这便是我的早餐了。

收拾好书包,父亲从小仓库里推出他的自行车,这是父亲的最爱,尽管车架已经生锈,父亲还是拿出一盆清水细细地擦拭它,晒干之后又细细地抹上一层油,外表看不出时间的沉淀。我回头冲母亲挥挥手,跳上父亲的自行车后座,向着学校出发。父亲载着我一路颠簸着上坡,我紧紧抱住父亲,山风、海风灌进我的耳朵里,一不留神又是一个下坡,我尖叫着,索性站了起来,迎着斑驳的日光,车轮碾过金黄的落叶,窸窸窣窣作响的声音,像是午后老屋角落里怎么唱也不疲倦的唱片机。

让全镇的小孩子兴高采烈的,当数一年一度的拜神,这是每家每户铁定举行的仪式。母亲准备鸡鸭鹅肉、水果,将它们摆在庭院里的红色方桌上,在桌子上盖块红色的布。这一天,小孩子最不愿睡觉,三五成群,钻到方桌底下,从桌子的这一头爬到那一头,头碰着头,手拉着手,最后在大人们的呵斥下溜走。大家一起坐在院子里,制作一种叫酒壳粿的食品,我们帮忙把收集来的朴籽叶洗净,一张张铺开晾在架子上,然后用剪刀将它们修剪好,水分被蒸干后,叶子散发出沁人的香味。母亲是公认的美食能手,她动作娴熟地把面粉泥、花生、艾草捣碎后和着米粉浆,静置一段时间让它发酵之后,就是我们最喜欢的节目了。一个个粿品印,红色的、绿色的,桃形的、心形的,我拿着发酵好的酒壳粿,啪的一声印在粿品印上,使出吃奶的劲,又把它们抖落在朴籽叶上,一个漂亮的酒壳粿就这样做成啦。家家户户围坐在院子里,端上一叠热腾腾的酒壳粿,再品上一壶小米酒,围炉夜话,大概是冬天里最温暖的时刻。

此时的我远离故乡,骑着自行车漫游在学校的林荫小路上,周围一片翠绿,一转眼,仿佛又回到了父亲载着我去上学的那条乡间小路……

# 道是东山却有情

陈洁(2017级基地班)

住在广州的人们经常会抱怨,生活节奏是如此之快,以致目光所及,遍是行色匆匆的人流。这个城市的繁华太多,但在广州有这么一处地方,在这里,时光仿佛慢了下来,许多不经意的邂逅,都在这里出现。独特的历史风情与生活气息将这里打造成一个人人向往的世外桃源,"道是东山却有情",只要你亲自走过,就会发现,东山口的每一处都是有情的。

东山口的建筑是有情的。它像个说书人,将历史建筑带着年轮光环的典雅风情描绘得清晰而形象。493栋历史建筑,中西结合,每一栋花园小别墅里诉说的故事,串联起来,便成就一部广州近现代史。东山,凭借着清末民国期间,军队训练馆和广东谘议局的成立,及大批美洲华侨回国买地建楼,在百年间兴起,成了华侨、军政与官宦的聚集之地。林立的红砖老洋房和苍翠茂盛的植物间,还是能感受这里独一无二的历史痕迹和与众不同的生活气息。柱式门廊,柚木门窗,罗马阳台,花满庭院。"广州小洋楼"之一的逵园是现在广州文艺活跃地和复活最成功的老建筑,历经80多年,这栋高三层、钢筋混凝土结构的房子,外墙红砖依然保存完好。楼房上方建有突出的拱门楼,上有"1922"字样。简园,是南洋烟草公司简照南、简玉阶兄弟所建的私人别墅,外墙涂刷米黄色粒状灰砂。而春园,曾是中共中央所在地……走过东山,品读历史,无一不展现出独特的历史风情。奈何时光流逝,岁月变迁,老房依旧在,故人何处寻。

洋楼两扇砖红色的窗户在树荫的庇护下敞开了怀抱,顿时,浓郁的花香顺着风飘了进来,叶间的鸟扑着翅膀飞了进来,蝉鸣的合奏悠扬地传了进来。窗如同画框,框住了矮矮的树,东山的风景被刚刚起床的人惺忪的双眼弄得烟雨朦胧。低矮的围墙上耷拉着慵懒的藤蔓,恰似一抹绿色的墨水沿着直线滴落在红色的丝绸上。凉风习习,它便伸长了懒腰,急急忙忙地探头寻找自己的风衣,直到把树叶严严实实地裹在自己的身上,才又安心地躺在清晨的秋千里,吮吸着这秋日的韵味了。阳光钻过树叶直奔向庭院里的猫,蜷缩成一团的身子是圆滚滚的、雪白的,像是老婆婆坐在庭院里织落的一颗棉球。它步伐轻盈地登上了围墙的顶端,却再也不肯下来了,只见它前后踏着小碎步,时而蹑手蹑脚,时而横冲直撞。庭院的门开了,一个背着书包的小男孩跑了出来,见状,他屁颠屁颠地搬来小板凳,露出一个小脑袋,好奇地观察着。原来,一群蚂蚁抬着面包屑准备回家,猫便小心翼翼地跟在它们身后,待到转弯时,却用自己的爪子挡住了它们的道路。蚂蚁一不留神跌下了围墙,猫便把面包屑一把夺过,轻摇着尾巴快乐地逃离了现场。小男孩见状,咯咯地笑了起来,他伸长了手把猫抱在了怀里,一边嘟囔着"不要乱吃东西呀",一边抚摸着它的脑袋,跳上父亲的自行车后座,欢声笑语洒满了红砖洋楼的每一个角落。

漫步在东山口的小巷里,惊觉这是一片花的海洋。紫藤花、蔷薇趴在矮墙上,向过往的行人挥手示意,偶尔有纸鸢断了线,挂在这彩虹桥上,更是增添了一番风趣。沿途走过,目光便跌落在这花团锦簇中,竟是无心去观赏其他的风景了。直到踏在金黄色的落叶铺成的路上,脚底下清脆的声音才把自己从花的世界里唤醒,下一秒便又掉进麦田的泥沼了。

抬头一瞥,从历史的影子中同样可以透彻地看见这里人们最初生活的模样。小巷里光影斑驳,那种安静自然的味道没有现代矫情的堆砌感,而是带着几代人的故事与乡愁的底蕴,把韵味藏进老广州的脉搏里,生长出带着年轮光环的幽雅气质。清晨,老爷爷老奶奶手挽着手,在巷子里散步;上学的小孩子们成群结队,叽叽喳喳地聊着天;上街买菜的妈妈们手提着篮筐,一路思索着将要买的东西。东山把时光拖得很慢很慢,阳光把人们的影子拉得很长很长,定格了微笑与拥抱的瞬间,雕刻了青春与童真的模样,也书写了东山"有情"的一面。

东山口的烟火气息是很足的。庙前直街的肥佬牛杂店老板,起了个大早,骑着自行车来到店面,此时门口已经排成了一条长队,他利索地做好准备工作,便开始招呼客人了。培正路上的食惠里小笼包在中午时生意最为火热,夹起来一个就可以感受到小笼包汤汁满满的垂坠感,将其轻轻咬一小口,包里的汤汁便会填满整个味蕾,又烫又鲜,舌头直哆嗦。恩宁路的芬芳甜品,往往在下午开始营业。糖不甩是最受青睐的,软软糯糯的汤圆裹上一层香郁的花生糖衣,连馅都幸福地冒泡。

东山口有青春的烙印。恰逢下课,培正中学的学生们勾肩搭背,有的走进了东山书城,连书包都没来得及放下,就沉浸在书本里,其间偶尔紧锁眉头,大概是为明天的考试而感到担忧吧;有的围在小吃店的门口,一边与伙伴聊着天,一边探头等待着美食;有的在路边,一人在玩游戏机,其他的人围观着。在街旁,一个男孩把自己右边的耳机轻轻地塞进一个女孩子的耳朵里,他们相视一笑,女孩子的脸上泛起了红晕。流动的音符充斥着他们的世界,小得仿佛只剩下他们自己,尽管街上人来人往,但他们的眼睛里只有彼此。穿着雪白校服的他们,许下年少最为真诚的约定,眼底有着对未来最澄澈的向往。

倘若你花12个小时,寻觅藏匿于东山口的小店、艺术馆,能让你从不一样的角度,重新认识这方曾承载着无限繁盛光荣的土地——东山口。文艺的地方总会聚集着一批文艺的人,有几栋老房子,已经焕发出了新的生机。在经改造而成的生活馆与咖啡馆里,点一杯醇香的咖啡,坐在罗马阳台里,晒晒太阳,看着爬山虎爬上窗台,与猫咪一起玩耍发呆，安静的午后让人无限回味。踏过流水小桥，听风铃摇曳，品茗观鱼，红茶散发出的清香和着红木家具的清香，直窜进人的鼻子，叫人发痒。挑一张最喜欢的明信片，写下那个你呼唤了很久的名字，用力地表达你对他的思念，然后投进红邮筒里，它会接纳你所有不为人知的心事。暖黄的灯光下正放映着六七十年代的影片，老式的风扇挂在头顶配合着钟声，唱片机不知疲倦地咿咿呀呀唱着歌曲，好似青春电影里似水流年的时光机。店主坐在吧台边织着毛衣，仿佛要把这静谧的时光也织进去，连同绵长的眷恋，一并打包快递给远方的人。

一条河穿过其间，乐此不疲地向人们诉说着东山独特的历史风情与生活气息。东山的每一处，无论是红砖洋房、大街小巷，还是生活在这里的人们，连同在这里发生的事，都是有情的，它在时光的长廊上雕刻着难得的静谧。道是东山却有情，走进东山，与岁月缠绵，拾得每一次不经意的美丽邂逅。

# 巷

陈洁(2017级基地班)

那是一条如诗歌一般狭长、蜿蜒的巷。岭南的巷,不像老北京胡同风情万种,也不似上海里弄庄严肃穆。她是静谧、素雅而又恬淡的,看似简单,实则不然。在我的记忆中,老屋所在的巷如一位眉眼盈盈的江南少女,目光灼灼,风韵犹存,让人一眼便爱上。

记忆中的巷,起初是羞涩的,少有人与之亲近。我在巷里镌刻了我与巷的共同记忆,才有了对话的机会。每次相遇,我们促膝长谈,她一遍又一遍地讲述着我们的故事,作为巷的听众,我也一遍又一遍地聆听着,乐此不疲。

狭长的巷里,住了上百户人家。巷虽窄,却不觉拥挤。恰到好处的距离,带来巷里人家彼此之间亲密无间的感情,他们从不担心忘闭的门会被莫名其妙的人闯进,从早到晚,敞开大门,热情邀请邻里到家做客。巷是一个大家庭,巷里人家彼此熟悉,真诚而淳朴的"他们",对我来说,成了家人一样的"我们"。

清晨的巷如唐诗的格律,恬静淡雅。

清晨的巷是婉转而又动听的,从巷口到巷尾,每一处都被欢乐的音符所环绕。老屋所在的位置,在巷的尽头,因它蜿蜒,站在巷口,一眼也望不到尽头。即便这样,每日清晨,不到七点钟,似有似无的音符就渐渐从巷口传来,一串又一串,像金鱼吐泡泡似的,闯进我的窗台,仿佛是在唤我起床。巷里的人家都知道,那是来自巷口的广播,这个被安置在电线杆上的大喇叭,从外头看锈迹斑斑,却是全巷之宝。它每天早晨给我们带来悦耳的起床之歌,晚间为巷里人家播报新闻,例如昨日的消息,今日的新闻,或是明天的气温。父亲在音乐快要结束的时候,噔噔噔爬上我的阁楼,却怎么也喊不动赖床的我,后来他才知道,卖豆腐花的老嬷嬷吆喝的声音传来,我立刻会起身。远远地,我听见巷里卖豆腐花的老嬷嬷来到楼下了。刹那间,踩踏板车的声音、放声吆喝的声音、大人开窗叫喊的声音、孩童快乐的笑声,汇集起来,如一只只向往自由的鸟儿一齐逃脱牢笼,挥动着翅膀飞向屋顶。我利索地穿好衣服,趴在窗口朝着嬷嬷喊道:"嬷嬷! 豆腐花留我一份!"嬷嬷停下她的小板车,昂起头来朝我笑:"好嘞!"我哒哒哒地跑下阁楼,手里攥着一张五毛钱钞票兴冲冲地跑向嬷嬷的方向,此时她的板车已经被小孩团团围住了："我想要两份。""嬷嬷！一个豆腐花！""什么时候轮到我呀？"个头矮小的只能在外圈踮着脚尖探着，小手在半空中伸着扬着。我们喜欢老嬷嬷，不仅仅她的豆腐花好吃，还因她十分疼爱我们，经常给我们带来零食和玩具。久而久之，她便成了巷里所有孩童都欢迎的大朋友。

午后的巷，如宋词的韵脚，迷蒙婉转。

午后一两点，巷是懒洋洋的，连同巷口的猫。它微闭着眼睛，蜷缩在墙角，阳光跃过屋顶，投影到地上，一圈一圈的，它就躺在那个圆圈里，像一团棉花糖，好不舒服。巷口的屋里住了一位老爷爷，巷口经常有他的身影。他坐在一张摇椅上，手里拿着大蒲扇，坐在树荫底下乘凉，风温柔地吹啊吹，蒲扇轻轻地摇啊摇，摇曳着巷子午后宁静的时光。这时候，我和邻里的小伙伴，三个五个，相约在巷口的一处空地开始"午间游戏"。我们最爱玩的便数捉迷藏了，有时买豆腐花，我们也围住老爷爷，央求他参与我们的游戏。他哈哈大笑，一边摇着蒲扇，一边说："那你们先藏着去，爷爷等你藏好了再去找你们。"我们心满意足，一哄而散，你推我挤，前仆后继，好不容易找到一个合适的位置，既能观察到爷爷的动静，又能舒舒服服地靠一会儿，我们几乎为即将到来的胜利喝彩，可是老人家没有起身找我们的意思，靠在躺椅上，舒舒服服地打起了盹。小伙伴吹了吹口哨，从对面的巷道里探出小脑袋，着急地问我："你说爷爷是不是睡着了呀？"我蹑手蹑脚地爬出我所在的地方，慢慢地挪动身子，挪到爷爷的摇椅旁，接着我们一起朝着爷爷的耳朵、鼻子、眼睛轻轻地吹气。他一下子睁大眼睛，摸了摸自己的脸，举起蒲扇装作要赶我们的样子："你们这些小兔崽子，先让我打个盹嘛。"我们不依，叽叽喳喳地吵闹起来，他拎着我们几个捣蛋虫朝卖冰棍的小摊子走去，这下真让我们手舞足蹈起来。

冰棍是多种多样的，草莓味儿、杧果味儿、蜜瓜味儿，在大太阳底下五彩缤纷。一群小孩子，围着一个大孩子，嬉笑打闹，而后又依偎在爷爷的蒲扇下，听他讲过去的故事。

涂鸦也是很好玩的，从家里带来五颜六色的图画笔，在巷口的矮墙上涂涂画画。无非是画大太阳、花花草草、大树房子，可我们谁也不让谁，从一开始在墙上画，到最后互相用彩笔画在小伙伴的脸上，然后灰头土脸回家挨骂，跟快乐相比，挨骂对我们来说不算什么。

夜晚的巷，如元曲的小令，清新生动。

夏日夜晚的巷，如果有着冰镇西瓜一样的凉爽，那么冬日的巷，大概是有着糖炒栗子一样的甜蜜和温暖吧。令人印象最深的当然是过年前后，这大概也是一年中巷子最热闹的时候。狭长的巷道里人来人往，家家户户换了新的对联和灯笼，从窗户往下看，一切都是红色的，到处洋溢着过年的喜庆气息。大人们忙碌着置办年货，小孩子们忙着到各家各户去串门玩耍。让我们最感兴趣的，可能是土豆糕的制作。记得妈妈们搬着小凳子，围坐在巷口，一边听着巷口的小广播谈笑风生，一边戴着手套细细地用擀面杖揉着面团。在她们身边摆放了许多盛器，里面装了各式各样的材料：有薯粉、土豆、鸡蛋、肉馅儿等,小孩负责帮忙把这些材料装进一个碗里,用筷子使劲搅拌,有时调皮的哥哥把搅拌好的蛋液抹到我脸上,没等我回过神来已转身逃跑。我不顾满脸油,立马就追,一开始是两个人的战争,追着追着,巷里的孩子都加入了队伍,趁机逃离做土豆糕的岗位,劳作的现场变得一塌糊涂。大人们把孩子全赶到巷里,不让我们再进屋帮忙,而后等到这些材料准备妥当,我们便屁颠屁颠跟在她们身后,溜进厨房里看面团下锅,刺啦刺啦,金黄色的土豆糕就出来了。热腾腾的土豆糕被端到盘子里,自己家里人还没来得及尝一口,母亲就喊我们把它们送到附近几户阿姨家里,给他们的老人和孩子品尝。我们一起端着盘子,你一口我一口地吃起来,还不时舔舔手指,舍不得指尖土豆糕的美味。

长大以后,走过无数的路,见过无数的巷,却单是儿时那一条如诗般的巷,连同那些在巷里巷外发生的故事,长久地住进我的回忆里,挥之不去。

# 古城韵味

陈洁(2017级基地班)

漳州古城,自唐代以来即为州、郡、路、府之治所,现仍较为完整地保留了唐宋以来“枕三台、襟两河”的自然风貌、“以河为城、以桥为门”的筑城型制及九街十三巷的街道格局。

相比于古城的历史文化底蕴,在我眼里,最有韵味的,是古城的夜晚。

白天的古城,是缺少一丝生气的。古石板路上碾过一道道轮胎的痕迹,行人或推着自行车或骑着小摩托从古城路过,行色匆匆,无暇顾及眼前的古城风景;水泥路上留着一个个脚印,背着书包的学生手里拿着一杯豆浆,一不小心就踩了一脚的泥,雪白的校服高傲地扬起了头表示抗议,边走边落下的泥迹像是少女的裙摆在亲吻大地。道路两旁的小店仍紧掩着门,早晨的风儿迈着细碎的步伐踏过门前的柱梁,引得绳结上的灯笼伸长了懒腰,似乎还未褪去前一晚上的困倦和疲惫。偶有准备开张的豆浆店老板,上上下下打扫着店里店外,而后便坐在门前的小椅上,轻摇着蒲扇乘凉,时不时打个盹,招呼着稀稀拉拉的客人。古城的店铺在白天大都不营业,他们正在紧锣密鼓地为晚上的开业准备着,因此古城冷冷清清,就连路边的猫、墙壁上的小蜗牛、草丛里的毛毛虫,也慵懒地蜷缩在屋檐下,在暖和的日光中静静地睡着。

古城的夜晚,是最有韵味的。

这时候,漫步于漳州古城,你会感觉一道道金黄色的麦浪向你涌来。

金黄色是漳州古城夜晚的主色调。即使你站在古城的最外圈,目光所及,也会被一袭金黄所笼罩着。月亮洒下的光辉,像是一抹抹金黄色的粉底,打在来来往往的行人脸上,显得尤为好看。月亮乘着她的小船,划着桨儿徜徉在夜色中,她细细观望着行人的神色,把大家的心情都装进了口袋里。开心的人儿在她的陪伴下给好心情做了加法;而心怀忧虑的人,月亮把他的坏心情,都抛在了夜色里。

除了金黄的月光,古城一条街也被金黄的灯光环绕着,这便是“小吃一条街”的盛况。所有的店在这时候开始营业了,远远望去,漳州古城被灯点亮了,古色古香的红砖骑楼焕发着别样的生机,仿佛是月亮船上的星星偷偷下凡,挑着一盏盏灯笼为热闹的店家加油。柱梁上的黄旗,也不甘示弱地为店家招揽客人,它们伸长了脑袋,期待过往的行人驻足,却又担心人们看不见似的,乘着风的秋千,荡到行人的眼前,落入他们的心里。

夜晚的古城充满了生气。

古城"小吃一条街",最直观的感受便是味道了。古城的美食有闽南特色,又南北贯通,种类繁多,让过往行人应接不暇。

你瞧,北京路上"郑先生的店"里,服务员正把烤箱里的凤梨酥端出来,酥脆表皮下的凤梨馅微微吐露,像是"犹抱琵琶半遮面"的京城女,却掩不住钻进人们鼻尖的香味;你瞧,香港路上"孔夫子果汁店"的冰柜里,橙子和百香果依偎着,把醉人的清香抛向空气中,榨汁机里碾过的一片片果皮完成了它们的使命,五颜六色的果汁怎能不让人心动;你瞧,台湾路上"豆花小姐"店里,乳白色的豆花下藏着细细的、热气腾腾的粉丝儿,让品尝的人一挪动筷子就能发现底下的宝物,甜与咸的交汇对味蕾的触碰更是让人难以忘却……

美食的背后,是古城人民的辛勤劳作。

同安无骨鸡腿店的老板头上扎着一个头巾,为了防止鸡腿的一面烧焦,他不停地滚动着竹签,当烧烤面上发出刺啦刺啦的声音,他便左手涮上一层香油、右手倒上几颗芝麻,手法熟练,让人忍不住围观;"阿良卤面"的老板娘,在洗水台前仔细地清洗着生蚝,生怕有哪里洗不干净,她反反复复洗了好几遍,当有客人拂开风铃进入店中,她连忙放下手中的活赶到柜台前。

古城的风会说话,拥抱了来来往往的行人。

小孩子们成群结队地钻进了糖果店,在五颜六色的糖果面前迷失了方向,服务员小姐姐端出了一盘雪花酥,他们又争先恐后地围在她的身旁,火速吃完以后舔着手指意犹未尽。约会的青年男女们往往喜欢在咖啡店里待一个晚上,举手投足间两人秋波涌动,目光灼灼下书写的是爱慕与欢喜。而年纪稍大的人,经常会在古城的庭院里出现,他们往往三个五个一起,偶尔抱着婴儿,或是推着婴儿车,聚集在一起,谈谈家里的近况,言语间洋溢着的幸福像是将要盛放的烟花,要把庭院的屋顶也给冲破了似的。

漳州古城没有人山人海的厦门似的喧嚣,没有偶像包袱沉重的泉州似的聒噪,她是独有的安宁与闲适。

漫步在古城的街道上,与石板路上熙攘的人群擦肩而过,卸下内心的喧嚣和聒噪,聆听风铃随风而荡的清脆声音,也在坚定你心底犹豫不决的答案。树上的小串灯与红丝结闪闪发光,街道上暖黄的灯光照亮了每一个人的脸庞,连同与你形影不离的月亮,也在聆听你内心的声音,让你平静、舒畅。

倘若你问我最喜欢漳州的哪一处,我会回答最美不过漳州古城的夜晚。漫生活、老街情、闽南味,漳州古城的夜晚,韵味独存,值得品尝。

# 定海神针的自白

陈希捷(2017级基地班)

我是一根棒子,我是一根不平凡的棒子。

或者说,我的不平凡多数是要归功我的主人的——一只猴子,一只不平凡的猴子。

你要问我的主人究竟是谁?我可以给你数出他无数个大名鼎鼎的称号来:他是花果山水帘洞的大王,是偷吃蟠桃仙丹的弼马温,是曾把天宫地府搅了个底朝天的齐天大圣,是佛祖座下金蝉子的大弟子,也是如今的"斗战胜佛"——他,就是孙悟空。

自一千五百年前大圣将我从龙宫带走之后,我便结束了在海底寂寞的生活,不用再与虾兵蟹将海草蚌壳们日夜相对。从此,我便跟随大圣过上了腥风血雨的厮杀的日子,他带着我挑落了一个又一个高立在云端的天兵天将,我跟着他直杀到那百年也不得一见的巍峨的大雄宝殿,直把那玉帝老儿也逼得六神无主。后来,我们一起经历了五百年的寂寞岁月,寒来暑往,等到了唐僧师父的救赎,于是我也从此得以重见天日,得以跟着大圣继续勇闯天涯,走遍这苍茫大地,打遍这一山一壑间丑恶的妖魔,护得金蝉子求取真经,重回神列。

而我的主人孙悟空,也就此功成名就,摆脱了"泼猴"的罪名,成了"佛"。

就这样,日子又过去了五百年。

可大圣,似乎也寂寞了五百年。

五百年来,我都只是静静地躺在大圣的蒲床边,没有再被挥动过。我的身上,也因此落满了尘埃,不复当年威风凛凛的模样。

一日,大圣轻轻地拿起我,捧着。天庭各处静悄悄的,只有巡夜的天兵天将仍在骑着云头四处飘荡。皎白的月宫离大圣的住处不远,月光挥洒在大圣身上,衬出了他满身的寂寞。"金箍棒啊金箍棒,我多久没再握过起你?"大圣眼底的落寞清晰可见,然而见到的独我一根棒子罢了。"俺老孙多久没有握起过你,便是有多久没再下凡界去,也便是多久被关在这天宫里……"大圣幽幽地叹出一口气来,我看着他落寞的背影,知道他是想念花果山了,想念他当年被群猴簇拥,与诸妖称兄的快意日子,如今他空有这不坏不死不灭之躯,却鲜有当年的恣意潇洒了。他当年唾弃过、任性过、威风过的天庭,如今却成了他的“金箍圈”,画地为牢将他永远困住了。

大圣的寂寞从不轻易流露,只有极少的夜间,他才会一面擦拭我身上的积尘,一面幽幽地叹息。而我,只能听着,也只有我听着,听着他的独语,看他一人在月前饮酒,甚至比广寒宫里垂泪的嫦娥还要寂寞。事实上,这么多年来一直陪着他的,从来也只有我罢了。我深知大圣的性子,也深知他与这天宫的众仙格格不入。这天宫里的众仙,都是些修炼得道的无情无欲无求之人,他们掌握了一切,冷眼看着一切,不懂欢,亦不懂悲,更不知寂寞,他们是佛虔诚的拥戴者,他们信仰佛祖,故此习惯于天庭寡淡而又千篇一律的日子。但大圣不同,他仍是一只“泼猴”,他向往人间万象,向往不可及的自由,向往舞枪弄棒,同时,他怜悯人间万象,赞扬俗世情爱,他不像是个神,亦不再是只野猴,它更像是个人。

没有人真正懂得大圣,大圣也不求有谁懂得,况那玉帝迂腐,太上老君刻板,托塔天王不苟言笑,甚至没有人能同大圣共饮一杯。渐渐地,他便习惯一个人了。

这样的寂寞持续了很久,直到那年蟠桃盛宴……那年蟠桃宴,我乖乖地躲藏在大圣耳尖,看席间众神仙推杯更盏,往来相迎,言笑晏晏,席上也有大圣许久未见的两个师弟,然而几百年的各居一处早已消磨了当年的亲近。“多年不见,敢问斗战胜佛今日是否安康?”二人来到大圣身边,毕恭毕敬地作了揖。大圣眼底显露出一丝不易察觉的落寞与失望:“二位师弟请起,多年未见,你我间怎就如此拘束了?”“如今你我已成佛,当不可如以往一般放肆。当年的大师兄、当年的猴哥如今已成佛身,比我等净坛使者、金身罗汉更为尊贵,故行此大礼,符合规矩。”沙僧依旧是那样规规矩矩地答了,八戒也在旁附和,早已没了五百年前傻头傻脑的模样。“好吧,”大圣轻叹一声,“那就让吾等今日痛饮一杯,也算是多年师兄弟一场。”说罢,大圣一仰头,将那仙露一饮而尽。

盛宴开始,天女们翩翩起舞助兴,唯大圣一人独自斟酒,一杯一杯地痛饮。仙露下肚,大圣渐渐醉眼蒙眬了起来。“众爱卿,”玉帝举起手中剔透的九龙杯,“让我们为这一年的风调雨顺,共饮仙酒!”

“啪!”大圣猛地将手中的玉盏掷于地上。那雕饰精美的玉盏裂成了无数片。“斗战胜佛,休得失礼!”太上老君见此情状,厉声高喝。

“风调雨顺,又何必自欺欺人?”大圣不再理睬老君,只是摇摇晃晃地立起,蹒跚地走向玉帝。“难不成斗战胜佛对朕有所怀疑?”玉帝闻言,龙颜大怒,“你摔坏朕的玉盏不说,还在破坏蟠桃会,在朕面前大放厥词,难道不怕朕再去请西天佛祖,将你在五行山下再去压上一压?”

“呵,若能回那五行山下倒也好,能受那风吹雨淋,也是再快意不过的,也比在这虚伪的天庭强上百倍!”大圣转身背对着玉帝,眸底却是悲伤,“我虽为斗战胜佛,却只担了个虚名,受众人祭拜,享香火沐浴,却阻止不了世间的战争与残杀,只能白白享有恩泽,却又观望这无尽的有关妻离子散、家破人亡的惨剧。”

大圣闭上双眼,我见他眼角有泪。

“一千年前，你们给我弼马温的职儿，俺老孙不稀罕，如今变成了佛，俺照样是不稀罕的。随尔等怎样寻欢作乐吧，俺老孙去也！哈哈哈哈哈！”大圣仰天大笑，一个腾空，便踩着筋斗云离开了金銮殿。

“这泼猴！”玉帝又羞又怒，但又深知不可轻易招惹孙悟空，便转身望向了观音，“观音大士，朕命你前去劝解那泼猴，万万不可再使它扰乱了天条。”

大圣腾云驾雾，准备重下凡间，不再受这“斗战胜佛”名号之累。而我亦是摩拳擦掌，跃跃欲试，五百年的岑寂已经太久了，遮掩了大圣的野性，亦遮掩了我的锋芒，我与大圣都不愿再忍，如今我们将快意离去，一同回那人间大展拳脚，过那向往已久的肆意生活。

然而眼前劈下一道金光，拦住了我与大圣的去路。“看来是天庭派追兵来围剿俺老孙了。金箍棒，准备好了吗？”大圣轻蔑一笑，将我紧握。我早已按捺不住破土而出的斗志，在大圣手中跃跃欲试了。

“悟空，还不停下！”一个熟悉而慈祥的声音传来。

“观音？”大圣吃了一惊，“还请菩萨让出道路，放弟子回凡间去，弟子不愿再受这天庭寂寞之累。”

“唉，”菩萨怜悯地叹息，“我知道的，你本该不属于此。如今我也不愿强求，但悟空你可知道，任性削去神籍当需付出沉重的代价，千年修为化为灰烬。你，可愿如此？”菩萨的声音悲悯而温柔。

“悟空愿意，只求当一只泼猴，在林间快意嬉戏，体验那人间万般喜怒哀乐，望菩萨成全！”大圣的声音坚定。

“唉，你这猴子……”观音叹息，“紧箍咒困不住你，如今这天庭也是圈不住你的。你，去吧……阿弥陀佛！”说毕，玉手执起那瓶中柳条，带着漫天的玉露，点点地洒在了我和大圣身上。

“金箍棒，”大圣温柔地望着我，“我要走了，你也去吧，回到你的原处，不要再跟随我受那沉浮之苦。我们各自珍重，也就不枉我们在一处相伴了千年。”

大圣的身体渐渐透明直至消失。我望着大圣远去的身影，回忆登时一齐涌上心头，一时间悲喜交织，情难自抑，身体不由自主地颤抖。

“你也去吧，金箍棒，莫再留恋。”菩萨温柔的声音安抚了我躁动的身躯，漫天的玉露晶莹而烂漫，虚化了我的视线，模糊了我的记忆，我似乎失去了重量，在这天地间飘飘然而羽化登仙了。待我再度醒来，却已身处东海深处，为阴沉的海水所包裹。这千年的出离就仿佛是一场大梦一般。

我将在这深海默默祝福远在山间的大圣，从此与这无尽的黑暗与冰冷作伴，以不死之躯守护这片东海子民，永远地身为“定海神针”地存在下去……

# 苏北的早茶

陈希捷(2017级基地班)

前两天,我初中时期最好的朋友发朋友圈感叹:“原本以为早茶是哪儿都有的,结果到了最后才发现,是我太幸运了,全中国就只有生我和养我的两个地方有早茶的传统。”

看了她的话,我不禁莞尔。我和她本就是老乡,初中又在异乡一道读书,自然是明白她的意思,也深深地叹她所叹了。

我们都是江苏泰州人,也算是汪曾祺先生的半个老乡了。而汪老书中有关家乡美食的描写总能让我跟随着感怀。后来我们又一道同着父辈一起来到了他们打拼的城市——深圳,见识到了不同于江浙一带的广式美食,这儿的粤人时兴喝早茶的,于是早茶这个传统,就一直在我的生命中传递了下去。而苏式早茶与广式早茶有着微妙的相似,也有极大的不同,在相似处深得我心,在不同处各有其奥妙。

西式的早餐一杯牛奶、一片面包便迅速地解决了,而在国内,一碗粥,一块馒头,一碗凉粉,早餐就这样打发过去了,早餐的存在似乎就只是上班上学前一道必不可少的程序一样,机械而迅速地为人们一日日重复着,可偏偏在这儿,人们偏不,大家一起坐下来,和亲朋或和三五好友在早茶馆中入座,早茶馆里一般都排着一张张的圆桌,而大家也是习惯于自己带茶的——往保温杯里放上几撮碧绿的铁观音,或者明前龙井,再放上几颗温吞的枸杞,有人还会加上两朵性凉的菊花,就这样花花绿绿地占了整个杯子,慢慢地被开水泡开——泡出了清香的滋味儿。

泰州人早茶桌上必不可少的是除了这茶,还有点心、烫干丝了,苏式早茶的点心都比较实在,简而言之就是些烧麦、烧饼、包子,但你可别小看了这平常的食物。烧麦向来是很大个头一个的,鼓鼓囊囊的一只,里面包了裹满荤油的剔透的糯米饭,每一粒米上都裹着深褐色的汤汁儿,黏黏的,糯糯的,饭间更是包藏了不少的宝藏——有肉丁,有三鲜丁,有菇,一口咬下去口齿间一下子包含了所有的食材,糯米的香也会顷刻爆发在口中,随着咀嚼,这香愈发浓醇了。

而烧饼,更是当地一绝了,可以说,自从离了家之后,我不曾吃过这样美味的烧饼,甚至每次从老家回来总要背十几只烧饼回来。老家的早点铺间总有推着烤炉的烧饼摊子，烤烧饼的炉子与烤红薯的炉子类似，都是一个圆柱形的巨大的绿皮筒子，火候一到，卖烧饼的人便会把一只只或长或圆的烧饼从那深深的筒子里掏出来，分别给顾客——圆形的是甜烧饼，长形的是咸烧饼，当然也可以要一头咸一头甜的，不过要提前预订。我是最爱吃甜咸烧饼的了，这种烧饼吃起来来劲，尤其是咸味甜味交织的中间地带，真叫人难忘。烧饼总是外脆内酥的，外边那层沾满了芝麻的外壳总是最硬的，也是最脆的，轻轻一咬，就刺啦啦地只想下掉，掉了一地。而这外壳包裹下的是温柔而又酥软的饼子——极端的反差，才造就了泰州烧饼的绝味。

除此之外，烫干丝算是泰州一带独一无二的发明了，汪曾祺先生提到过，不过是按照做法分别叫“煮干丝”“拌干丝”或者“炒干丝”了。烫干丝最易，连我也能偶尔露一手，只需选取最上乘的百叶（即豆腐皮，广东人似乎喜欢叫“千张”，与百叶的叫法有异曲同工之妙）细细切成丝，再烫熟，随后再将烫熟的大葱切成段（偶尔也可是芹菜），加进炸花生米、嫩姜丝，再加香油、糖一道拌了，就成了“烫干丝”。干丝的食材可谓是最寻常普通了，但其简单组合成就了不可多得的美味，几个人一桌，聊着聊着，一大盆烫干丝转眼便被瓜分完毕了。

当然，如果是平常在家，可能一家人自己吃得就没那么隆重。在外婆家时，外婆总是烫好一大锅干丝，煮上一碗甜枣，摆上一碗炸花生，再冲一碗豆奶或是黏糊糊的藕粉便是早茶了。那时我还小，大人们不给我喝茶叶，但自己总是要泡上一杯自饮的。外婆家餐桌旁的门后头就藏着一堵“墙柜”，里头装着的净是些瓶瓶罐罐的花、茶，还有枸杞一类的。仿佛取之不尽、用之不竭，后来我也总嚷着要喝茶，大人们便给我尝了几口——第一泡的绿茶总是苦味居多，但第二、第三泡续水过后，便能觉察出香甜之处了。另外，我们那儿平常日子里还有些稀奇古怪的吃法，比如用“米饼”夹着油条吃，便是我从小吃到大的平民美味了——油条有些许韧劲与油腻，配上细腻香甜软糯的白白圆圆的米饼，最好再喝上一杯冲泡的豆奶——可就万般烦恼皆抛了。再比如“馓子”，所谓馓子就是一大把油炸的细面条，扎在一起，根根细脆，一根一根掰着吃可以吃上一个下午，吃净之后，嘴巴上已是油光一片了。这馓子也可当作早餐——泡在豆浆里，泡软了即可当作面条似的哧溜哧溜捞着吃——我最爱这种吃法，馓子本身的脆加上泡过之后九分的绵软，软硬相接，十分微妙。

后来，到了广州，广式早茶的点心叫我眼花缭乱，每一种都那么精致可爱。看着茶楼里三三两两的老人家一面饮茶一面操着我听不懂的方言高谈阔论时，我莫名多了许多亲切感。

# 还顾望旧乡

邓群哲（2017级基地班）

我曾见过许多地方的春。有那远在北国的料峭之春，枯木银装褪，衰草青衣披，颇肃穆，生命的气息若隐若现；也有那江南之春，确是“沾衣欲湿杏花雨，吹面不寒杨柳风”，空中漫着的仿佛是处子如兰般的吐气，那气息随着将舒未舒、柔梢披风的柳条，乍泄了一池春光，如弄晴之羌管，似泛夜之菱歌。但这些，都比不上故乡的春天……

记忆中，故乡的春总是来得很不经意，总是要到母亲指着日历宣告“立春”已至，或是偶然听到窗外三两声喜鹊叫，才觉得春是真正到来了。我们这些打记事起就在城市的楼宇巷道间奔跑的孩子，儿时放学路上，总是从檐下蹑足而过，想避着春雨，却被身旁转伞柄的同学溅了一身水，索性就不避，钻进雨中，这才觉得，原来这春雨竟是这般纤细而温暖，像母亲的大手宠溺地抚摩着，随着春雨起舞的春风，也并不似江南那般，如袅娜少女提起裙褶翩跹起舞，而似是父亲厚重的鼻息，与春雨一同呵护我。

待得寒气微退，我便减去厚实的棉袄，着轻衫、沐春雨、乘春风，到远郊踏青，成片的映山红，属杜鹃科，这可称是故乡春的最美一景了，依我看，这丝毫不逊色于大林寺的桃花，暗青的山林中是漫山遍野的鲜艳明媚，向来山林之花就只有“绿里透红”，可故乡的映山红称得上是“红里透绿”，那景致直教人流连忘返，如今身在羊城，也偶能见着几只杜鹃，但都零散，有失恢宏，若论壮观，却是非得“满山”不可。于是便循着这花道漫步上山，情到浓时，竟不知不觉地收起了小伞，仰首张口，任雨抚摩，当时到嘴中的雨，多年以后才忽觉有母乳的甘甜。

暮春，是故乡一年中最好的光景了，此时的山林青翠欲滴，而映山红也不输气势，开得更盛，但其实是即将衰败前的回光返照。每至暮春，父母便会组织平日里难得谋面的亲戚去林间挖掉仅剩无多的竹笋，记得当时拿着小锄头的我，说是要去挖竹笋，实际上，是和兄弟姐妹一起刨蚯蚓玩，本不多的童趣，大概就在于此了。

这样的光景，现在是不可能有了，我如今与那养育我的土地隔了千里，前年清明归家时，再去到那片山林，却只有寥寥数丛映山红，零星点缀在失了青翠的林中。可谓是“杜鹃不知何处去，人面再难笑春风”。

“故乡”二字，越长大我越参悟。不曾久别故乡，就不得其神；不曾细致地体察过故乡，就不得其魂。每年都有学子跟风喟叹：“故乡只有冬夏，再无春秋。”爱上层楼强说乡愁，真正问及，却道不出半点故乡的春秋究竟是何模样。但也难怪，被困在钢筋水泥里的孩子，又怎能听得清喜鹊或是蛰雷的声音呢？没有那无数个异乡的月夜、没有那无数声异乡的俚音、没有那无数口异乡的米粥，就不会真正领悟“故乡”二字，多数人把想家和思乡混淆，便是因此，也是因此，课本上看的那么多羁旅之作也都只能停留在形而下的层面上，而未能致其道。

可我如今，确实是思乡了，想她的春风、春雨、映山红，还有那些伴我走过浩荡而又单薄的童年和半个青春的人们。千里外的这声叹息，能否化作薄薄的一片，轻飘飘却又沉重地落在故乡的土地上？

梧桐落雨，故乡月明，只是梦中窥。

碣石潇湘，长路漫浩，何时乘风归？

（谨以此文怀念故乡福建武夷山）

# 土　楼

傅欣媚(2017级师范班)

我家的附近有一座土楼。

小学的时候曾经为它写过一篇作文,因为老师说它是我们镇上的文化保护遗产,但它其实只是这里的先人发家之后盖的一栋房子。我们管它叫朵桥土楼,也只是因为它坐落在朵桥这个地方。它没有厦门的永定土楼出名,但是构造基本一致。永定土楼是圆圆的,它是方方的,像一顶轿子。

土楼方方的,有一个大天井,从上往下看就是一个“回”字,三层的土楼,房间分布在小口字和大口字之间。小时候我和弟弟经常去里面玩,因为那里面有离我们家最近的杂货店。里面几十年来只住着一户人家,女主人叫阿丽。阿丽和她的丈夫几乎是看着我们长大的,直到我们离开了家乡。

土楼里面供奉着关帝爷,阿丽因此在供奉殿的旁边隔了一个小房间,卖起了烧香用的物品,又因为这一带的孩子特别多,她也进了不少时兴的小玩具。她几乎把这里当成家,我小的时候特别崇拜她,因为她不仅会织各种花纹的围巾,还会种出漂亮的花花草草,又好像也懂一些药理,最重要的是烧一手好菜,那个味道味蕾已经记不住了,却总是觉得那时候到她桌子上蹭的饭菜是最好吃的。

面朝大面的那一排屋子,左边住着阿丽,右边靠近供奉殿的小屋子里,还有一个天天来这里看电视的爷爷。他几乎只和大人说话,小孩子几乎和他玩不起来。那间屋子是他住的地方,但他晚上从不住在这里,只是白天待在土楼里,只知道他是这一带很有威望的老爷爷。有香客来这边,总要找他解签。后来也记不清是什么时候开始,那间屋子的门再也没有开启过,大概是两三年前听闻他去世了。供桌前的签条还在咚咚作响,墙上的签文纸条却已经泛黄了。

天井里面有一口井,阿丽家没有买洗衣机,每天都用一个枣红色的有年代感的盆子洗衣服。依稀记得她挑水时动作利落,水桶面朝水井用力往下一掷,甩一下那根绑在桶上的尼龙绳,一桶水就满了。洗完衣服,她总会浇花草,每次初一、十五我和妈妈一早去上香的时候,总会看到这个画面。有时候妈妈忙,去晚了,她们总会站在杂货店门口聊天。

春节的时候，是土楼最漂亮和最热闹的时候。大门口挂着红布对联，上面绣着龙、凤还有狮子以及各种各样寓意吉祥的图案，横联上还有一排的小穗条垂下来，土楼里面的柱子也都各自挂上了这样的对联。布置从将近年关一直持续到正月十五，因怕下雨，从三楼和二楼之间的地方开始系上棚子的六个角，然后整个土楼里都是一片红红的。供桌从供奉殿一直摆到门口，几张桌子没有数过。门口那边还要摆上一张长方形的桌子，上面放着三个小香炉，以前放在天井的烧纸钱的炉子也被放在外面了。等到春节的时候，里面总是一股浓郁的香火味，外面的那个场地总是一地的鞭炮碎屑。

后来相关的布置越来越好，可能是村里的拨款改善，也可能是有些乡绅捐款，总之不仅是春节的布置，连二楼三楼的门板都翻新了。二楼和三楼我以前偶尔会和玩伴们一起上去，或者远房亲戚来这边一起参观一下，除了可以透过那些小窗户看看高出的风景，我几乎是不喜欢的，因为灰尘太多，而且光线不好的时候平添一股阴森之气。

也不记得是某一年，有人捐了一把我扛不动、大人也少有扛得动的青龙偃月刀；也不记得是哪一年，阿丽开始照顾起别人捐过来的盆景。隐约记得有一年大年三十的时候，我和阿丽站在她的杂货铺面前，看着一个男人铲蜡烛泪。阿丽的脸上没有笑意，我问她他为什么要这么做，她用一种平淡的语气说："他想装在袋子里拿去卖。"我不知道他最后铲了几天的蜡烛泪，卖了多少钱，我只知道最后阿丽一家人不情不愿地从土楼搬出去了。

那几年村子里兴建房子，记忆里的田地都被房子占了，阿丽家也在离我家有点远的地方建了房子。她的两个孩子都在外地工作，他们一直没有搬过去，后来有人说土楼是文化保护对象，不能住人，尤其是阿丽还在里面养家禽。

搬家之后的阿丽，我和弟弟有时也会去找她玩，但是毕竟不频繁了。今年我回到了老家，看着春节依旧冷冷清清的土楼，我以前本不喜欢热闹的土楼的，因为阿丽养的家禽会有味道，因为这里总会聚集一帮光着膀子打麻将的中年村民，因为每次路过麻将桌的时候总会闻到它上面飘着的烟草味，但这一刻，我的内心的情绪突然无从形容。阿丽已经当起了奶奶，小孙子很可爱，也像小时候我喜欢去土楼一样来我家玩，那个当年捐过来的盆景太大了，阿丽没有带走，它的根须已经把缸给撑破了，那把青龙偃月刀依旧摆在那里，只是这里真的太冷清了。

# 焦　虑

高璐嫄(2017级基地班)

焦虑是蚂蚁。它从门缝里挤入,从纸页里爬出,在我的笔尖转了一圈又钻进文字中去了。

它也可以是我眼前的任何一个东西:日历上标注的任务的截止日期,落了满地的头发,一行行潦草又错误百出的字迹。它是我高高摞起的作业本和没能看完的书,杂乱无章地堆在课桌一侧,便笺纸参差不齐地从书本间长出,冲着我耀武扬威。

它是潮湿环境下除不尽的小昆虫,在台灯前飞来飞去,令灯影颤动,人心浮气躁。当我伸手想要将它拍死时,它又灵活地从我的指尖飞走,从我的掌心逃出。徒留我一人揉着拍麻的手掌,惊魂未定:"天哪,这虫,不会是卡夫卡吧?"

它也可以归于无形,却无处不在。

它是空气,伴随着我每分每秒的呼吸。它渗透进肌肤,它钻入血管,它们在耳边轻语,你害怕吗?你会被眼前这些事情逼疯吗?我们不妨拭目以待吧。

焦虑是最难缠的敌人。

我无法摆脱它们。如果这是一次不理智的恋爱或者婚姻,我还有机会从这段错误的关系中抽身而出。但它不行。它像嚼烂的口香糖,无趣、黏腻甚至让人厌烦,我要把它吐出来,丢进垃圾桶,可它比口香糖的韧性强——它死死黏在我的后槽牙上,像守卫疆土的战士,绝不退让半寸土壤。

我说,先生,请你讲点道理。我自认并没有做错什么,你为什么一直揪着我不放?

它狂笑,年轻人,是你不讲道理。到底是谁揪着谁不放,你难道还没有看清楚?

我不明白,先生,如果可以,我愿意不惜一切代价摆脱你。

那你为何不舍弃你所有的欲望?正是你那无穷无尽的欲望饲养着我,你却说我不讲道理?你这虚伪的人。

我所有的欲望?

正是你那无穷的欲望!你仔细想想吧,从一朵小红花,一面奖状,到一纸成绩单,一张录取通知书……你无法停止你渴求荣誉的步伐,你不愿停止你攀登的脚步,你在有限的时间里想要的东西太多!你不断对自己说着,我能行,我能做到,我都能做好,这些想法让你变得莫名理想，你的每一点欲望都在无限膨胀，于是你的时间表被挤满，你的步伐变得忙碌，你在这晕头转向的生活中找不到方向，或许你该想到放弃——

我放弃？

不！你没有放弃，因为我出现了。你那没能彻底死去的欲念催生了我，我从灰烬中诞生，我在烈火中淬炼，我逼迫你继续前行，我催促你，我警告你，我不断提醒着你，时间紧迫呵！年轻人！机会不易啊，年轻人！你难道要放弃吗？

我当然不愿意！

没错，因为你那欲念又一次燃起，你瞧。你自己说的，你不想放弃，你不愿后退，你的欲念催生了我，你又牢牢抓住了我，我依附于你的欲念而生，但凡它们存在一日，我便同样存在着，永不消亡。

可你太令我难受！你让我心烦意乱，杂乱无章，甚至会让我乱了阵脚……我无法做到从容不迫镇定自若，你的存在总令我丑态百出！

你竟将这一切责任都推在我头上？

这难道不是你的责任吗？

这本来就与我无关！是你自己锋芒毕露，心急火燎，才导致了这样的结果。我是你耳边为欲念代言的警钟，我只负责提醒你，推动你，我本身就是你欲望的副产品，是你圆梦之路上的动力！你自乱阵脚，丑态百出，那是因为你自己的欲望与现实不相符。说到底，你自己的努力配不上欲念为你幻化出的美好，或者我该说你自己的实力——

所以你是在指责我的实力和努力？

没错，你完全可以这样理解！年轻人，请不要觉得我说的话难听，我需要让你看清现实。你自身的惰性阻碍了你在有限时间内的效率，当你拿起了你的手机——

手机？

没错，这不过是个例子，一切能转移你注意力的东西。也许明天就是比赛截止日期了，也许这项任务你即将完成，但是，不论怎么说，你还没能完成它，可你拿起了手机，你开始做别的事情了——这行为我见多了，从前那个叫爱丽丝小姑娘转头去尾随那只神秘的大白兔，后来那个叫何塞·阿尔卡蒂奥·布恩迪亚的马孔多年轻族长开始沉迷于炼金术，而你——你这个被转移了注意力的人会做什么呢？或许开始你的初衷不过是查一个单词，发一封邮件，可你举棋不定，你的手不受控制，你点开了娱乐软件，你开始冲着那该死的屏幕傻笑，一秒、两秒，一分钟、两分钟，一小时、两小时……瞧，天黑了，可你白天的工作依旧没能完成，你的计划表又一次因你的惰性而被打乱，欲望——方才被你抛弃到另一边的欲望，突然被你的理智唤回，同样被唤回的还有我，于是你尖叫，你哭泣，你开始自责，懊悔，愤怒，你莫名其妙自怨自艾，你竟然开始抱怨这一切都是我造成的！

可是——

从早到晚,你或许看起来一直坐在那里忙碌,可你的心大半时间都飘荡在你的躯壳之外,哈哈,当它回归的时候你又发现了我,于是你开始埋怨我!好啦,想要“摆脱”我只有一个方法,那就是彻底放弃你的欲望,你现在明白了吗?

可我不想放弃!

那你就必须与我相伴,你必须习惯时时刻刻同我一起行走,任由我藏在你的影子里,呼吸里,让我时时刻刻催促着你,小心啊,年轻人,时光珍贵啊,像奥雷里亚诺第二那样在狂欢夜大吼“让一让,母牛们,生命短暂啊”。你需要学会与我相处,而不是憎恶我,你越憎恶我,我便越令你感到疲惫,感到痛苦!

但凡我有所求,我就必须接受你的存在?

在你这个年纪,当你的惰性开始萌发但欲念又不肯后退时,我就会折磨你;

当你莫名沉溺于空虚的生活状态中,我就会警醒你;当你想要做可耻的逃兵时,我就会咒骂你。要当心,当你在这个年纪想要得到什么,最好不要东张西望,最好不要半途而废,否则你将断送自己创造可能性的黄金时期。

你不会一直伴随着我?

或许有一天你会等到一切欲念烟消云散。那一天你将沉溺于幽灵镇,大鱼将洄游到池塘,你的心已经不再年轻,没有什么能够再打动你。等到那一天,我就会消亡,从此不会再有声音从深渊拖拽你的神志,在深夜令你辗转反侧。

那一天,或许我将死亡。

不,如果真到那一天,你已经死亡。

# 在边缘起舞

高璐嫄(2017级基地班)

我不懂艺术。或者更明白一点,因为我不是专业的人员,所以我大概不明白专业的艺术应当如何诠释。

我明白的只是,我空怀着一腔热血,在艺术领域的边缘起舞。

无所畏惧。

## 一

在高二的时候,我编导了人生中第一部话剧《老城旧事》。那场话剧大概是一次在艺术边缘的试水,在旁人看来,不过是一群刚开始认识世界的年轻人在艺术殿堂的门远远地望了一眼,踩了踩几块前往那扇门的路前的铺路石。

当时老师家长普遍不大支持我去做这个事情。我记得家长们无数次望着我在电脑上改剧本时那副欲言又止的表情,而当时的班主任则直接把我叫到办公室单独训话,告诉我现在不要关注话剧活动,这些全等到大学时再去做。

我和话剧剧组同学们的普遍做法是,在大人们面前保证得很好,但私下里纠结一阵子,认为自己一定放不下,于是大家的排练活动转入地下进行,"风雨"无阻。

少年人就是有这样的热情与勇气。我仍记得当时我们一行二十多个人在晚自习请好假,跑到教学楼和实验楼之间的小广场上排练。路灯,朗月,凉亭,银杏树影,紫色鸢尾花,还有泛黄发皱的台词本,语文老师的扩音器……一帧帧一幕幕,都像老式胶片电影,在眼前闪现,定格,珍藏。

最快乐的事情就是一群人为了共同的爱好、共同的目标而努力。十六七岁的我们,都是纯粹、快乐、勇敢的人。

说来惭愧,那个时候我们都缺乏经验,每一幕全凭自己的主观感觉来判断人物动作,更不必说研究演员"走位""开声"这种事情,后来上了大学才开始逐渐了解。但高中时的那种一腔热血只为话剧的"疯魔"的状态在大学有过之而无不及,我想,它大概是我最后会改变的东西吧。

## 二

大一上学期的时候,带着一种对自己过去的不完美的苛求,我加入了大学话剧社,开始了自己的大学编导生涯。构思编写剧本,组合搭档团队,参加演员见面会,组织试戏环节……一个将近二十人的队伍就这么成立了。和搭档讨论剧本、设计走位,与演员沟通,对策划组、舞工队工作人员“斤斤计较”“吹毛求疵”……这些已经成为我排练话剧阶段的家常便饭。

在大学想要组织一次活动,其复杂程度比高中高得多。有一段时间我的整个世界都仿佛是混乱的。我忙于在各个因话剧而起的、毫无意义的人际关系挣扎,像在一个“小社会”中起起伏伏、艰难辗转。

但是还好,我大概还有片刻喘息的地方。

那是单纯地进入一种纯戏剧的状态的时候。

即便排练场地并不能像舞台那样设备齐全,但是所有人都会感受到,当一声“开灯”喊出口后,就是聚光灯亮起的时刻,潮湿的空气中弥漫的都是浓浓的民国气息,少女的服装不再是那普通连衣裙,而是典雅的旗袍,严密缝合,曲线优美。手中拿着的不再是普通的A4纸台词本,而是一把缎面折扇,上面画着秋水寒鸦,遮住少女半边脸庞,露出弯弯的眉毛和风情无限的丹凤眼。

步伐是要斟酌的,民国时的大家小姐应该如何走、坐、立,捧着书倚着桌子的时候是什么样子。公子把自己的金丝边圆眼镜摘下来应当如何做,偏过头去应当是怎样的角度……

眼前的每一幕每一场在心中都早已有了规划,包括灯光道具:哪处该亮起聚光灯,何时应有追光,哪边该放留声机,哪处应当立着宫灯,宫灯后放一扇屏风……

一瞬间人就会开始迷失,迷失在这不知今夕何夕的氛围里。我的行为极度矛盾,有时会一句话也不说仿佛神游天外,可下一秒当缪斯女神来到我身边时,我就会毫不顾及形象地跳起来大声道:“我知道了!”……

有的时候自己还会哭,对着自己笔下的人物开始哭。或是感动到热泪盈眶,或是咬牙切齿恨之入骨。分不清谁是我,我是谁,与笔下的人物一起沉沦,沉沦在文字里,情节中。

几个月的时间,天天如此,每一天的开始是另一个世界的构建,每一天的结束是回归现实的失落。当我不得不喊出“灯灭”的时候,那束无形的聚光灯“噗”的一声熄灭,狂跳的心脏才慢慢回归正常。潮湿的感觉袭来,闷热的空气几乎让人喘不过气来,等反应过来我已经回归现实的时候,夏季的虫鸣,星夜,平安的世界,赶不完的课业任务,都是我最终惬意但始终会令人怅然若失的归宿——现实。

## 三

大多数人都会有分裂的时候。

喜欢它,却不能同这种兴趣长厮守。即便做自己喜欢的事情,却不得不被同它相关的一些世俗琐碎所牵绊。

大概我,和我相遇的这一群人,都会有这种感觉:最初谁都抱着试一试的心态,但到了最后谁都会深陷其中无法自拔。因为真正要演好一场戏,是需要整个剧组必须相信,相信剧本所传达出来的信念。

我们是一群在艺术的边缘上起舞的疯子。

我们在分裂的边缘上起舞,狂欢。

它就像看不到未来的一场末日派对,在高中排演话剧时的我就有这种感觉,在大一结束的时候它变得更加真实而残酷。

好到不真实的时光大概就是会让人觉得走得很快吧。

人也一样。

我不知道曾经剧本里的故事还会不会再有人演绎,或许它们终将远去,变得面目全非、但无论如何,它们都标记了一群人的成长,在边缘的成长、舞动。

即便这些凌乱的脚印会被磨平,但时间会记得我们曾经来过,我们曾这样年轻、勇敢。

# 半小时三角

## ——游暨南大学校史馆记

龚玲令(2017级基地班)

出了火车站,总觉得某样东西正立在某个地方。也许它已经在那里立了很久,久到我默认了它的存在。感觉到它,这是第一次。就像马路两边的法国梧桐,看到它被修剪得有些滑稽的光秃枝丫前,没有谁会感觉到它在深秋金黄的样子。人总是习惯视而不见吗?

十点。时间还早,大地还没被晒暖,我并不急着回家。不论身在异乡时怎样急切地想要回家,落到这片土地上之后,一切情绪都变得平缓起来。就像午后的爷爷在阳光下藤椅上摇,那是一种心安理得的均匀涂抹,散逸于线性时间之外的圆周运动。

我决定往前走走,向着我认为的前方。我分不清东南西北,被人笑作“路痴”。但我分得清前后左右。我继续往前走,对那样东西的感觉越来越强烈。

### 一

“哒。”我立住了,承受这铺天盖地的场:两块永磁体贴合前一秒吸力的突然增加,八匹大马拉不开的马德堡半球,盖玻片贴近湿润载玻片时的轻轻一跃……“国立暨南大学旧址”,目光触及灰色石块上的几个金色刻字,场被打碎。我到了。或者说,这是一种成功的击中。

旧址很小,这块孤独的灰色石碑是它的全部。石碑上,金色小字整齐排列:“一九〇六年(光绪三十二年),清政府在南京设立暨南学堂,揭开了国家兴办华侨教育之序幕。一九二三年,学校迁至上海真如……”声声鸟叫灌进耳朵,越靠越近,近得要钻进我耳朵时,我猛一回头,却看见一个老人捏片叶子在舌头上吹。

“女娃。”湘西口音。静止的时空被划了条缝。

“拿着。”越是短促的句子就越显坚定,就像时钟在寂静里发出的“嘀嗒”声,非常坚硬,我无力抵抗。

一片油绿的叶子落到我眼前。它有些过分油亮了，不够真实。但除了接过它，我别无选择。

老人笑了，皱纹淡下去，天真的面孔浮上来。他再一次把叶片放到嘴边吹起来，边吹边头也不回地往前走，向着他所认为的前方。我看见绿色的鸟从他嘴边飞出。他只留给我一个背影，大概是为了让他的欢欣得意显得含蓄些。

我跟着他走了一会儿，准确地说，是半小时。他放下叶片，收起得意的表情，抖抖身子，鸟儿扑腾着翅膀飞远了。

“喏。”他又开口了，依然是短促的句子。他的指尖对着一栋黄颜色的小楼。这栋两层高的小楼，此刻正躲在两棵茂密的法国梧桐后面。“这是我们教授当年自己建的小白楼。”他眼里闪着光，“时间把它变黄了。”他哈出一口白气，也许可以称之为叹息。白气也变黄了。

比小白楼更抢眼的其实是它底楼的店铺：褪了色的红色雨棚、大红搪瓷脸盆上搭着的绿色毛巾、“小实惠饭店”红底黄字的大招牌、维修店门口横七竖八躺着的洗衣机、店铺门口泛着油光的污水，还有黑洞洞的门。看着这摊混着地沟油和机油的污水，一切都变得真切起来。

至于玻璃窗上的彩色贴纸、木楼梯上的陈年旧灰，以及黯淡的木地板上趴着的那只白猫，是我后来才发现的。

小白楼后边是一片荒地，风起，泥沙飞扬。“都拆了。”老人的脸变得灰突突的，是灰尘太大的缘故吗？

目光掠过荒地和丛生的野草，一栋，不，半栋房子，颓丧地立在对岸。它被拦腰斩断，看起来像是房屋的概念图，内部结构赤条条地袒露着，有些扎眼。屋顶的木架倒在二楼的某个房间里，打破被截断的光滑平整，提醒我，这是现实，不是概念图。掐一下，会痛。虽然伤心，但它还是固执地立在那里。我知道，它在怄气。

我听到啜泣，回头，老人脸上的皱纹里蓄满了泪：“好好的科学馆啊，现在怎么成了这副模样……”“这是以前的暨大科学馆？”“是啊，当年学生抱着显微镜做什么植物解剖，就在这地方。现在，都没喽……”我拍拍他，他变成一个孩子。温暖的手掌可以治愈抽泣的肩膀，这是我在某个没有月亮的夜晚明白的道理。

“轰——”一声巨响。一个巨大的锅盖把宇宙扣住了。这是宇宙卡住的一种形式。

## 二

很久以后，准确来说，是半小时之后，锅盖被打开。路牌斜在街对面，像一个丧气的士兵。一幢三层小洋楼挤在沿路的一排楼房中间，唯有它，看起来热腾腾的。

进门，教室一间挨着一间。我进入其中一间，挑了个靠窗边的位置坐下。云有点厚，阳光很淡，几乎变成了灰蓝色，它轻而易举地穿过法国梧桐光秃的树枝，悄悄落在街上。教室里人不少，我感受到一种气压极低的平静。我学着跟教室里的其他人一样呼吸。深吸一口气,然后缓慢地吐出。这个过程必须缓慢,让热气缓慢而均匀地入侵寒冷空气,让白雾稀薄,稀薄到肉眼看不见。于是我便完成了一次不露声色的呼吸。我知道,采取这种呼吸方式的人,一般是为了掩饰自己肾上腺素的喷发。正反馈与负反馈,能量守恒,内部越喷发,外表越平静。

可是,在这样一个平静的早晨,他们的肾上腺素为什么会喷发?

一位年轻男子走进了教室,笔挺的西装看起来更像是盔甲。他手里攥着书,走上讲台,在正中间,不偏不倚,站定。

"今天的事,你们都已经知道了吧?"圆框眼镜也挡不住他坚定的眼光,"我们已经议决,一看到一个日本兵或一面日本旗经过校门,立刻便停课,并且立即将学校关闭结束。"身边的同学坐得很直。他们点了点头,幅度小而干脆。"但是我这一门功课还要照常讲下去,一分一秒钟也不停顿,直到看见了一个日本兵或一面日本旗为止。"讲台上的男子举起手中的书,我看见一个举起盾牌的战士。火车迎面驶来,只要没贴到他的鼻子,他便选择立定不动。

男子开始讲课。清瘦的脸上,只有那张大嘴显得不那么协调。他讲的不是别的,就只是课。把课看作知识是不确切的,课最不重要的一面就是知识。没有传授的课不是课,传授过的课已不再是课,课就是传授本身。

这课有着急切的温柔,像是玻璃弹珠在午后的泥土上滚动。笔尖在纸上飞扫,笔杆晃动,这是一种战栗。深沉的"刷刷"声和故作平静的呼吸想要回避的,从所有的笔杆喷发。

教室的空气越发平静,让我想起某个暴雨将至的夏天的傍晚。小贩经过,轻轻叫卖两声,生怕戳破什么。

"嘀嗒",这声音非常坚硬,柔软的课瘪下去一块。

"嘀嗒、嘀嗒、嘀嗒",它不肯罢休,温柔的课瘪下去一圈。质量不变,体积变小,课滚得更快了。

"嘀嗒嘀嗒嘀嗒嘀嗒嘀嗒嘀嗒嘀嗒嘀嗒嘀嗒嘀嗒——"课越来越小、越滚越快,笔杆战栗的频率也越来越高。

"嗒、嗒、嗒、嗒、嗒嗒、嗒嗒、嗒嗒、嗒嗒嗒、嗒嗒嗒、嗒嗒嗒嗒——"

"轰——轰轰——轰轰轰——"

惨白的方块上一个血红的圆圈,直直地插在墨绿的金属怪物上。原来这就是平静早晨内部的喷发。怪物异常缓慢地经过窗口,它在蓄气。等气足够多时,它便用它的高压碾过低压的教室。

"下课!"教室的平静漏了气。男子"啪"地合上书本,所有人"唰"地起立。对望中,他们撑起一小片真空。

一滴泪打在课桌上,发出大地开裂般的巨响。真空被撕碎。教室里的人陆续向漆黑的屋门走去。光沿着门框切割了教室外的阴影,切得整整齐齐,切出一条界线。他们迈出去的时候,就被这条线删掉了。就像光标删掉这三个句号中的一个。

我不知道他们去了哪儿。

## 三

在我面前，只有一扇门。要么自己把自己困在这片真空的残骸里，要么，走过那道门。

走。被门框删除的感觉，我还没体验过。

在门框前，我卡顿了一下，但门框没有。我走过它，感觉不出丝毫异样。“也许走过每扇门时我都曾被悄悄删去。”一条发凉的脊背升起来。我赶紧掐死了这个念头。

四围只是黑，黑得温柔。这样的黑常常出现在冬天的夜里：躲进暖融融的黑里，听窗外的风徒劳地穿过光秃的树枝。

我不分东南西北，只是朝前走，朝着我认为的前。在没有边际的黑里，前后也很难分辨。没有其他参考系，我即我自己唯一的参考系，那么我是静止的。

城墙的影子从黑暗中浮了出来，它没有尽头，它是绵延。我用指甲在上面划了个三角。

当我第三次看见这个三角时，我已经绕着它走了半小时了。我确信这个城墙是个环状物，无始、无终、无入口。

墙里是什么？

我在城墙上又划了两个三角。顺着这三个三角，我攀到了城墙顶端。

空荡荡的空间中央，一位中年男子正全神贯注地写作。他面孔俊朗，带着朝圣者的虔诚。

他写：“天下只有两种人。比如一串葡萄到手，一种人挑最好的先吃，另一种人把最好的留到最后吃。照例第一种人应该乐观，因为他每吃一颗都是吃剩的葡萄里最好的；第二种人应该悲观，因为他每吃一颗都是吃剩的葡萄里最坏的。……”

我有点想吃葡萄。

“……不过事实却适得其反，缘故是第二种人还有希望，第一种人只有回忆。”

我想了一会儿葡萄的事，再看他写道：“……城外的人想进去，城里的人想出来。”

“唉哟——”一不留神，我从墙上跌了下去。

俊朗的面孔被吓得变了形。

不过很快，俊朗再次回到了他的脸上。

“学生运动？”

“二十号国民党镇压了参加运动的学生，今天咱们暨大的学生又在校门口罢课示威了。你不知道？”

“校门口？”

“宝山路上的校门。”

我更好奇了。

“这墙要怎么出去呢？”

“怎样进来便怎样出去。”他笑笑。

再次爬到城墙顶上时,我看见他写道:“似乎我们总是很容易忽略当下的生活,忽略许多美好的时光。而当所有的时光在被辜负被浪费后,才能从记忆里将某一段拎出,拍拍上面沉积的灰尘,感叹它是最好的。”“目光放远,万事皆悲。”……

这些话是什么意思,我不清楚。我跳下城墙。

“宝山路”,果然,就是这里。回头,没有集会示威的学生。气派的弧形大门,像屏风。

而在屏风后面,熟悉的校舍徐徐展开……

沉默缓缓罩下来,透明,宏大,无声无息。它是最强力的压缩器——校舍缩水,面孔模糊——这是卡顿的一种形式。

校史馆沙盘前,缩水的校舍,模糊的面孔,重叠在透明玻璃罩上。

## 四

如果在路上拉住一个老人问他,他会告诉你,半小时,是宇宙卡顿的节律。

卡顿从本质上说是一条缝,大地上的缝,历史里的缝。缝多,细密,缝上它们时,针脚很乱,但一般呈稳定的三角形。针脚会击中你,但你要接受。

这是一种强烈的联系,你要允许这种联系穿过树枝,穿过自己。

后记:

暨南大学前身为1906年两江总督端方在江宁府创办的暨南学堂。后因政局动荡,学堂一度停办,复学后不久便将学校迁往上海,并在上海度过了辉煌的一段时光。

1923年至1949年,暨南大学在上海先后有三个校址,汇聚了一批学界精英担任教授,如沈从文、郑振铎、钱锺书等。这三个校址分别在现在上海市普陀区富平路、静安区康定路和虹口区宝山路,在地图上把它们标出来,会发现它们恰好构成一个三边大致相等的三角形,彼此相距半小时的车程,文章便因此得名。

放假期间,我亲自探访了这三个校址,遗憾地发现曾经的那些建筑,有的只剩下断壁残垣,有的已经改头换面,有的甚至已经消失了。

容下它们的,是校史馆。

# 静夜思

黄思敏(2017级师范班)

今夜正好是中秋。

我在空无一人的宿舍里,刚刚结束同远在大洋彼岸的家人的视频对话。“月光光,秀才郎,骑白马,过莲塘……”嘴里哼起儿时在父母怀里学来的童谣。真是“每逢佳节倍思亲”,我抬头望着窗外的明月,思绪已飘远……

爸爸在厨房里忙活了一下午,正在做我最爱吃的酱牛肉,赶着时间真空包装给我带走。我收拾好行李,站在门口,回头看到父亲忙碌的背影,突然觉得他一下子老了很多。也许他很早就开始老了,一天比一天老,一月比一月老,一年比一年老,但是平时没有仔细去看,到现在才发现他真的老了。那个让我骑在肩头举高高的爸爸,那个牵着我的小手教我走路的爸爸,那个一把抱住飞扑而来的我的爸爸……哪里去了?我有点惊慌失措,却又无能为力。

明月当头,微风拉扯着思念的影子,在落了霜似的地上摇曳。

我翻出妈妈手织的毛衣,不知道这手艺是什么时候学来的,但是经常听她一边捣鼓毛线团,嘴里一边念叨:“那边冷,在外头买的衣服总是比不得自己做的厚。”

母亲并不知道,她就是我的人间四月,温暖柔和。触摸这毛衣,就触到了她的双手,足以抚慰游子凄冷孤独、无处安放的心。

离家返校那天,我执意不让他们远送。走出家门前,我紧紧拥抱了一下母亲,嗅着她身上的烟火气息,那是一种叫人安心的气味。父亲也许看出了我的异样,轻轻地拍了拍我的肩膀,说:“出门在外,自己多保重。”

踏出家门的那一刻,我忽地回头再看他们一眼,发现他们身后的光刺得我鼻子发酸,我匆忙向他们点了点头,不敢再多说一句话,便转过身子,拖着行李箱,让轮子滑过地面发出的巨大声响,掩饰我内心的伤感。当时的步伐,一定是凌乱而狼狈的。

今晚,月是满的月,心是亏的心。看着那皎洁的月光,心里竟是有了几许埋怨。“不应有恨,何事长向别时圆?”

我不愿接受父母老去的事实,不愿再好好看看他们,不愿细数他们额间的皱纹和新长的白发。我拼命长大的速度却赶不上他们老去的速度,这是何等惶恐的心情。

从什么时候开始,岁月已把父母雕琢得面目全非,我已无从想起。在远洋电话中,他们常常跟我埋怨昨天自己又忘了某事,隔一天,又打来电话抱怨今天犯下的低级错误。他们似乎开始重复我的迷茫,像个小孩子一样再三追问我,是不是发现他们真的老了。

我无法找到合适的说辞,所谓父母子女一场,其实就是追着光阴打湿亲情的疼痛。

我只想抱一抱爸妈心里逐渐老去的那个人,轻轻抚摸着他们,然后告诉他们:不要怕,我会一直待在你们身边。

广州的中秋夜,不知什么时候圆月覆盖上了一片稍厚的云彩,原本如轻纱一般的月晕,如今更像天鹅绒,透着丝丝的暖意。

所谓的亲情之爱,大概就是有一天你掉了一颗大门牙,你也毫不在意跟我开怀大笑,你知道那些爱你的人不会因为你的不完整而奚落你。

曾有人问我,陪伴是什么?“草,在结它的种子,风,在摇它的叶子,我俩站着不说话。”在顾城的诗里,陪伴就是这样简单而美好。也许,陪伴就是阳光,蓝天,捕虫网;就是田间飞舞的蜻蜓;是尽情奔跑,脏兮兮的小背心,和那一阵吹来的微风。爸妈的世界很小很小,当我在他们身边时,眼前的当下就是他们的天下;爸妈的世界很大很大,不论我走到哪里,也能收到他们的牵挂,感受“天涯共此时”的安心。

是的,父母不断用衰老的方式与我一步步告别,他们的身影在我的视线中越来越小,如果能够,我愿用我平生所有,与明月交易一小笔时光为父母双亲换回岁月,细水长流。

# 还乡手记

黄文可（2017级基地班）

## 车　站

火车轰轰作响，伴着一声长长的汽笛，绿色的庞然大物驶入了这个车站唯一的铁轨。连夜的颠簸使我无法安然入眠，望向窗外，天光尚未破晓，车站昏黄的灯光打在墙上，一片斑驳。

小而破，大概便是对这个车站第一眼的感受了。

下车的人竟也很多，返乡的人们背着大大小小的行囊，沿着蜿蜒的小道向车站出口涌去。他们步履匆忙，肩头的重量在此刻归家的喜悦中似乎也轻了许多。我顺着人流前行，当脚下传来颗粒分明的沙石触感，耳旁充斥着三轮车与摩托车的拉客之声，那口熟悉又陌生的雷州方言终于让我真真切切感受到又回到了故乡。回首望去，车站门口“徐闻”两个深红的大字在雾色中也逐渐清晰起来。

## 草　木

已是两年没有还乡了，我摇下车窗，呼吸着乡间清新的空气，那全然不似城市间灰尘与汽油的味道，而是独属乡野的泥土的芬芳。

县城到老家所在的村庄有一段距离，途中可见大片的山地与农田。一块块的田地被不同的农作物自然分割成不同的种植区，呈现出不一样的深深浅浅的绿，一直连绵到视野尽头。

“知道这个是什么吗？”父亲的提问猛然在耳畔响起，我望向他所指的那方田地，是一丛丛低矮的绿植，根叶分明，长长的肥厚的叶片径直指向天空，宛若一簇簇刺向天空的利刃，虽低矮，却姿态昂扬、坚挺有力。我在脑海中细细搜寻，却并无关于这种植物的记忆。

父亲看我眼神迷茫，笑了笑说道：“你肯定听说过的，这是剑麻，一种纤维材料，用途很广泛的。”我才恍然大悟地点了点头。接着父亲又如数家珍般道出了好几种农作物的名称，我看得眼花缭乱，父亲却自得其乐。没想到早早离乡去城市闯荡的父亲，依然对农事如此熟悉。故乡的一草一木,或许早已揉进了童年的记忆,融入了骨血之间,成为他挥之不去的一部分了吧。

看得久了,竟发现那些陡缓不一的山坡上栽种的都是清一色的树木。一样纤细而笔直的树干,一样在临近顶部才冒出的稀疏的枝叶,看得多了,内心不禁疑惑。

"这是什么树呢?"我向父亲问道。

父亲也望向窗外,连绵一色的树木在晨光中染上了一层绿意。

"这树是用来造纸的,三五年就能长成一批,种完又复种,久而久之,就把土壤糟蹋了,于是只能继续种这种树。"父亲的语气中有一丝无奈与懊恼。

"速生桉",听罢父亲的话,一个名词便窜入了我的脑海,没想到那常常出现在高考模拟题中极富危害的树种竟也出现在了故乡的土地上。

也许故乡的人们也曾在利益与环境之间摇摆不定,也曾为种植速生桉而后悔不已,但现在他们显然还没有治理土地之意。想到数年之后这片土地可能会变得贫瘠而荒凉,再看这满眼在晨光中镀上了金边的绿,不再是可爱的生机盎然的颜色,反而泛着瘆人的幽幽绿光。

## 姑　姑

据说我和妹妹出生时,母亲的身体极其虚弱,而父亲又远在他乡工作,于是我俩从小都是在姑姑的怀抱里长大的。

姑姑是一个爽朗的女子,特别爱笑。记得小时候与她待在一块儿,笑声总落满了整个庭院。她也极有个性,虽经历了一次失败的婚姻,但依然活力开朗,一个人的生活也过得有滋有味。

长大之后再见姑姑一般都是在春节回老家的时候了。老家过节的习俗甚多,祭祖、吃斋、禁动剪子、点灯睡觉……这些奇奇怪怪的规矩我尚且能够忍受,但唯一令我不解的是,凡是出嫁了的女子大年三十都不能回娘家与家人共度,只有等到初二才能回来,否则便会"给家中兄弟带去霉运"。大抵是村庄闭塞,山与海都阻隔了消息,所以故乡还流行如此迷信的说法。于是每次见到姑姑,都得等到大年初二之后了。

今年却不似往常,以前姑姑总会提早回来,等到大年三十再去外面的旅馆住,但今年姑姑的房间是冷冷清清的。

大年三十的晚上,我接到了姑姑的视频电话,才知道她此刻竟在东南亚旅游,今年不打算回老家了。一通电话,穿越重洋,我看姑姑的脸上挂着笑意,但总觉得有那么一丝落寞与孤独。

过后听父母闲聊,才知道姑姑和奶奶闹脾气了,家里人都支持她大年三十回家住,即打破那个不成文的迷信传统,唯独奶奶仍态度强硬,坚决不许。多年有家难归的委屈郁结于心,姑姑一气之下,索性借着过年的假期,出国旅游去了。

我见父亲和叔叔都站在姑姑这边,劝奶奶别再坚持这个古怪的习俗了。但头发花白的奶奶摇了摇头,面色严肃而坚决,吐出的字字句句,像沉重的枷锁,落在我的心头。

## 船 说

白沙湾的海水极清，湛蓝湛蓝的，沙子极软极白，细腻得宛若婴儿的肌肤。沙滩上有茂密的椰林，高高的椰树向海倾斜着，微弯着腰。海风吹拂，叶子窸窣作响，似一支动听的自然之歌。

待到暮色四合，烧烤的小摊亮起了灯光，人们在昏黄光晕下享用着美味，海对岸的海口市灯火绚丽，海平线被闪烁的灯光晕染得绮美而神秘。夜听涛声，隔岸赏灯，别有一番风致。

这番美景也成了故乡最负盛名的景点，甚至有人不远万里前来一览。

我来到白沙湾的时候却并不是晚上，红日还挂在西边的山头，欲坠不坠。湛蓝的海面有阵阵波浪卷着细雪般的白沫而来，点点渔船拖着庞大的渔网向岸边驶来，渔夫准备收网归家了。

我赤脚向渔船那边跑去，想仔细看看渔夫收网的过程。

离得近了，只见渔船上跳下了十几个人，有中年男子，也有年轻的小伙儿。海边风大，他们却只穿了薄薄的衣裳，有人甚至露出了壮实的胸膛。黝黑的肌肤是日光与海风赋予他们的，手臂与胸腹力量满满的肌肉线条却是在日复一日、年复一年的辛劳中锤炼而出的。

他们双手拉扯着渔网的粗麻绳，将力量聚于肩头，脸上因鼓着劲而憋得通红。他们一步一步往前挪着，脚下的沙滩刻上了一个个深深的脚印，晶莹的汗珠从额头顺着鬓角滑落，落入沙滩，消失不见，他们仍奋力前行。

当渔网整个被拖到了岸上，脱离海水的鱼儿挣扎着，在沙滩上蹦跳。渔民们终于长吁了一口气，擦着额角的汗水，相视而笑。

不远处的渔船还静静地泊在海面，船身上的漆却已经斑驳暗沉了。

想起来路上经过一家小店，店名颇有韵味，叫“船说·徐闻故事”。

船说，海边生活的人们是大海之子，他们靠海吃饭，以海为生。

船说，大海赋予它的子民以勤劳、坚韧的品格。

故乡的人们，有的坚守这方海天，有的却选择外出闯荡。但在外闯荡依旧是一种航行，因为海洋的气息早已融入他们的魂灵。

# 秋　离

黄文可(2017级基地班)

昨夜好似听见了叶落的声音。

今早起身,屋外的风竟有些凛冽的味道了,不至于像冬天那般刮人,但已带有秋的凉意。山间的风是季节的信使,稍稍一变,便能让人察觉到季节的更替。

秋风一起,秋梨也黄了。屋外的几棵梨树枝叶繁茂,黄澄澄的梨子挂在高高的枝头,像一个个小灯笼,垂垂欲坠。梨树下的鸡冠花也开了,一簇簇地堆在一起,宛若紫红的绣球。她给自己用秋梨膏冲了碗水,却不急于喝,目光怔怔地落在窗外的梨树上。

以往这个时节,奶奶便会带她去摘梨,着手制作秋梨膏。

奶奶的手总是很巧的,山上的竹林终年青翠,而竹子在奶奶的手中总能变幻成颇具趣味的工具。奶奶拿把柴刀,利落地将竹子劈开,锋利的竹篾在她手中显得温顺极了,三下五除二便有了竹篓的模样,又寻了根细长的竹竿当握把,将小小的竹篓固定在竹竿的顶端,便可去取高处的梨子。

那圆润饱满的梨藏在绿叶的掩映之中,奶奶用竹竿拨开叶子,将竹篓对准了梨子,只需稍一用力转动竹竿,梨子便会自动落入竹筐之中。只是小小的借力之法,却蕴藏着农家人代代相传的智慧。

每逢奶奶举着长长的竹竿打梨,她便带着小狗在后面亦步亦趋地跟着,趁奶奶不注意,从奶奶左手挎着的篮子里偷出一个梨,只在身上用衣服擦了擦,便送进了嘴里。"嚓",清脆一声,梨子已缺了一个小口,清甜的汁水便在她唇齿之间迸开。

"慢点吃,慢点吃,又没有人和你抢。"奶奶一回头,便看见她捧着个梨啃得正香甜,看她吃得着急的模样,满是皱纹的脸上绽出一个慈爱的笑容,眼角的纹路也被堆积得更加明显。

她喜欢听那些声音。

听砧板上的秋梨被刀一下一下剁成细条的声音,听薏米川贝落入木盘中清脆如珠的声音,听奶奶用剪子剪开枣肉把核取出的声音,听砂锅里汤汁吐出一个个泡泡又破裂,听木棒把炼好的蜂蜜与黏稠的汤汁搅拌均匀。最后,用勺子挖出锅中的秋梨膏,微微倾斜,看深褐的膏体竟能滴水成珠,她知道,秋梨膏便做好了。

奶奶说,秋梨膏可以是药的,它的口感甜甜稠稠的,却生津止渴,润喉滋肺。

她喜欢把它倒进碗里,看它琥珀一样的颜色,冲入凉水,用支木筷搅匀,然后看着漩涡晕开,荡开一圈涟漪,最后复归于平静。

有一天,秋离了。山间的竹林依然郁郁葱葱,她却从此自己背上竹篓去摘梨,自己按古方来熬膏,小狗依然喜欢黏着她。

她静静地看着这碗琥珀般颜色的水,杯中映出了她沉思的双眸。她像沙漠中极渴之人一样端起木碗一饮而尽,又咂了咂嘴似在细细回味。

“嗯,是奶奶的味道。”她发出声满足的叹息,眼睛微微眯起。

窗外有风掠过,掠过屋门口的梨树,空气中有秋梨的清香。

# 黑金之城

李思怡(2017级基地班)

以前这座城市的颜色并不是以黑为主的。

听老一辈的人说,昔日有泉五处,终年涌漾,泽润一方,泉水似乎是在洪城河到西河一带,我们这个地方就有了一个好听的名字,叫漾泉。后来改名为阳泉,寓意这里欣欣向荣,蓬勃发展。

虽然阳泉只是个小地方,但这里曾是我的全世界。记忆中童年的春天桃红李白,夏季绿野凝翠,秋天枫叶流丹,冬季冰雕雪砌。我出生并居住在阳泉的一个小县城里,我和伙伴们最常去的地方是我们那里仅有的一个公共广场——评梅广场。广场中央的高台上,一位神情坚定的女青年手捧书本,深情凝望着养育她的古州。我常穿过广场后的一条小巷子,寻找那座神秘的宅院。透过沉重的木门缝隙,我隐约看到年少的石评梅正坐在案前苦读,她还不知道自己将来会怎样为时代激扬文字,追求光明,不知道自己将怎样"狂笑,高歌,长啸低泣,酒杯伴着诗集"。

夏日的夜晚是城里最热闹的时候。夕阳余晖殆尽,城市渐渐被黑幔吞噬。街边亮起了第一盏路灯,接着像是约好了似的,一盏再一盏,全亮了。广场上的喷泉在五颜六色的灯光的映衬下冲上天际。这时候,躲避艳阳的人们成群地出来了,挤在这弥漫着青草香味的小广场里,交换着小城的故事。除了白日里已经鸣累了的蝉,草丛里的众虫开始七嘴八舌地应和着人们的话。我最爱坐在石评梅雕像下的大理石阶上抬头仰望,于漫天群星中寻找我的故友——它是夜空中最亮的那颗,每晚都在相同的方向悄悄现身,尽力展现自己的星辉,生怕我找不到它,认不出它。

可渐渐地,这里就变了样。人们畏缩在房子里不再外出,白天的云和夜晚的星也再没有来过。原来,蕴藏在阳泉身躯里的"黑金",这座城市最重要的宝藏,快要消耗殆尽了。人们像疯了似的,到处在山里开口子。矿层的表土被炸得到处飞扬,他们热切地取走黑金之后,便毫不迟疑地遗弃了坑坑洼洼的矿山。那一道又一道的沟,像极了一条条黑色的伤痕。这座城似乎被折腾得患了肺病,呼出的气被称作"霾"。翠树上,红花上,一切都蒙上了一层黑灰色。我曾看过奇峰如画,各献其异,重峦若屏,尽显其美,也见识了白烟袅袅,飞腾而上,黑煤滚滚,喷薄而出。如今的阳泉满目疮痍,了无生气，再也不复当年山清水秀的模样。

于是，人们背起行囊，乘上开往远方的列车，为自己成功脱离没有前景的小城生活而暗自庆幸着。他们追随着大城市的脚步，也喜欢上了流落异乡的感觉。他们似乎早已忘记，在这一条条黑色的壕沟下，埋着一颗千疮百孔的心，这心的主人曾经那样明艳光彩而朝气蓬勃，可现在她只剩下黑黢黢的躯壳和黏腻肮脏的血液。也许可怜的黑金之城将以穷山恶水被人铭记，这可能是它最后的姿态和存在方式……

# 山 水

李思怡(2017级基地班)

景,须有山与水。山坚韧幽深,水婉转飘逸,崇山峻岭与流觞曲水共存,才足以让文人墨客畅叙幽情。

山和水像是一对热恋中的眷侣,又像是一对平淡的老夫妻。登上雄浑的山,听到一阵潺潺的水声,便让游人的心情豁然开朗。有了水的灵气,山才增添了勃勃生机。水滋养了山中的绿,一片片的绿映照着变化莫测的云,又被星星点点的野花点缀着,显得格外郁郁葱葱。树木散发着湿润的水的气息。叶子上结出晶莹的露珠,一颗颗滚落下来。流水踏着宫商角徵羽的歌调,穿梭在山谷之间。山和水的摩擦碰撞,是一种美的享受。柔弱无骨的流水穿过山的障碍,形成山重水复、斗折蛇行的奇景,才会有明灭可见的朦胧美和柳暗花明的欣喜。碰撞更为激烈的时候,水便成了瀑。水依仗着悬崖峭壁,飞泻而下,在石头之间溅起一群嬉戏的水花。霎时间,万练倒悬,珠玉四溅。水雾似细雨又似飞雪,在阳光穿过的瞬间幻化出七彩,闪烁着繁星般的微光。波澜如雷声轰鸣,却比雷声更加清脆动听。四周的环山形成一个天然的乐池,与水瀑的曲唱和呼应。

喧闹过后,山势逐渐平缓。水没了活泼好动的性子,依着岸的形状盘踞而坐。水携着瀑的故事,静谧地沉淀在山脚。无色的水映照出斑斓的山,将山间万物收容在一起,温柔而博大。光洒在水面上,波光粼粼,像是给水披上了金丝绣的新衣。风掠过水面,水就要被碰破一层皮儿,泛起一圈圈绿晕。山环绕着水,用坚实的臂膀庇护着水的清莹洁净;水滋润着山,安静地聆听着山的细语。青山永在,碧水长留,无论经历多少风雨,青山绿水仍旧相互依存,明丽清秀。

山见证着世间的沉浮,水流淌出生命的奇迹。诗画之中描绘最多的就是山和水,山水的神韵令诗人起兴,让画家动情。仁者乐山,智者乐水。肃穆与灵动,伟岸与圣洁,山水共存的哲理让人变得豁达而睿智。置身山水,不仅是审美的愉悦,更是视野的开阔和心灵的洗涤。依情山水,念念不须归。

# 信

吴斯梦(2017级基地班)

这场雪已经下了三天了,第四天的时候我的曾祖母去世了,我的曾祖父是五年前走的。父亲为了安慰我,说,曾祖母算是随了曾祖父的脚步。我出生的时候,她已经很老了,但身体康健,精神也不错,脸上总是挂着温暖的笑容。最后的时间里,她总拉着我母亲的手,絮絮叨叨一些只有她才听得懂的话。母亲顺着她意偶尔提起曾祖父,她就笑了,温柔且平和,像是这好长的一生啊,融进了一杯蜜茶里,只待她一倾杯,就可得到所有。

在为曾祖母整理遗物时,抖落下一扎扎成捆的信。岁岁年年将纸张冲刷得泛黄,深深的折痕同笑眼的皱纹一样,从容又端穆。我一页一页地打开,收拾整齐,锁到柜子里。

我的父亲告诉我,每个人都会死的,但总有些什么是死而不去的。把故事写在纸上,让思念比时光更漫长……

## 一、少年时代

章先生:

拳拳在念,见字如晤。

前些天读日本女诗人与谢野晶子,其中有一句说得极美:胭脂用尽时,桃花就开了。

等提起笔,方觉是春。每一次与你写信,都像是一个重新认识自己和观察世界的过程。今天的我觉得一切充满希望,明天又觉得生活无须太执着,人间是无趣。然而后天我又重新觉得活着这件事,本身就充满了意义。就如同我回头看给你写的上一封信,连称呼都让我觉着羞耻,更别说内容了。

我刚来到这里的时候是清晨,大巴正在山峦中穿行,白雾封谷,一脉寒烟,一夜的焦躁就这样平息下来。我反复咀嚼那一刻的感受,怀揣着即将抵达的欢欣,站在天地之间,没有磅礴的张力,没有浩大的声势,只有润物细无声,一种吸附于内心的温柔,渐渐沉入山脊,仿若飞花触水时荡起的涟漪,仿若鸟儿振翅前瞬间的凝息。

我在南方小镇停留的时日长了，也开始迷恋这温热的南国。“在盐里面一定有些出奇神圣的东西，它也在我们的眼泪里和大海里。”远离故乡的海岛，咸咸的海风吹起一地的纷纷扬扬，将思绪吹到了海岸线外一轮红日升起的地方。

我见过各种状态的海。最常见的是，风平浪静、夜幕低垂的时候，天地辽远，银河漾漾月晖晖，在庄严肃穆的敬畏里，海面熠熠茫茫归于平静。最想留住的是傍晚，在霞光灿烂与暮落深沉之间，各揣心事的水珠裹挟着力量，一簇簇地涌向沙滩，像是奔赴一场千年的邀约。初见时四周寂寥无人，白浪拍击礁石，好似翡翠炸裂，我欲将其拾起，它又从指缝中灵巧地穿行而过。而方才我漫步于深夜的海岸，斜右方的远山隐约朦胧，像是闲情勾勒的笔墨印染在宣纸上，耳侧游人的低语、挑着担子的阿婆的叫卖与汽车的喇叭声融合在一起。我能感受到水泥地的蒸腾的热感，就像感知城市有力的心跳。这样有着痴男信女的江湖，丰腴的景致、市井的风韵总给我一种酒酣饭饱的满足。

我时常想，这座城市究竟是在脚下还是在心里，奇思妙想与千伶百俐碰撞出缤纷的烟花，我分明是游人，她偏偏对我真挚而诚恳。可一旦我感到它对我的默许，她又将我推开。后来我明白，我只是换了个视角凝望她无言的骄傲。他仍然待我极好，就如今天未满的月亮，残缺的部分悄悄地融化了淌下，润泽万物，我有幸分担这百万分之一，感恩至极。

冬天分明已经过去了，可你若没有告诉我，那么春天便没有再回来。同你一处时，春日的鸟雀，夏夜的鸣蝉，秋分的霜露，冬至的霜雪，都给我一种我的黄金时代从不会结束的错觉。事实上，它好像从未到来，也从未在共度的长夜中消磨，它还只是呓语，一场山雾，无声而易过，温柔且婆娑，若隐若现地飘荡在我们眼前，像永不破灭的希望和从未沉眠的美梦。

先生，我听闻了很多美好的故事。我词不达意，如何送你一夜的好梦，待他日一同到山中寻布谷鸟，再讲其他给你听。

小　禾

## 二、中年时期

小禾：

展信佳，代我向伯父伯母问好。

千禧年的秋天已经过去很久了，同我长大的表亲在去年秋天辞世，等前些天阿公颤巍巍地撕去日历上立春的一页，彼时思绪方才从记忆里一寸一寸地抽离。

这时年，我过得不太平。家长里短的幽怨，时常使我感到深深的空洞和迷惘，瞻前顾后，寸步难行。我的一个远方三叔，在小县城里担任一个有些油水的小官，他常常摇头笑我，“心比天高”。而我的父亲，在我屡屡碰壁后，由平静变为狂躁，又归于平静。他自恃为冷静，又明里暗里地讥笑我动错了土。

刚过去的一年，我说这一切疯了，于是我失业了，社长将我和主编的头像从办公室的墙面取下，撤去了我的专栏，他略微窘迫地轻拍我的肩头，同事们张望着我，有同情有哀悯，更多的是，虎口拔牙死里逃脱的侥幸。我听见“引以为戒”的低语，像是把我逾越涉足的领域隔离，像是将糖果屋改造为毒气室，高高在上地贴上“闲人免进”的标语。所以，当我凝视深渊的时候，深渊对我不屑一顾，它也认为我疯了。我开始担忧，我是不是真的错了。

可是我分明见过深海的鱼本该在海底欢畅地云游，却被海浪一股一股地拍死在海滩上。我也见过有的鱼在升温的热水中挣扎，好不容易跳出煮锅，自以为跃过龙门，却不偏不倚地跳进了另一口锅里。

我常常对一切心存幻想，在我热爱的土地上，守旧的霸道和顽固，与新锐的融合创新相对立，让它呈现出一种残忍的割裂感，作为历史的见证者和过客，我想那些不够掷地有声的呐喊，那些拥抱自由的臂膀就像渺小而顽强的真菌，终有一日会在朽木上开出瑰丽的鲜花来。

我想你能明白，我的固执不是对现实的责难，我珍重我爱的人，珍重他们所发出每一分贝的郑重，至少可以保持同情心和可怜的同理心。我知道所有人到最后都是会死的，从某种意义上说都是殊途同归，死亡的诡谲并不使我害怕，而唯一使我畏惧、悲愤、无言的，是纪伯伦的第七次悲伤：侧身于生活的淤泥之中，虽有不甘，却又畏首畏尾。

而今夜，我辗转不能入眠，想起某部电影中的一个镜头：在一方澄澈的湖湾里，成群结队的鲑鱼沿着水流逆流而上，想回到最初到来的地方，最后无一例外地走向死亡，却始终有鱼前赴后继，当真是顽固不化的。

至此，我又有了些许宽慰，身心渐渐变得轻盈，想起佩索阿说的：我的四周是玄秘而裸露的宇宙，其内容空空如也，唯与长夜相峙。有时候我觉得一切都已经无可救药了，可走在路上还是热热闹闹的，大排档里小伙子们撬开啤酒，彼此碰杯。现在面对这个充满星光与默示的夜，我第一次向这个熟悉而陌生的世界坦白，像是赤条条地游弋于世界。我体会到这世界是如此像我，如此友爱融洽，过去一切是幸福的，未来的一切也是幸福的。

你如何不明白《药》中夏瑜的花环，十年饮冰都是一样的。

一切安好，盼早日同你相见，勿念。

章 怡 书

## 三、暮年时期

先生：

我常常见着你。昨日，我对孩子说，我又见着你了。孩子哄我，应和着“好好好”，笑着给我盛饭，像是我又变回了孩子。不知从何而起，又回到信里去。

这是你走的第五年，孙子成家了，孙媳妇灵巧漂亮，时常同小子一起回来看我。小丫头起初还羞怯不敢进门，两手提着满满当当的礼物，就这样站着，等时日长了，也亲切地唤我“婆婆”。这样也好,过去见父母的时候,我是不是也是如此,我记不太清了,等回头见了你,你记得的话,再告诉我。

前些日子,孙子送我一本书,大概是怕我孤独。但我哪里会孤独。年纪越大,我就越好想起过去的事情,我们俩和孩子。我时而责怪女儿,这个年纪了,也还是爱耍小孩子脾气。她说,都怪爸爸啦。哪里是怪爸爸,明明是年纪越大,越挂念你。

记不得的,越念越亲切。总有记得起的,在时光急如飞失之时,沉入滞留的深深山脊,安稳得同森林一般,平安长岁,清晰如昨。

过去我常常怕老去,怕老了以后是否体面,是否有尊严。可喜的是,我依然爱与人群和自然打交道,那些我曾见过的一草一木。

我已不愁会变得更老,牙齿掉光,年轻的时候对别人诚恳,对自己忠贞。近日也常常记得你半辈子前给我写的:“我只有我的少年本色”,内心澄澈怀远,暗暗发笑。

我的眼睛不太看得清了,读见“我对一生中所有的事物都是以诀别,而不是以相逢,以决裂,而不是以会合,不是为了生,而是为了死才爱上并且爱下去”,我身体也不错,就是记挂你许多,时日还长,劳烦先生多多担待,我们晚一点,天上见。

禾　敬　上

# 绕乡情

吴婷婷(2017级基地班)

泉州是一座富有特色和魅力的城市。文化是城市之魂。泉州文化源远流长、博大精深,我为自己是一个泉州人而感到无比自豪。

夜幕降临,我沿着东街一直往钟楼的方向走着。时而走走,时而停停。我只是想借着相机,在月黑,灯火开始闪烁的霓虹里,拍下泉州的安静和涟漪。

钟楼,在泉州东街和西街,中山南路和中山北路的交汇处,矗立在路中间。抬眼望去,她依旧是那么漂亮。或许,这一座古老的钟楼已经成了许多人们念旧的地方,或许是泉州的一个印象。它一直在那里站着,看着人们的来去,任凭风雨的打击,时间的洗礼,历史的变迁,它一直在那里。

她像是一位温婉的女子,对于古城,不离不弃地站了八十年,表现出古城的温柔婉约、谦卑内敛。我听说,钟楼的钟由机械钟换上石英钟,还装上节能灯,在夜幕之下放出新的光辉,更加璀璨夺目了。

一阵丝竹之声悠然响起,像是在细细低低诉说,那么摄人心魄、动人心弦。经路人指点迷津,我才知道那是在播放南音乐曲。虽然我听不懂唱的是什么内容,但那柔美、婉转的曲调令我深深陶醉其中。我惊叹:"南音真是一株艺术的奇葩,它让泉州的文化更加浓郁醇香、沁人心脾。"南音缠绵深沉的旋律仍在我的耳边,犹如天籁之音,令我回味无穷。

泉州获得"东亚文化之都"这样的声誉,我想,这名副其实,因为它是一座美丽的古城,是一个耐人寻味的城市。泉州有古韵悠悠的钟楼,绕梁不休的悠扬南音,但绝非仅为如此。

泉州是中国古代"海上丝绸之路"的起点,拥有许多有关的文化古迹,造就了风格独特的文化。它被称为"戏窝子",拥有许多精彩绝伦的艺术精品。它还是多元宗教并存的摇篮。泉州这座历史文化名城,是将中华民族的传统文化和外来文化融汇,历经多年深厚的积淀,才形成了内涵丰富、绚丽多彩的泉州文化。

我爱泉州,我爱它独特的人文景观,更爱它的文化多元并存、包容万有。

# 水流影在，云起犹舒

晏新雨(2017级戏影班)

第一天，到来的第一天，我便以近乎贪婪又十足胆怯的目光，扫视着那草木葱茏，窗明几净，以一对上了瘾的眼睛，以一颗入了迷的心。那偶然绿的草，那无意红的花，那饰以软风、饰以杜鹃的轻俏风光，无不令我沉醉痴迷。

这令我心心念念已久的象牙塔，美得如同虚幻了，踏入其中的每一步，不免带着些不可置信、小心翼翼，这也不难明白，恰如离故乡久矣的游子，思乡情切却又近乡情怯，又如所思慕深矣的淑女，寤寐思服却又咫尺难言。身侧是紧挽着的父母，身后是沉重的行囊，却仍觉飘飘然，不似真切，暗暗自语:"从今后的四年，便是这处，将你镌刻雕琢，也将你泯灭研磨。"

一个星期了，本应愈发适应，如鱼得水才对，我却被不知挫了几许宏志，伊始满满争强之心，成了灰，化作心底残颓的明丽。疲累，无以言表的繁忙，满满当当的安排，初来乍到的不适，如同汹涌的浪潮，一波更胜一波向我席卷而来，那个小小的本就摇摆不定的本我，顷刻便被席卷其中，如一个飞旋的陀螺，永不停歇，永不随心。

每天仍是忙忙碌碌，连脑袋想躲懒偷闲一番都难以实现，是谁说肉体和精神可以分离运作呢？我的脑，我的思想，早已疲惫僵滞得仅可操纵自己沉重的四肢躯干，唯有夜已深、人俱静之时，怔怔地望着眼前一团墨似的黑，才倏地落下泪来，像个已迟暮的老人一般，我开始回忆那些早已被晾成干贝般的过往，我想念水天相连的故乡，也想念闲庭信步的自己，更想念过去志得意满的时光。正是，不如意事十八九，可与言者无二三。

纵然内心煎熬或神伤，时光总是无比公正地缓然而行，倏忽间，便是一月有余，渐渐地，疲累之余，我竟也觉出些许趣味，或许，于苦难间偷欢，恰是人类的天性，得了趣，便渐次沉下心去，到得最后，竟是沉迷其中，自得其乐，一发而不可收。

整个人渐渐如同被镀色般妍丽鲜活起来，胸腔肺腑内满溢踌躇的美好，她开始明白，所有的美丽，都必先将历经痛楚，但，这些痛楚，便是美丽的价值，世上怎能有无重量的鲜花？人世间又怎能有廉价的美丽？日子仍是劳碌，心却渐渐安稳，恰如山间涓涓野溪，溪声何其执着，夜以继日，像一个喧嚷的孩子，吵闹不休，我爱那水，但她使我疲惫，但我仍爱那水，无论梦着醒着，无一秒不聆听，虽疲累却甘之如饴。

不如意事十八九，那便忙中偷欢，可与言者无二三，知己二三又何妨？四年点滴时光，犹如春之针缕，一针一缕间，终将纺出无以名之的美丽，我不再惶惑，且坚信如此，因为我忆起了第一次畅想大学的那一天，是一个好时节，窗外皓月当空，繁星如一春花事，腾腾烈烈，似是永无尽时，星光月影之下，我珍重许下了最初的梦。

# 情 怯

晏新雨(2017级戏影班)

未离乡的十八年,我总以为,故乡于我,并不如何亲切。

理想中的乡,应是一座清丽曼妙的小城,洁净、宁谧、安然,外有叠烟架翠的湖光山色,内有煊赫繁漪的十丈软红,于此处出生、成长的人,他日若忆起故乡,淡淡愁绪便似悠然的清音袅袅萦回而上——那乡愁,也是比旁人要精致些的。

每每沉浸于此般臆想,梦醒时分便不由更添烦闷。我的故乡,并不如同我所想,确切而言,一星半点也不如。如同所有二三线城市一般,灰浊的地,阴郁的天,街头倦怠麻木的人群,巷尾粗鲁谩骂的乡音。更可气的是,连潦倒荒凉得也并不彻底,满大街粗制滥造、大同小异的繁华,令人不由想起浓妆艳抹、庸脂俗粉的街头流莺。

这就是我的故乡,吝于诗情,耻于画意,十八年来,逃离是我的战旗。据说一个人出生、成长的地方直接影响她灵魂的质感与成分,思及此,整个人便愈发焦灼,似被刻上这样的烙印,整个人生便暮气沉沉了。怀揣着这样的念头,对于故乡,更是再无眷恋可言。

得知志愿结果的那一刻,内心的欢喜雀跃简直无以言表,不为别的,只为终于可以一偿夙愿——离乡,为着这,与家人的离愁别绪也被冲淡了好些,只一心欢愉,私心想着,不论去哪儿,总比一辈子待在这小沟渠好。

可待得踏上异乡的第一步,我便觉出了自己的错。彼时夜色正浓,灯火阑珊,斑驳陆离的光影掩映之下,这座陌生的城市仿若一只慵懒的猫,卧在我眼前,又优雅,又无情,双色的眼瞳中堆砌着时光研磨而成的凌厉的潋滟,所有的华美都仿佛拒人于千里之外。我怔忡着不知如何是好,没有人知道我是异乡人,可我仍觉得自己与周遭格格不入。

那一天,我丢失了我的水杯,我不知道我该到哪儿买一张电话卡,我听不懂粤语,我吃不惯粤菜,我看到人潮从地铁出口涌上来,每个人的身后都带着凛冽的风,于是便逆着人潮而下,坐在地铁站稍显冰冷的铁质长椅上,看着地铁悠悠地从深邃的漆黑轨道中游出,继而尖啸地在我面前停止呼吸,只觉地铁和轨道是如此相濡以沫,身边一群群来来往往的陌生面孔却是如此无动于衷——是了,我读不懂这座城。自然而然，我听到了自己内心的呢喃——多么讽刺，心心念念了十八年逃离家乡，可在我离开她的第一天，我开始了对她的第一次想念。

一人在外的时光里，我渐渐明白，无论多么厌弃乡，多么鄙夷乡，逃离到天涯海角，我仍然无法阻隔与生俱来的对乡的眷恋，如同血管般盘根错节，生长于身体的隐秘深处。往日的思恋仍然活着，以一种卑微如野草的姿态，它独立于我的意识之外，以一种原始、生冷不忌、不可控制的力量疯狂地生长，于是，我无法控制思念，无法控制懊悔。

我一天比一天更想念故乡了，如同期盼见到异地而处的情人。在这般万种思念间，一点一滴的，我渐渐忆起，那曾被我有意无意所忽略的故乡的美。

故乡的天，美在寂寥。少云、色浅、单调。可说来也怪，淡蓝本是如此浅浅的颜色，当它肆意蔓延成一片天空，却无端生出十二分的辽远包容，静静地眺望，只觉自己也成了那淡蓝中的一丝一缕，何其快意。

故乡的雨，美在清雅。那般静谧，那般轻巧，淅淅沥沥如同轻拢慢捻无形的琴弦，清音溢散，年幼的我曾在雨中雀跃，年长的我曾在雨中沉吟，而今的我只能在梦中一享酣畅。

故乡的月，美在无情。何以有如此凛冽的美呢？我总觉故乡的月并非清光皎皎，而是冷艳决绝的，月色毫不留情地撕开夜的温厚，霓虹的绚烂如水般淋得人湿透薄衫，惊惶不堪，无处遁逃，难以忘怀。

故乡的暮色，美在真切。夕阳的笼罩下，一切都比白日里柔和，似乎此时此刻，再不堪的事物也被宽容，被洁净。步履匆匆的行人卸下了无表情的面具，想着家中的饭菜妻儿，面容便挂了倦鸟归巢般的欣悦，就连建筑，也褪去了平日的呆板，多了些活泛的神采，于是，那独属于它的巍然的尊严也尽显无遗，令人心安无比。

故乡的山水，美在稚拙。我不可忘却在那不知名的野溪旁度过的夜晚，清亮的星光低垂而下，与清越的溪声交织着，把婆娑树影都搅得一团乱，我突然便感受到，那种自伊始而有的混沌而纯粹的幸福。

或许人只有在远离后，才懂得曾经所拥有的是何其珍贵，正如同离乡后的我，才懂得故乡的美，在那一片未经雕琢的真，才明白故乡的一切，投眼而来的苍翠，附耳而至的清风，都是上天的恩赐，才懊悔曾经的自己犯下的错。我曾以为如同飞蛾扑火般不管不顾地扑方算艳烈，如今才知晓如同候鸟般恪守着轨迹飞行才称为美，而故乡，是我永恒的轨迹。

# 当你老了

杨怡薇(2017级基地班)

一个寻常的夜晚,我像平时一样在操场上跑步,操场上一如既往地热闹。这时,正在足球场上踢足球的一对父子吸引了我的目光。他们两人都穿着看上去很专业的运动服。儿子长得很高,大概已经十四五岁的样子。父亲比儿子矮了半个头。人到中年,身体稍微有些发福,可能是经常运动的缘故,倒还没有长出啤酒肚,整个人看上去还算壮实。

父子俩分别站在足球场的一端,互相来回地传球。只见儿子向后退了几步,然后向前用力地奔跑,一脚把球踢得很高很远。球飞过了大半个足球场,正好落到了父亲的脚边。

一开始,我想,这位看起来就是经常锻炼的父亲,应该会和儿子势均力敌才是。父亲也用力地一脚把球踢出去了。但是,出乎我意料的是,球运动的轨迹并不像我预料中的那样又高又远,父亲奋力一踢,只把球踢到了他们二人中间的位置,距离儿子所站的地方,还有一段相当长的距离。

这是父亲的失误吧?我想。于是,我继续一边跑步一边观察着他们。令我感到意外的是,接下来父亲又连续踢了几球,结果每次都只能踢到他们中间的位置。然后儿子跑到中间去把球捡起来,接着再回到他原来站的地方,把球又踢回到父亲脚边。父子俩一直重复着这样的动作和路线,一来一回踢了好多个回合。豆大的汗珠开始从父亲的脸上滑落,他悄悄地伸手拭去,我隐约感觉到父亲失落的神情。

我不禁想象:这位父亲年轻的时候,说不定曾是一个优秀的足球运动员,曾在球场上叱咤风云,收获过无数的鲜花和掌声,

可是现在,他老了,他踢球几乎只能踢到儿子踢的一半远。

看着男孩来回地捡球、跑回原点、踢球、再跑到中间捡球……我突然觉得有点心酸又有点感动。男孩耐心地一次次捡球的身影仿佛在说,爸爸,当你老了,你的球踢得没我远了,我也愿意来回地跑着捡球,陪你踢球,陪你回忆你的青春岁月。

是啊,爸爸老了,我们长大了。想到这里,我的视线一点点地变得模糊起来,我想到了我的爸爸。

就在前几个星期,我刚开学。爸妈在家有些无聊,便看起了电视剧。电视上的剧集已经播了快有一半了,他们想要把前面的剧情看完整,于是在网站上搜索。看了没几集,又发现后面的剧集只有会员才能观看。这时,爸妈向我求助。为了不扫他们的兴,我马上注册并充值了一个会员,可以继续看。我以为到这里,事情就顺利结束了,没想到,在我眼里无比简单、顺理成章的一件事,在爸妈那里,就成了难题。

因为爸爸妈妈平时很少接触这些软件,所以紧接着,我用了大半个小时的时间教他们,然而还是没能成功教会。我不甘心就此放弃,正准备开启视频指导时,爸爸说了一句:"女儿啊,爸爸老了,成老古董了。怎么教都教不会……"听到这里,我的喉咙有些哽咽。

我想起了小时候,每次遇到不会做的数学题,总是会向爸爸求助。爸爸毕业多年,经常一时间想不起来,但总会马上停下手中的工作,耐心地帮我解题。现在,去到偌大的车站,是我拉着他和妈妈排队了;在陌生的城市里,是我开着导航领着他们走;就连看电视剧,也需要我的帮助……

我突然意识到,我们一天天地长大,一天天地跑快,可是有些人一天天地老去,一天天地慢下来。他们就是我们的父母。他们已渐渐地不如我们踢球踢得好,不能辅导我们的功课,接收新知识新技能的速度远没有我们快。慢慢地,我发现,爸爸不再是我心中的超人了,他老了。

后来回到学校,我把那部电视剧全都下载到了磁盘上,寄回了家。

我想告诉我的爸爸妈妈,当你老了,当我可以跑得飞快了,别担心赶不上我,我会回过头,停下来等你们。

# 光

杨怡薇(2017级基地班)

铁道旁有棵老树,那是我的家。

我是一只乌鸦,我对着长长的铁道,日复一日,声嘶力竭地唱着千篇一律的歌。

能欣赏我歌喉的人并不多,只有一个小男孩。通常,他在老树下一坐就是一个下午。这是一个偏僻的小山村,在一个下午里,会有两趟列车在这儿呼啸而过。我十分反感列车发出的声响,但小男孩好像陶醉其中,他总是用一种近乎虔诚的、十分向往的眼神,盯着疾驰而去的列车。哪怕列车已经走远了,他的目光也还在不断地跟随,直到列车完全消失不见,他才恋恋不舍地把目光收回。

我不得不承认,虽然列车驶过发出的声音并不比我的歌声高明多少,但是小男孩明显对它更感兴趣。

小男孩很阴郁,我没有见过他的笑。他总是一个人,低着头跑到树下来,然后静静地发着呆。哦,有时他身上几道淤青。他从不开口,一开始,我并不知道他到底为什么会这样。直到有一天,我决定跟着这个孩子,去看一看他怎么回事。

那天,在老树下待了整整一个下午后,他静静地起身离开了。他来到了一间破旧的砖瓦房里,边上的一些瓦片已经滑落了,有些地方用草掩着。这里大概就是他的家了。一个七八十岁的老太婆,是他的奶奶。他的家里连一张像样的凳子都没有,只有几个木头桩子,他们坐在上面,喝着稀乎乎的粥,面前摆放着一碟黑乎乎的咸菜。夜幕降临,他的家被笼罩在漆黑之中。

第二天,我决定跟着他一起上学。路上,我看见几个本来走在他后面的男孩子,突然跑到他身边,先是无来由地用力推了他一把,他一个踉跄,没站稳,摔在了地上。几个孩子朝他边做鬼脸边念叨着:“没爹娘的怪物!”

泪水在他的眼眶里打转,但他强忍着,只是拍了拍身上的尘土,默默地从地上爬起来。那天,我想,我终于知道为什么他的身上总是带着淤青,也知道他为什么总是如此阴郁了。

男孩还是常常坐在树下,一言不发。只有在列车驶过时,我才能捕捉到他眼中的火花。

日子就这样一天天地过去，我还是一遍遍地唱着千篇一律的歌。

很多天后的一个下午，男孩迟迟没有出现在树下。我感到奇怪，飞到村口一看，发现村民们正簇拥着一个大男孩走进村子里。小男孩在人群的后面怯怯地看着。

大男孩穿着一件白色的T恤，一条黑色的长裤，鼻梁上挂着金丝眼镜，很有文化的样子。在一片嘈杂声中，我依稀听说，他是一名大学生，来这里支教。村子里来了个大学生，大伙儿都很兴奋。

我第二次见到这个来支教的大学生，是一个中午。

太阳炙烤着大地，铁道旁的小草都耷拉着脑袋，一副无精打采的样子。别的孩子都放学回家吃午饭了，只有小男孩来到树下坐着。过了好一会儿，那个大学生路过这里，看见小男孩在树下坐着，于是他走了过来。

“怎么不去吃饭呢？”大学生抚着小男孩的头问。

“我，我没钱吃饭……”小男孩的头埋得更低了。

大学生尴尬地愣住了，随后拍了拍小男孩的肩膀，拉起他的手，说：“走，和老师一块儿吃吧！”

小男孩定了一会儿，一骨碌地起身，随他的老师去了。

我在树上远远地看着他们，阳光洒在他们的身上，闪闪发亮。

我不知道他们在谈什么，但是我感觉，他们这顿饭吃得很开心。一向沉默寡言的小男孩，却和那位大男孩好像有很多的话，我也终于看到了小男孩难得的腼腆的笑。

从那天起，小男孩开始刻苦学习。他还是爱到树下来，不过，与以往不同的是，他开始带上他的课本，孜孜不倦地学习。渐渐地，他的眼神不再空洞，他变得不再阴郁，脸上的笑容也多了起来。

一个平常的午后，小男孩正在树下专心致志地学习。那个大男孩远远地就看到了他，朝他走来。

“这次你考了全班第一，老师奖励你一个礼物吧！”说着，大男孩摘下了自己手腕上的表，戴在了小男孩的手上。

小男孩惊讶地问：“老师，我真的能要吗？”

“收下吧，继续努力！老师相信你一定会成为一个有出息的人的。”

小男孩激动地跳了起来，把手表摸了又摸，看了又看。在阳光的照射下，手表散发着耀目的光芒，很是好看。

谁知，这块被小男孩所珍爱的手表，却给他引来了祸患。

放学的路上，小男孩朝着老树走来。突然，背后窜出了四五个小孩，大声地嚷嚷，让小男孩把手表交出来。小男孩当然不愿意。于是那四五个孩子，不由分说地把他摁倒在地，对着他一阵拳打脚踢，还朝他吐着唾沫。我的心一沉，生怕这几个孩子会闹出什么大事情。任凭那几个孩子怎么打，小男孩都不肯松手，死死地护住那块手表。可是，他寡不敌众，手表还是被那几个孩子抢走了。我以为一向隐忍的他，会就此作罢，没想到，他一个箭步冲向前，狠狠地把那几个孩子中领头的那个推倒在地，那个孩子毫无防备,他把表抢了回来。

正当他们扭打时,大男孩来了。看到掉落在地的手表和鼻青脸肿的小男孩,他一下子明白了这是怎么回事。大男孩非常气愤,平日里文质彬彬的他突然举起拳头,正要挥向带头抢手表的那个孩子。但他的理智阻止了他这么做。他松开拳头,揪住了领头孩子的衣领,愤怒地说:“你下次再敢欺负他试试看!”

那几个孩子落荒而逃。从那以后,再也没有人欺负这个小男孩。

小男孩读书更加用功,一年后考到了县上最好的高中。在他知道自己考上的那天,也是大男孩离开这个村子的日子。临走前,大男孩把自己带来的那些书都送给了小男孩,他在书里夹了一张小纸片,上面写着:“奔跑吧,去追寻有光的地方。”

三年后,又是一个中午,小男孩已经成为一个大男孩。他再次来到树下,手里紧紧攥着一张大学录取通知书。

数天后,在一趟驶向北方、驶过老树的列车中,我清楚地看到了他熟悉的脸庞,手里拿着的就是那张录取通知书。正好他也转过头来看见了我。

去吧,孩子,去追寻光的方向。

# 再见炊烟

杨怡薇（2017级基地班）

金风玉露一相逢，便胜却人间无数。

童年的下午，通常是以坐在围墙上静静地看落日和村子里陆续升腾起的炊烟作为结尾的。

炊烟从热烈燃烧的柴火中产生，经过烟囱，绕过山尖，而后奔向天空，与白云相拥。这不由得让人思考起天地的关系来。炊烟成了云朵，云朵可以随时幻化成雨，落入凡尘，滋养草木。草木便是柴火，柴火燃烧，炊烟升起。如此周而复始，生生不息。如同那奔腾的时间长河，如同世世代代的生命轮回。炊烟有着沟通天地的力量，使得云朵与柴火，两种看似毫无关联的东西，因了炊烟而产生了某种微妙的关系，天地仿佛触手可及。炊烟着实令人着迷。

炊烟的迷人之处还在于它的平和宁静，悠闲自得。傍晚时分，大人们的劳作结束，小孩们放学归来，一天的工作和学习伴随着炊烟袅袅，都各自进入了尾声。这是一天中身心最放松的时刻，一家团聚，其乐融融，没有早晨的困顿，没有中午的劳累，有的是内心的平静，快乐且温馨。在这个悠闲的时分，炊烟也是慢悠悠的。只见它缓缓地升起，又慢慢地飘散，有时浓，有时淡。洁白的炊烟显得神圣却又平凡，既有着超凡脱俗的浪漫，又有着人间烟火的亲切。

微风徐徐，炊烟袅袅，宛如一名优秀的舞蹈演员，骄傲地展示它柔软的躯体，婀娜的身姿。洁白无瑕的炊烟与黛青色的老屋檐一动一静，相映成趣。炊烟曼妙的舞姿把风儿逗得直乐，于是使劲地鼓掌，炊烟也因此更卖力地跳跃。

随着炊烟的阵阵升起，饭菜的香味也渐渐地弥漫开来，它们或辛辣，或香甜，或清淡，乡村人家的柴火时而旺时而小，炊烟无论浓淡，都散发着旺盛的生命力和浓厚的生活气息。

但是如今，炊烟已难觅。伴随着城镇化的发展，曾经的小乡村已旧貌换新颜，行走在故乡的路上，发现村里的道路已铺成了宽阔的水泥路，举目望去，曾经的老瓦房已经建成了新楼房，烟囱已经被淘汰了，“暧暧远人村，依依墟里烟”的画面只能停留在记忆中了。

新式的楼房整齐又漂亮,熟悉的饭菜香准时地在每家每户飘荡,人们对生活的热爱也不减当年。炊烟却无迹可寻了。只是偶尔,它会在我的梦中出现,拨动着我思乡的心弦。炊烟带给我的那份温馨质朴的感动,将永远在我的心中停留。

再见,炊烟。

# 黎明时分

殷芃芃（2017级基地班）

## 一

清晨六点的草原还笼罩在一片迷蒙的雾气中。昨夜下过雨，空气中混杂着淡淡的泥土清香。天边蕴积着几朵厚重的乌云，但猩红的霞光已经迫不及待地泛了出来。

迎着熹微的晨光，我出发了。

汽车驶过空旷的草原公路，然后悠然停靠在黑马河畔。丝丝缕缕的阳光正逐渐溢出地平线。为了近距离拍摄河面日出，我早已顾不得晨起未梳洗的凌乱，只是穿着一双拖鞋，裹着一件大衣，就迎着瑟瑟西风奔向砾石滩深处。

幸好，还未错过摄影最佳时机。广阔的湖面上悄然浮现一抹明艳的鲜红，半顶红日已经探出了头，却仍然将她娇羞的面庞隐于湖面深处。我期盼良久，望着湖面尽头的光亮愈渐浓烈。在清晨的氤氲里，一轮红日猛然跃出地平线，又积蓄力量突破厚重云层，终于喷薄而出。我看到天边涌起烂漫的红霞。

天地仿佛在这一刻苏醒了。迎着熠熠生辉的朝阳，河水哗啦啦地冲击着浅滩的沙石，激起千层碎玉，荡起朵朵银莲。偶有几只飞鸟掠过河面，俏皮地将它们灵动的黑影投映在粼粼波光中。

我连忙按下快门，抓拍下这璀璨夺目的时刻。

## 二

黎明，拥有一天中最纯澈、最鲜泽、最让人激动的光线。

少时阅读《精神明亮的人》，记得王开岭曾提及自己守望日出时的欢欣与震撼。他说，迎接晨曦，不仅是感官愉悦，更是精神体验；不仅是人对自然的欣赏，更是大自然以其神奇力量作用于生命的一轮撞击。它意味着一场相遇，让我们有机会和生命完成一次对视，有机会认真地打量自己，获得对个体更细腻、清新的感受。它意味着一次洗礼，一记被照耀和沐浴的仪式，赋予生命以新的索引，新的知觉，新的闪念、启示与发现……

此时此刻,在涌动的浪潮中,我分明感受到日出带给我的灵魂战栗。

仿佛是体内某种沉睡的细胞被唤醒,并重拾了对生命的原初印象。我看清了远方的道路,看清了身后流动的光阴,看清了所谓梦想、生机和希望的斑驳身影。

或许每个人都会在某个不经意的瞬间,迎来独属于自己的灵魂时刻——突然头脑清醒,突然心境澄明。在这一刹那,在我内心深处,一个昂扬的声音不断回响:"我渴望成为一个精神明亮的人。伴着每日初升的朝阳,为生命举行一场升旗。"

## 三

如此欣喜激动的时刻固然令人留恋。可惜的是,细数我生命中的无数个日夜,它仅是我万千经历中难得的一刻。

更为遗憾的是,哪怕偶然邂逅,现代人也已经很少会为这一抹晨光而激动了。

在当下快节奏时代里,繁忙消解着诗意。人们在封闭的写字楼里错过分明的四季,在疾行的地铁里错过最美的一次夕阳,在日复一日的奔波里疏远了朋友,在从未到达的远方丢失了种种爱与被爱的可能。生活的步履匆匆,如同搭上了永不停靠的列车。于是人们对需要慢慢感知的事物失去了耐心,似乎只想在恰好的时候彼此路过,再不愿花费心思去开始和结束。

有些人甚至自觉放弃了沐浴晨曦的体验。他们蜷缩在被子里蒙头大睡,宁愿沉没在漫长的黑暗里,不愿拉开窗帘,看一看清晨瑰丽的天空。每次拖到日上三竿人声鼎沸之际,才懵懵懂懂地爬下床,睡眼惺忪、满脸疲惫。耳畔是大都市的喧闹嘈杂,睁开眼已是混沌的空气中煮熟的光线。

清晨那束令青春荡漾、幻念勃发的光芒,与他们绝缘。

那束光照不见他们。

## 四

但这世间总有些生命,明朗而自由。他们仿佛就为这一抹晨光而生。

譬如福楼拜。他曾在给女友的信中如此描述自己的生活状态:"我拼命工作,天天洗澡,不接待来访,不看报纸,按时看日出……"这位以"面壁写作"为志向的世界文豪,一个如此吝惜时间的人,每天惦记着再寻常不过的日出时分,永远保持着积极健朗的生命姿态。

再如三毛。她曾无数次在天涯海角守候黎明,并将这一份欣喜珍藏进她的游记里:"接近大自然对于我这样的人仍然是迫切需要的。呼吸着狂野的生命,踏在厚实的泥土中,总让我产生这么欢悦犹如回归的感动。"

这个洒脱而感性的女子,因此选择用一生去流浪天涯,回归自然的怀抱。我想,她如婴儿苏醒般写满好奇的清澈眼眸里,必定藏着一颗纯真而健朗的童心。

而我也愿意如她一般,扎根在广袤的天地间,呼吐最原始的阳光和风。此刻沐浴在晨曦中的我，庆幸着自己与她有着共通的欢悦与感动。

我依然渴望着每个黎明，在温煦的晨曦中苏醒，然后张开双臂去拥抱日复一日的新生。

# 山河印象

殷芃芃(2017级基地班)

## 大漠风尘起

初至沙坡头,只为寻那"大漠孤烟直,长河落日圆"的悠远意境。

漫漫黄沙被空中的一轮烈日被渲染成耀眼的金色。放眼四望,无数砂石涌起的褶皱,仿佛是汹涌的波涛、排空的怒浪,刹那间凝固起来,雄浑、静穆。阳光点燃了这片大漠的熊熊烈焰。我踏过这沙土,一路坚决,一路滚烫。

挡眼是几座延绵的沙山,我铆足劲儿想征服它,不曾想这却是一项无比辛苦的劳役。脚底刚踩实,稍一用力就松松地下陷,无奈,只好悻悻然地再试。可那柔软的细沙也不硌脚,也不让你碰撞,只是款款抹去你旺盛的气力。你越是疯狂,它越是温柔,温柔得可恨至极。

我累得气喘吁吁。也罢,倒不如心平气和地爬,如儿时追月那般,爬多少便高多少。

于是,我只得暂息雷霆之怒,放松脚底与它厮磨。终于,我站上顶端——脚下突然平实,眼界突然开阔。欣然回顾,一连串脚印如一条飘逸的长丝带,一端系于我脚下,飞扬地在漠漠黄沙中舞出一道主动的曲线。

此时近黄昏,西天的夕阳分外灿烂。

## 滚滚长河天际来

世间温煦的美色,都熨帖着大地,潜伏在深谷。我驻足在沙山顶端,极目瞭望。远方连绵起伏的山坡上,除了那铺天盖地的夺目金黄,还冗杂着巨石的灰白或青黑,及那沟壑深处隐着的丛丛绿意。光影以最畅直的线条进行勾勒,金黄、青翠、黛赭都纯净得毫无斑驳,构成一幅绮丽的画卷。

而俯瞰莽莽平川,最让我敬畏的是那山崖与沙坡间翻转奔腾的黄河。赤铜色的浪头缓缓扬起,整个赤川长峡都融入了那片激动的火焰。山谷里正蒸腾着朦胧的气流。我看见眼前似乎正充斥着、跳跃着、翻滚着一团团通红的浓彩。

黄河，正吹响它奔流的号角，带着惊雷般的愤怒浪涛一泻而下，用冲决一切的洪流淹没了铁青的砾石戈壁，又让整个平原都回想起它的喊声。

听了一会儿，看了一会儿，我感觉这条大河正汹涌地流过我的心头，留下一片炽热。我自己似乎也被裹进去了，身不由己，踉踉跄跄。我被浪潮所挟，被呐喊所融，被一种千古不灭的灵魂所化。

这时我只不过16岁，我热切地渴望着自由勇敢的生活；我深信自己正茁壮成长，终将毕露锋芒。我也叛逆、偏执、自信，用自己的标准划分身边的人群并对他们强烈地或爱或憎。就像这奔涌的河呀，得意洋洋，热情奔放。我就像它，天生就是豪迈洒脱的性子，无所畏惧地追求着远方。

此刻，我凝视着这条生生不息的大河，它的声声怒吼汇成一首刚强而滚强的歌，在我耳畔回旋着，回旋着。我感受着它生命的流动，听着它征途中每一处山川的战栗。它正注入我的血液，我与它共同澎湃。

急流浩荡，天地震颤。踊跃的，是喧嚣的生命、不屈的灵魂。

## 万里写入胸怀间

沙坡头这一程，着实令我震撼。我慨叹于沙山的奇伟怪异，也敬仰着黄河的奔腾不息，更让我为之折服的，是这山河粗犷雄健的生命。

英国班纳特说过："自然界的庞然巨物是最令人赏心悦目的。除了头顶的苍穹及浩渺的星空，没有比大海和山河更令我们愉悦的了。这些巨大的东西有一种庄严雄伟的气魄，在我们心中刺激起伟大的思想和激情，使人自然而然地想起造物主和他的伟大。"

山河是崇高的。它给人心灵震撼，给人激越鼓舞，给人以手之舞之蹈之的冲动。人类生长于广袤河山间，与它们共呼吸、共命运。潜移默化间，获取生命的力量。

庄子曰："天地有大美而不言。"我愿自由地游走天地，做一个沉默的远行客，跋山涉水，所有相逢、驻足、探寻、想象都生机勃勃。

# 摽有梅

张智杰(2017级基地班)

如今的季节,雪仍旧在下。

她搓搓手,哈出温暖的云烟,指甲上结的霜开始缓缓消融。

屋子外是皑皑的世界:滚滚的阴霾更加汹涌,下接大地、上连苍天,视野几乎被上下模糊的黑白两色淹没了。

雪虐风饕,战争也还在继续。但是这里看不到硝烟的弥漫,听不见铁蹄的践踏,也没有她所爱之人的身影。她所爱之人的身影在至远的天边,在硝烟与铁蹄的掩蔽下,遥不可及。

她眨眨眼,抖落头发上蒙着的尘沙般的层雪。

窗边不远是那棵不倒的梅树。她的叶子在风中颤抖,她的枝丫被霜絮压垮,她的根须被堆雪埋葬,她的生命之火将要被寒冬扑灭。

燃烧着,燃烧着,直至最后一刻也不肯熄掉。

她望着屋子外皑皑的世界:滚滚的阴霾更加汹涌,下接大地、上连苍天,视野几乎被上下模糊的黑白两色淹没了。黑白之间,她浅青色的目光挣扎着越过硝烟,越过铁蹄,追向天边。

火焰仍在她眸子里淡淡地燃烧着,燃烧着,直至最后一刻也不肯熄掉。

那棵梅树下早已落满了为雪所没的果实。树上已经没有梅子了。

如今的季节,雪仍旧在下。

如今的季节,正堪神山盎然。

第一次遇见他,也是在这棵生于山脚的、巨大的梅树下。

神山里生了许多这样的神树,它们通人性、解人情,甚至能消弭灾祸、招来福音。

和煦的阳光洒在她长长的头发上,顺着发梢流下来,倾泻在草地上。

把筐子轻轻放在地上,在树前伸出双手;注视着枝条延展、生长,垂下来缓缓地将果实送递到筐中、缩回高处;浅笑着,乌亮的眸子熠熠发光;提起三成满的筐子,挪步到梅树仍缀满果实的另一侧。

四月是梅子成熟的季节,普天下的梅树都会结下果实,这棵神树也不例外。

她抚摸着梅树的肌肤,梅树也摩挲着她的掌心。

征得神树的同意后,她会把这些受过祝福的果实都酿成酒。

萦绕的温馨会守佑她的生命,醉人的酒香会驱散她的烦恼,甜美的味道会招来她的幸福。

望着几近满筐的青梅,小小的虚荣心似乎得到了满足似的。她来到溪边将梅筐放下,取出筛子,准备清洗青梅。

她哼着歌儿一边玩水一边洗着,还未注意到河流上游缓缓漂来的木筏。木筏上站着的男人朝着她露出灿灿的微笑。

如今的季节,几近秋叶半凋。

她轻轻托住一片飘落的梅叶。一点硝灰沾在上面,呛出淡淡的火药味。她不禁面露愁色。

落叶满地,声声叹息渗透进秋风里,哀哀地被带往远方的大地。

远方的大地,爆发了战争。

男人们都被派上了战场。赌上生存与尊严,浩浩汤汤地涌向了战场,去和不知道什么样的对手作战去了。

战场上的双方为了各自的家国,用长戈与弓箭、刀剑与战车,各种各样的兵器来褫夺成千上万的性命。

北方的大地上时不时迸射出火光,滚滚的硝烟冲上天穹,勾勒出战争的轮廓。

惨烈的战争啊,不知何时才能结束。

神山上空空荡荡的,孤雁南飞,北风萧索。神树们仿佛都已睡去,妇孺老幼都缩居在屋子里,期盼着战争早日结束。

他也一同前去了吗?

云树遥隔,看不见他啊。

他已经六个月没有喝梅子酒了。

六个月……自从溪边相会以来已经过了这么久了。她低垂着眼睑,抚摸着神树的肌肤。肌肤上生了许多苔藓,她这才发觉阳光消失了。满山内外,不见天日。

她站在梅树下,望穿北境边际。溪流孑然北往,将对神山的回忆、不舍与爱悉数藏与心底、葬于细流,至此奋不顾身,再不回头。

正如离人远征一样。她幽幽地想。

她咳嗽了一声,忽然觉得风变得好冷。梅树高高在上地望着她,迎着悲风,频频落叶。

树上仍然挂着些许梅子。纵使是神树,秋季也不应该生有梅子的,更何况还是青色的、初熟的梅子。

像是拼尽全力、穷竭养分、耗光神力生出来似的。

她最后看了神树一眼,眼睛里流转着清澈的忧伤与不屈。

如今的季节,满山葱郁,青枝招展,绿草如茵。

她一边吹开在脸边挠痒痒的蝴蝶，一边端着梅子酒朝树下走去。

为什么要端到神树下面？他在一旁问道。

因为第一口要献给神树。她抬起头冲他微笑，蝴蝶趁机停在了她小小的角上。

好羡慕神树啊，能喝到第一口。他故意用很吃醋的口吻，眯着眼睛说。

“我也很羡慕，”她眨了眨眼，“但是这是用神树结下的青梅酿出的，要怀着感恩的心给予她回报。”

他望着一树葳蕤，露出有些宽慰的表情。

“希望神树能保佑我们赢得战争，守卫家国。”

“希望神树能保佑你平安归来。”

他摸摸了她的头，吓走了蝴蝶。蝴蝶翩翩飞走，落到了舒展的梅枝上。

不知不觉，神树已经站在了他们面前。

她深深呼吸，颔首躬身，拈起一盅清酒，缓缓倒在梅树脚边。他蹲在一旁，静静看着散发着甜气的酒倒在梅树脚下。

阳光穿过梅叶的间隙，在地上投影出一地斑驳。一地斑驳在花酒芬芳里起舞，夏风也为它们献上伴奏。

六个月前的景色历历在目。两人的相遇像裹挟着梅香的风一样如梦似锦，两人的相爱则飘忽得像海市蜃楼。

可这样如同泡影般脆弱的东西，却连同文明一起延续了数百上千年。

神树发出窸窣的笑声，梅叶簇拥在一起咯咯乱颤。

如今的季节，雪仍旧未停。

童山濯濯，千里冰封，万里雪飘，她的屋子也早已被风霜淹没。

但是屋子里面没有雪。她静静地躺在床上，苍白的鬓角泛着浅光。

神树也还在抗拒着暴风雪。

坚持着，坚持着，总有一天阴霾会散开。

阴霾散开，阳光会普照大地。

光照大地，她的同胞们都会从北方的地平线平安归来。

在那茫茫归来者中，有着她所爱之人。

她战栗着伸出自己的手。寒霜已经完全冻结了血肌，剥离了触觉，将其化成了剔透的冰晶，仿佛一碰就会破碎。

看起来华美却脆弱的梅，可是很耐寒的。在百花都被冻结的时候，在满山捋绵扯絮的时候，只有梅不会被轻易肃杀。

如同泡影般脆弱的东西，却连同文明一起延续了数百上千年，超越了生而注定的本能。

为了爱与被爱而抗争。

她的瞳孔已经渐渐冷却，但仍旧在显露光辉。屋外的神树虽然已枝残干损，但仍旧屹立不倒。

她眼中的景色越来越昏沉,黑暗逐渐占领了她的视野。她眼帘里最后留存的,是阳光下灿灿的微笑。

她深深呼吸着,眼泪顺着脸颊滑落,划出两道冰痕。冰痕汲干了泪水,也黯淡了眼中的光辉。

她想起曾在梅树下,与他畅谈自己身为一个平凡女人的梦想:

酿最甜的梅子酒,与爱人在树下共酌,两人一起撑着木筏游溪,松萝共倚,白头偕老,直到山海与生命枯竭。

# 小 说

# 轻柔之声

朱健(2014级基地班)

搬到弗列沃暂居后,每个星期天下午我都会到当地的密斯[①]湖畔走走,有时候是纯粹的散步,有时候则是看风景。密斯湖是原生湖,不算很大,也不算很小,周径有一公里左右,湖岸温婉地蜿蜒,形成漂亮的流线型。

密斯湖在二十世纪九十年代经过了人工改造,但大体保留了原始风貌。湖畔上修了大片的草坪,栽种上垂柳和南方亚热带气候环境中特有的小叶榕,环湖铺就了嵌满石子的人行小道,岸上的草坪中稀疏安放着几张小木椅,古朴黄的刷漆已被时间和游人的衣服磨淡。

我大都在周日下午四五点过来,碰上夕阳正好的时候,橘子黄的阳光斜斜地投到湖面上,波光粼粼,揉碎的湖水像是舞动的金砂。每次来总会碰到一位满头银发的老人。他有时候来得比我早,我到的时候他已坐在木椅子上,手里握着一把褪了色的口琴,或者旁若无人地吹着曲子,或者静静地看着湖水。他有时候来得比我稍迟些,手里提着一只老款布袋,步履蹒跚,每次都走到同一张木椅坐下,然后从袋子里缓缓地拿出口琴,有时候还会拿出一朵花,百合、月季或者其他花朵,小心翼翼地放在木椅旁的老榕树树根上,久而久之,树根上的花越来越多,两三个月后,新的旧的花能够扎成一束。

老人满头银发,但气质保持得很好,衣着非常的整洁,脸上虽有皱纹,但令人钦羡地俊朗,年轻时的风度翩翩虽老犹存。老人的口琴吹得很好,我每次到密斯湖去都会悄悄地走近去倾听,他时常吹约翰丹佛的《安妮之歌》、理查德·马克斯的《此情可待》、贝蒂·希金斯的《卡萨布兰卡》等西方经典名曲,悠缓情长的声音从口琴里如水般流出来,使人心醉,而老人吹口琴时流露出来的深情,则洋溢着更大的魅力,像魔力一般吸引人。我多次有走过去问候的冲动,都以欲往而步止告终,不忍心去打扰。然而,在数次接近之后,老人似乎也发现我了,不,不是似乎,是确实发现了我。

“你好,年轻人。”他对我笑了笑,慈祥,温和而安静,令人感到温暖。

“啊,您好。”我感到有些尴尬和突然,向老人走过去,他轻轻地放下口琴。

---

① 地名“弗列沃”和湖名“密斯”乃英文“forever”和“miss”音译,表“永恒的思念”之义。

“你也爱来这个地方吗?”老人关切地问。

“是的,”我兴奋地答道,“这里是难得的秘境,充满诗情画意,我基本每个周末都会过来。”

“是啊,这里是个好地方,有太多值得人牵挂的东西——”老人轻轻地感叹,声音很低,像在自言自语,然后沉默地看着湖水。我亦看着湖水入了神。

不知多久后,老人转过头来,关心地说:“年轻人,不早了,在天黑前回家去。”接着提起那只掉了些线的小布袋,扶着椅壁站起来,和我道别。

以后的每个周末我照常到密斯湖去,老人依旧是有时比我来得早,有时来得比我迟,而每次我都会走近去听他吹口琴,依旧是《安妮之歌》《此情可待》《卡萨布兰卡》等名曲。这是莫大的享受,每次听都沉醉其中,得到不一样的情感体验和感受,然后与老人交谈,渐渐地,我们熟悉起来,成了无话不谈的“忘年交”密友,我也从中了解到老人的故事。

“妮儿五年前离开我了,比我先走,我们以前常到这来,”老人的眼渐渐变湿,附在眼膜上的泪闪着浑浊的光。妮儿是他对爱人的称呼。他的声音有些哽咽,语速很慢,比起说话,更像是在回忆和思考。

“我们一起走过了半个世纪,经历了风风雨雨,妮儿在“文革”时为我日夜担虑,落下了病根,心脏一直不好,”老人叹了叹气,哀伤又显得欣慰,“我们退休后搬到弗列沃来,每个周末我都陪她来这里散步,看风景。”老人很安静,手里拿着口琴。

我注视着口琴,好奇地问道:“您手里的口琴——我注意到您每次来都会吹几首曲子。”

老人举起手琴给我看,然后用手小心的擦拭,像在抚摸一个孩子。

“我是个音乐老师,这把口琴是妮儿给我买的,她喜欢听我吹口琴,尤其喜欢西方的一些名曲,可惜——她比我先走。”老人用手抹了抹眼角……

我沉浸在老人的故事里,待清醒过来时,发现自己已泪流满面。

“您是每天来这里吗,还是就周日来?”我的问题未经思考,脱口而出,大概是对老人的故事关心到了极致。

“周日过来,”老人说:“我和妮儿相识于周日,那时候我们在昆明念书,都习惯在星期天到当地一个叫晴湖公园的地方玩,那里很漂亮,就像这里,”老人顿了顿,“我们相识后依旧保持着旧习惯,每个周末都会一起到晴湖去,游玩、赏花、给她吹口琴。毕业后我和妮儿就结婚了,不久遇上文革,我被戴上了‘右派’的帽子,在马棚里被关了近十年——我把妮儿害苦了,最美好的年华……”流水从老人的眼里流出,顺着脸上皱纹的纹路流下。

在那天的分别前老人和我说,妮儿喜欢晴湖畔的马缨花,他最后的心愿就是能够亲手捧一束马缨花,放在密斯湖畔,然后给她吹《安妮之歌》、吹《此情可待》、吹《美好的一天》。只是弗列沃并不生长马缨花。

在以后的时间里,因为工作,我不能每个周末都到密斯湖去,有时候隔两三周,有时候一两个月。我时常怀念老人的口琴曲,挂念他的近况。而令我异常开心的是,每次去总能看到他依旧坐在那张木椅,或看着湖水,或吹着口琴。我依旧走近去,和老人聊天,谈论各种事情。令我感到不安的是,老人的身体日渐虚弱,尤其在哪个周末不能过去的时候,总会莫名担忧,胸口像压着巨石。

去年五月我到西南地区去谈一笔业务,匆忙之余到附近的植物公园散心。公园狭长的沼泽湖湖畔上长满了一种高大的乔木,正值花期,深玫瑰红的花开得热烈,似有在对我这位远道而来的不速之客表欢迎之意。我下意识地想到老人。

“你好,请问这是什么花?”我问身边正在拍照的年轻女士。

“这是马缨花啊,爱情之花!”她一心顾着拍照,没来得及看我,匆匆忙忙地回答。

“啊! 马缨花,真的吗?!”我不禁喊出来,耐不住激动,把这位年轻漂亮的女士吓住了,她一动不动,诧异地看着我,然后尴尬地笑了笑,说是的,这就是马缨花。

“那——这附近有的卖吗?”我迫不及待地问道。

“在那,纪念品销售点有。”她指着公园门口处的一间木屋。

“太好了!”我来不及道谢便往小木屋跑去,丝毫不顾及形象。

我精心地挑选了一大束美得令人心潮澎湃的马缨花,付过钱后,兴致匆匆地寻找当地的鲜花快递公司,根据之前和老人交谈所知道的信息,我细心地在配送单上填写老人的姓名、住址和联系电话,再三检查后,我把它交给了配送员,感受到一种前所未有的期待。

半个月后,我在寓所收到了老人的来信,欣喜若狂地拆开,他的字写得很好,但有明显抖笔的痕迹,应该是手力已很不好。他在信中以朋友的身份感谢我,说在迟暮之年很开心能认识我这位年轻人。他捧着鲜花到密斯湖去过了,把它放在湖畔,正像半个世纪前的情景。老人的开心和欣慰流露于字里行间。但同时我在信中得知一个颇感心痛的信息,老人一直患有肝病,且日趋严重。我心事重重地把信折好,把它塞回信封,小心翼翼地把它压在我的书下面。一个月后我回到了弗列沃。

周末下午我很早就到密斯湖去,心里颇感不安。绕湖走了一遍,两遍,三遍,老人没有出现。时针从四转到五,从五转到六,老人没有出现。夕阳从山顶落到山腰,从山腰落到山脚,老人没有出现。“老人肯定出事了”,我的直觉告诉我,但我又努力设想任何好的可能来试图使自己安静,但终究是失魂落魄地回到寓所。

我回到寓所第一时间拨通了老人家里的电话,屏住呼吸,十多秒后,一位中年女士接了电话,我来不及自我介绍,急切地询问老人的情况。她问我是不是顾先生,我说是的。她沉默了许久,语气沉重地告诉我老人去世了,去世前嘱托家人把一件东西交给我。我的心像被什么猛扎了一下,然后哽咽着和她约定了见面的时间和地点。

几天后我见到了这位中年女士,她和老人长得很像,慈眉善目,极易交流。我们交谈了一阵后,她把一个小包裹递到我手上,“祝福你,小伙子”,她的微笑和老人一样的温暖。

和女士分别后,我拿着包裹去了密斯湖,走到老人常坐的木椅坐下,然后小心翼翼地掀开包裹外层的布——看到那把在时光流年里褪了色的口琴……

# 少女祝莉

孙绮琪(2015级基地班)

从很小的时候,祝莉就发现自己有一些奇异的能力。

因为是独生女,受到父母和爷爷的溺爱,要什么有什么。她是爸妈的宝贝,爷爷的心肝。小祝莉便理所应当地认为自己就是这个世界的女王,支配着这个世界。

小祝莉拉起床上的薄被子围在腰间,假装自己穿着长长的拖地的裙子。低头看看自己穿着裙子的模样,几经调整,觉得满意了,然后她又一屁股坐在床上叠成豆腐块的棉被上,假装自己就坐在软绵绵的宝座上,俯视着下面的臣子。

其实,那哪里是臣子,只是并排坐着的布娃娃罢了。那都是小祝莉跟爷爷撒娇,爷孙俩在隔壁众客隆超市买的。

小祝莉在宝座上假装倾听臣子们的意见。这个时候,就要像电视剧里面演的一样,出现了一个反动的臣子,小祝莉就装成恼怒的样子,皱着眉头,用手指着那个"反派",闭目在心里默念咒语:"乌拉拉——倒下!"然后那个原本坐着的娃娃,过了一会,就"扑通——"往后倒下了。

除此之外,小祝莉还发现她能让时针走得慢一点,她还能让花听见她的咒语后枯萎,她甚至能施咒语让自己变瘦一点。只要闭目,在心中默念咒语"乌拉拉——××",就能心想事成。

童年的时光飞快地流逝,小祝莉变成了一个亭亭玉立的十四岁少女。原本她以为谁都会有这样特别的能力。可她悄悄发现,这种莫名的神力仅为她所有。比如邻居女孩家的狗丢了,她就不能施魔法让狗狗回来。再比如同桌的橡皮擦不小心折成两半了,他也不能施魔法让它无缝黏合。于是,会魔法成了祝莉的一个不能说的秘密。她深信,她就是那个世间不为人知的魔少女。

有一天,天气很好,外面的阳光穿过玻璃窗照在木制课桌上,照得桌面微微发热。课室墙壁上的风扇呼呼地吹着,一阵风吹来,祝莉刚觉一阵凉爽,没几秒风扇头又向旁边一摆,便没有了风。

祝莉还在课室里上着费脑子的数学课。真是难呀……祝莉干脆不愿意再听,反正听了也听不懂,不如做一些有趣的事。哪位名人曾说过:"时间就是生命!"

她便从抽屉中掏出一本素描本，再从笔盒里拿出一支2B铅笔，悠闲自在地画着数学老师的肖像。时不时抬起头，装作自己在听课，其实是在研究数学老师的国字脸、鹰钩鼻和小眼睛。

祝莉画好了就得意洋洋地递给同桌看。祝莉骄傲地说："你看。"同桌一看是数学老师的搞笑版大头像，两个人就开始笑得前仰后合。只是两人也在拼命捂着嘴，不敢出太大声，台上讲得如痴如醉的数学老师还未发觉。

"祝莉——你出来一下。"班主任不知道什么时候已经站在了教室门口。

班上的同学突然齐刷刷地望向祝莉这边。祝莉尴尬地只想挖个洞钻进去。

"祝莉——快点出来！"看祝莉还没有动身，班主任已经不耐烦地催促了。

完蛋了！祝莉正想着刚才笑的情形怕是被班主任抓个正着，不知道会受怎么样的惩罚。班主任是学校著名的"铁娘子"，刀子心加刀子嘴！她敢称女汉子，就没有第二个人敢称自己是女汉子。

祝莉在同学们疑惑的目送下慢慢地挪到教室门口，身后的数学老师又开始哗啦啦讲着数学题。

没想到班主任并没有怒色，反倒用关怀语气说："祝莉，你收拾一下东西。你家里人叫你回去，我已经给你批假了。"

祝莉这回懵了一下，完全不知道发生了什么事。班主任的话让她有一种不祥的预感。更何况，她今天早上右眼皮一直跳个不停。左眼跳财，右眼跳灾。难道要灵验？

顾不得那么多，她立马回去课室拿了书包，作业也不收拾，就又立马在同学们的目送下离开了教室。她一路猛力踩着自行车，额头上的头发都凌乱地飞向后边，背上的汗水顺着脊梁往下流。她的速度快得可以和路中央的小汽车比一比。

还没到家门，她就远远地看见家门口不停有人进进出出，那些人无不在手臂处绑着白色的布条。到家了，才发现是家里亲戚都来了，而整个气氛是凝重的。姑姑红着眼眶在一旁机械式重复地叠金元宝，她旁边的火炉烧着刚丢进去的纸钱。姑父和带着白头巾的祝爸爸在低声说话。此时此刻的家，对于祝莉来说无比陌生，她感到背脊一阵寒冷。

"祝莉——快过来。"祝妈妈这时看见呆站着祝莉，她拿了一件白色的麻衣过来想让祝莉穿上。祝莉拒绝穿上这老土的衣服，也拒绝承认这已经发生的一切，尽管她已经预见到爷爷出事了。她依旧自己在外面呆呆地站着，她不敢去看屋子里到底发生了什么。

"祝莉，你去看看爷爷最后一面吧。"祝爸爸缓缓地说。

"我不要！"祝莉金反抗着父母的任何命令。

白色的布条，红色的火焰，金色的元宝，黑色的死亡，全部混杂在祝莉的脑子里。怎么办？怎么办？

"不不不，我能改变。我是会魔法的魔女啊……"祝莉在心里这样安慰自己。

这时大人们都在屋外,她进了屋,挪步到躺在地上安详闭目的爷爷旁边。用手指着爷爷的肚子,闭目紧急地默念三遍:“乌拉拉——复活!乌拉拉——复活!乌拉拉——复活!”

祝莉缓缓睁开双眼,脑袋有些许眩晕。可她却没有迎来她要的神奇的复活。爷爷的躯体依旧在地上一动不动。

怎么会这样?祝莉不相信,咒语怎么会失灵?

这时,祝莉终于忍不住哭了出来。

“祝莉!你没法挽留亲人的生命,你算什么魔女?”她在内心向自己怒吼着。

祝莉改变不了已成的事实。

晚上,又是一个不眠之夜。祝莉早早关了灯,也不曾看过课本上冷冰冰的一字一句。她蜷缩在自己的床上,床上排满了爷爷生前买给她的毛绒玩具。在房间的一片黑暗中,手机的光照着祝莉惨白的脸,祝莉似乎还能听见玩具们都在细声地述说对爷爷的思念。太吵了,祝莉又施了魔法:“乌拉拉——闭嘴!”这才让激动的玩具们闭了嘴。

也许爷爷会在夜深人静的时候,在房子里游荡。就像平常一样,在房间里沏茶,听着粤剧,在阳台逗着八哥鸟。“爷爷,我想你,你知道吗?”

她想爷爷,可她要到去哪去找爷爷呢?听说,人死后会升入天堂。她的脑子里冒出了一个猎奇的想法——不妨做个“仗剑走天涯”的魔女,寻找传说中的一个最接近天堂的高地,头顶星星高声呼喊爷爷的魂灵。

于是她带上几百块私房钱,在天亮前离开了家。

可是她不知道该往哪里去,没有方向乱走,走累了就坐上公交,饿了就进一家店里,买一点吃的。她每每看到电线上贴着的寻人启事,每一则都像是在找她。而那歪斜着贴在脏兮兮的墙壁上的广告,每一张都是一双饥饿的眼睛,死死盯着过往的面目模糊的人群。

在陌生的地方,一个黑夜又接着一个天亮,一个天亮接着一个黑夜。她看见人们在KTV狂欢,她看见喝醉酒的人还在饮酒划拳,她看见公园的情侣在咬耳朵,她看见万家灯火,起起伏伏……每个人固然都有他的归宿,而她的下一站在哪里?最后,她紧紧抱着包袱睡倒在某个公园里的一张椅子上。

蓦然醒来以后,她不知道她要做什么,也许她不再是为了寻找爷爷了,也许只是毫无意义的流浪。人和许许多多的昆虫与动物一样,也许都只是在某个陌生的地方用尽一生极力地延续着自己的生命。

在外面出走的第六天,钱快花完了。她很久不洗澡,身上的皮肤开始发痒。接下来,她不得不面对着饥饿与肮脏。她不自信地再次念起咒语:“乌拉拉——食物!”她再次睁开眼睛,迎接她的只是空空的现实,什么都没有!

仅剩的几十块钱,她到附近车站问了路,用来买回家的车票。她最后还是很不争气地打道回府了,结束了为期6天的“仗剑走天涯”的人生体验。

等祝莉再次回到家门,心里忐忑不安,怕父母扑面而来的责骂。但她还是打算鼓起勇气敲门。因为她实在太饿了呀,连举止投足都吃力,犹如一个四肢被拧紧的芭比娃娃,机械地掰动她的右臂,努力地举起一只手,再靠地心引力的作用,无力地打在家门上。

祝妈妈出来开门,一看是祝莉,便红了眼眶说:“祝莉！你去了哪里？我和爸爸很担心你！一家子在等你！什么都不用说了。你回来就好了啊。”

祝爸爸在屋里听见了,也急忙跑了出来,一把抱住流浪的女儿。

祝莉站在门口,看着父母着急的样子,泣不成声。

从此,祝莉丢弃了叛逆与幻想,她终于接受成长了,正常而普通的人生。

最后,她也终于没有了魔法。

# 梦里花

陈怡妮(2016级师范班)

我的梦里有一朵花,我用食指和拇指轻轻地捻着它的杆,它洁白如霜,花瓣毛茸茸的如兔子的小尾巴,它是这么娇小,脆弱地仿佛不堪一击,它微微地摆动着,就像对我点着头。我慢慢地抬起手,想着如果能放在掌心里把玩一下,那该是多么有趣的一件事。后来,不知怎么的,我不知轻重的双手捏下了它的花瓣,我心头一惊,张开了手掌,微风拂过,它的花瓣竟飘了起来,如雪花般消失在远方。我低头一看,周围一片草原,手里的花有,但却被我的玩心摧毁了。

搬家意味着什么,我以为不过只是换了一个居住地,不过只是把旧家一些不再需要的东西清理掉,再为新家挑选些装饰品,不过只是离原来住在隔壁的朋友远了些,以后见面就要打车了。直到渐渐地,家里关于旧居的话题越来越少,关于老邻居的消息渐渐消失,直到有一天突然想起从前,发现竟很久没有回忆过了,我才逐渐明白,离开一些地方,原来是在跟一些曾经很珍贵的东西道别。

我家附近就是上学的幼儿园,那里的院长、老师都对我特别好,妈妈总是用一种说来奇怪的语气跟我提起我的小时候,我并不像别的小孩一样特别抗拒幼儿园,只是吃饭的时候不愿与别的孩子一起吃,一定要等到大家都吃完了,才去粘着老师们吃。等到了小学,我还喜欢回去那里找老师和院长吹水,每回说到这个,院长总是哈哈大笑地说我矫情,我望着她笑起来时眼尾的褶皱,也跟着哈哈大笑起来。

邻居的家也是我的家,用爸爸的话来说就是,不说都不知道你是我们家女儿了。我的串门并不局限于逢年过节,哪家有了小宝宝,哪家小孩买了新玩具,哪位婆婆在冬天织了手套,我通通都知道,我甚至了解哪位老人家是怎么样的脾气。我们的小区里,很多小孩子都是跟外婆外公或者爷爷奶奶住在一起,老人家总是特别和气,一开始我只是串门去跟孩子们玩,后来慢慢地变成了和老人家闲聊。对面的奶奶总是把他们家的牛奶拿给我,每天中午放学,奶奶就在门口:“就知道你是这个时候回来,赶紧的,把牛奶拿回去。”我捧着牛奶,蹦蹦跳跳地跑回家,仿佛战利品一般笑嘻嘻地拿给妈妈看。

小区里孩子多真的是一件太美妙的事了,我们总是霸占小黄家的大天台,端午节的时候围着烧烤，中秋节的时候围着烧烤，过年的时候也围着烧烤，顺便玩烟花。出现意外的时候，比如我一个不小心把隔壁男生的眉毛烧掉了，就只能惨兮兮地用一本新漫画请求他不要去告状。虽然我现在对蟑螂的恐惧简直有天崩地裂的意思，但是当年我确实在大家的怂恿下瞒着大人们跟一群小伙伴捅过蟑螂窝。

那些想起来嘴角会上扬的故事，都因为我的搬家没有再重演过了。刚刚离开的那几天，我总是吵着要回去，以各种理由劝说我的家人，但是现在，我再也不敢回去了，我还是很想念那里，但是确实没有勇气故地重游了。我害怕回去之后会发现，离我们家很近的那间幼儿园换成了别的，长大了的小伙伴见面不再打招呼了，又或者那些跟我聊过人生的老人突然不见了。我怀念的从前就像梦里出现的花一样，如果我意识到这么美好的花瓣会被我捏掉，我只希望自己不要轻易张开五指，不要看着它们被风吹得一点都不剩的样子。那种一望到底什么都没有的绝望，我还是至今都懦弱地没有勇气去触摸。

好像梦里还有笑声来着，只是花瓣飘走的那一刻蓦然而止了，安静到我都快要忘记那串银铃般的笑声了。我的童年，也像梦里的蒲公英一样，不知怎么的，轻轻一碰，就散落天涯了。

# 颁奖典礼

赖伟盈(2016级基地班)

## 一

飞扬的大红彩带张挂在主席台顶部。上书横幅:期末散学典礼暨表彰大会。

盛夏校园,蝉鸣阵阵。白云飘荡,时而把灿烂的阳光偶尔阻挡了一下,暂时投下一片阴凉。不时掠过的一阵阵凉爽的夏日之风,消减了不少酷热。全校师生坐着小板凳集合在大操场。

校长喜笑颜开地站在主席台上,手里拿着一份名单。广播里传来了校长的声音。

“以下读到名字的同学,请上台来领取奖状和奖学金。初一年级总分前五名的名单是——初一(5)班张小凡、王帅;初一(3)班,陈恒、张晴……”

最后一个名字,出现在同学们心里的是——林珊。林珊,一个同学们都再熟悉不过的名字!因为每年这个时候,出现在校长口中最多次数,同学们最耳熟能详的也是这个名字——林珊!

而此时的林珊正坐在班队里,左手捏着右手食指,抬头紧紧地盯着校长的嘴巴,屏住呼吸听着校长的声音。

后方传来了同学们的窃窃私语。

“不知道是林珊还是丁婷呢?你说还会是林珊吗?”“这还用猜吗?老师不是一早就说了吗?不是林珊就是丁婷啦!”“但是丁婷今天还是没有来呀,难道真的像老师说的那样……”

“你们说会是谁?如果是丁婷的话,那她也太厉害了吧?”“什么丁婷厉害,还不都是林珊的功劳。”“按平常的水平来说,林珊可是要比丁婷高出很多的。在记忆中,全年级总分前五名就从来没有缺过林珊的名字!”

## 二

两个月前的一个早读,向来都来得最早的丁婷,今天的座位却一直空着。同学们都觉得很奇怪。

突然一阵急促的脚步声从走廊传来,班主任神色严肃地出现在教室门口。老师快步走上讲台,托了托眼镜说:"有一件重要的事情要和大家宣布一下。丁婷刚刚在楼梯摔倒,她爸爸带她到医院看了,说是腿骨受伤了,要打药膏,在家休养一段时间。所以请同学们一定要注意安全啊!"

同学们都惊到了:哎呀,听起来好严重。那她不是要落下很多课?丁婷成绩在班里可一直都是前十名的,平时她可在意自己的分数了,这下她该怎么办?

## 三

第二天,快放学的时候,班主任走进来说:"现在丁婷受伤了,没法来上学。她爸爸打电话来问,有没有哪位住得近的同学能帮她带一下作业?"

班里的同学一听都东张西望,你看我我看你的,最后视线都落在了平时跟丁婷玩得挺好的、住得比较近的几位同学。王晓雯迟疑了一下说:"我家离丁婷家其实也不近。"陈美又说:"我下课要立刻回家,家里人都等我吃晚饭的。"赵林又说:"我还要赶着坐校车回家,不能晚的。"仿佛没有人能帮上这个忙。

班主任一时也不知说什么好。但她看到了林珊:"林珊,你放学后帮丁婷带一下作业好吗?"林珊正在收拾东西,准备放学,听到班主任这么跟她说,她都觉得有点突然,因为她与丁婷也不算是有什么交情。但是老师知道她们是住在同一个小区的,林珊又是一个不擅长拒绝的人,只好机械地点了点头。

## 四

其实在老师询问谁帮丁婷带作业的时候,林珊是犹豫的。因为平常她心里都明白,丁婷并不是十分愿意跟她玩。因为隐约之中,她一直觉得丁婷把自己视为一个目标,就是要跟自己拼成绩。每每读成绩的时候,林珊的分数都在丁婷之上,她看得出丁婷的不悦。她尝试过主动跟丁婷交好,但是丁婷不冷不热,爱答不理,不像对其他同学那般热情。久而久之,林珊也不想做热脸贴上冷屁股的事,因此到后来几乎不交流了。

但这一次的情况比较特殊,丁婷的确需要别人帮忙。林珊只好硬着头皮敲开了丁婷家的门。

开门的是满脸笑容的丁婷妈妈。一见到林珊,丁婷妈妈就说:"哟,是你呀,你是来给丁婷送作业的吧?真是太谢谢你了啊!"

林珊腼腆地对丁婷妈妈说:"是的,阿姨。不用谢。我们一起去看看丁婷吧!"丁婷妈妈把林珊带进了丁婷的房间。

脚上绑着绷带的丁婷一抬头看见是林珊,表情有点错愕:"咦,怎么是你?是你帮我把作业带回来的吗?"林珊说是的。丁婷说:"王晓雯她们几个呢?她们怎么不帮我带?"林珊说:"老师都问过她们了。她们每一个都忙,所以都不能帮你带,老师就吩咐我帮你带了。”

林珊看着丁婷脸上的表情隐隐有些不悦,便安慰说:“你是想她们了吧?但是她们都忙,所以,嗯,你就勉强接受我帮你带作业的事实吧。你那么想念她们,那就快点把伤养好了、把作业完成了,就可以很快见到她们了。”神情不悦的丁婷听这么一说,就勉强挤出一丝笑容:“嗯,你说得对。”

林珊把丁婷的作业本交到她的手上:“这就是今天的作业,你看看吧!”

丁婷打开作业本,一看,皱起了眉头:“哎呀,这些作业我都不会做了,因为我今天都没有上课,怎么办呢?林珊,你能不能跟我讲一讲?”

林珊说:“好。”丁婷马上笑靥如花:“好好好,你坐到我身边来,每一题都帮我说说好不好?”林珊说:“好啊。”

就这样,林珊一题题详细地分析给丁婷,看着她把作业做完。抬头看看墙上的挂钟已是晚上九点了。丁婷看着林珊,说:“我现在已经把作业做完了,那么就请你顺便帮我带回去吧。明早帮我交给老师好吗?”林珊点点头:“当然好。”丁婷笑了,说:“谢谢你,林珊。”

“不客气。那我先走了哦,拜拜。”林珊走出丁婷家。

## 五

林珊妈妈一边给林珊开门,一边问:“哎,你今天打电话回来就是说去给丁婷送作业,然后就回来。怎么一下去了这么晚?我差点就要冲出去找你了。”关上门又疑惑道:“丁婷?是住在我们小区那个丁婷吗?两家的距离也不是很远啊,怎么要这么久?几个小时?平时好像没听你说跟她玩的呀,怎么是你去她家?”

“噢,她的好朋友好像都有事急着回去,所以让我带!因为她今天也没上课,作业带给她她也不会做,所以我要留在那里教她把作业做完。”

“哦,原来是这样。可是这么一来就好浪费你的时间啊。”林珊妈妈微微皱眉。

林珊放下书包,道:“没办法了,妈妈。其实平常这个丁婷好像都不是太喜欢我,所以我每次看到她,心里都觉得有点不舒服。那么就顺便趁这件事情好好帮助她,希望能跟她做好朋友吧!而且这件事情也是老师亲自嘱托的,我也不好意思拒绝。”

“哦,这样。好,快洗洗手准备吃饭吧。”林珊妈妈走进厨房。

## 六

就这样,每天早上,林珊帮丁婷把作业交给老师,放学了就把作业带给丁婷,然后教她做。做完之后把她完成的作业带回家,第二天早上又帮丁婷把作业交给老师,放学就把老师批改好的作业带回给丁婷。如此往返,坚持了两个月,直到今天。

这两个月来,由于长期只能到凌晨才上床睡觉,林珊越来越感到疲倦。在学习上也好像有些没那么得心应手了。微微的黑眼圈一直围绕在她的眼睑下。

## 七

期末表彰大会的主席台上，校长要说出年级前五名的最后一个名字了，林珊手心里都是汗。

“初一(8)班……丁婷！”

从校长口中说出来的名字，是丁婷！林珊一听，犹如五雷轰顶——这意味着，今年的年级前五名，没有林珊！

这时候，班主任走过来对林珊说：“林珊，你上台帮丁婷把奖状和奖学金领了吧？也像往常一样送去她家吧。虽然她坚持带伤把试考完，但今天还是要去医院进行检查，所以今天都不能出席领奖，你代她领一下吧！”

林珊有些恍惚，答应着，木然地走上台，木然地把丁婷的奖状奖金捧在手上，木然地走下台，木然地站在了丁婷的家门口，木然地敲开了丁婷家的门。

还是满脸笑容的丁婷妈妈开的门。林珊勉强挤出一丝笑容，对丁婷妈妈说：“阿姨，这个学期丁婷取得了年级前五名。这是她的奖状和奖金，我帮她送过来了。”

丁婷像一只快乐的小鸟一般从房间飞出来了，从林珊手上接过奖状和奖金，高兴地与妈妈拥抱在一起，一边回头对林珊说：“林珊，谢谢你！过来喝杯茶再走吧！”

林珊机械地跟着她坐到客厅里，机械地把书包和手上的伞放到沙发上，机械地喝了一口茶，便有些恍惚地与丁婷妈妈和丁婷告别，走出丁家大门。

走着走着，傍晚的一阵清风吹来，吹动着树叶沙沙地响，撩动着林珊腮边与鬓边的长发，风中还夹带了几滴冰冷的雨滴，洒在了林珊略显苍白的脸上，使林珊一下清醒了好多：呀，我的雨伞还躺在丁家沙发上呢!

## 八

丁婷家门前，刚想敲开丁婷家门的林珊，手举到半空，门后传来丁婷的声音：

“妈妈，我终于成功了！我梦寐以求的成绩终于得到了！”丁婷妈妈的声音也传来：“是的，宝贝！你终于成功了！妈妈还一直担心你这一次受伤会严重影响你的学习成绩，没想到你竟然比没受伤前更棒！到现在妈妈都不明白你是怎么做到的！”

“妈妈，你不知道我知道，”丁婷语气里满溢着兴奋，“我一直没法取得好成绩，因为我前面有一个林珊。但因为这一次受伤，来送作业的是林珊，还一直送了两个月。你知道吗？在这两个月里，每一天她教我做作业的时候，我都故意拖延时间，明明懂了，还说没懂，一直拖延到晚上九点。那么她回家，吃个饭到十点，急急忙忙完成她的作业，也要到十二点。真正上床睡觉，恐怕要一点了吧？看她还有多少精力跟我耗！你没发现最近她的眼圈也黑了，脸色也苍白了吗？就是因为睡眠不够、精力不够。她怎么还有时间预习和温习呢？还怎么跟我比呢？还怎么赢我呢？您说我不赢，还能是谁赢呢？这个前五名不是我的，还能是谁的？”

"哈哈哈哈——!"丁婷妈妈大笑,"宝贝,你怎么能想到这个?"

丁婷的声音中是得意:"两个月前的一天,她送作业来的第一天,我一下就想到了这个法子对付她。"

林珊听到这里,眼泪在眼眶里打转。她轻轻地敲开了丁婷家的门。在丁婷打开门的一刹那,林珊满眼打转的泪珠晶莹无声地滑落在她苍白的脸上。

林珊无畏地直视着丁婷母女俩,仿佛在告诉她们:这一次你也没赢,我更没输!我赢得更漂亮!! 然后昂首挺胸地走进去,取回了雨伞。然后眼中含泪,脸上带笑地,从容地,从表情错愕的丁婷母女身边走过,走出了丁家大门,走出了这两个月属于她的阴霾!

# 懂 得

赖伟盈(2016级基地班)

晨曦投射下来,嬉戏在交映成翠的枝叶间,穿透点点滴滴的晨露,映得粒粒璀璨,晶莹欲滴,意味着今天是个美好的日子。

程云一大早就哼着儿歌拿着衣服,在衣柜和行李箱间穿梭,收拾将要去旅行的物品。八点准点,程云连蹦带跳地牵着爸爸妈妈去往机场,奔赴杭州之旅。

到了机场检票处前,程云的妈妈不慌不忙打开手袋,要把一家人的旅行证件拿出来。程云妈妈由起初气定神闲的样子到后来脸色有点发白,因为左翻右翻老半天都没把证件翻出来:"奇怪,怎么证件不见了?"程云爸爸安慰道:"再找找? 我记得昨天已经放好了的啊。"这时安检员说话了:"这位女士要不请到旁边再仔细找一找,让后面的人先过关吧!"程云一家只好先退出安检处。

这时,身后不远处传来了一个声音:"哎呀,妈妈,等了你老半天了,怎么才来呢,我们都差不多要迟到了。你可要知道过了时间就不能安检了。哎呀,快快快,来来来,证件呢证件呢?"

程云一家子顺着声音往后看。只见一位花甲老人颤颤抖抖地从手上的袋子里拿出了一沓证件,交给正在说话的那个女子。女子身边站着一个男子,估计是她丈夫,丈夫手里还拖着一个七八岁的小男孩。

老人慈祥地说:"我的好媳妇啊,我也不知道到机场来这么塞车呀。我已经是一接到你的电话就立马打出租车紧赶慢赶地来了。你以后收拾行李的时候,还是要小心仔细检查一下,不要再把证件落家里了呀……"

女子打断她:"哎呀,落下就落下了吧,不是一个电话,你就送来了吗? 在那啰啰嗦嗦什么呀?"老人似乎还有什么说的,听到媳妇这么一说,忙不迭声地说:"那是那是。"

"只是现在,"女子身边的丈夫说话了,"妈妈,我们赶时间。我们要安检入闸了,你回去吧! 你身上还有回程的钱吗?"

老人赶紧说:"有的,放心吧儿子! 你们赶快去安检入闸吧。我有钱我有钱。"

这时女人说话了:"哎呀,我说妈,你现在回去就不赶时间了,就不用打出租车了,你就坐机场的那些公车回去吧,反正老人家坐车也不用钱,知道了吗?”

老人赶紧慈祥地笑着说:“好的,媳妇儿,我知道了,你放心吧,我会坐公车回去的,我不会浪费钱的。”

女子这才好像放下一件心事似的,说:“嗯那行,那我们走了。你回家之后就把我昨天收拾行李时搞乱的东西,帮我都收拾好了吧!我可不想我旅行玩得高高兴兴的,回到家里还是乱糟糟的哦。”

老人赶紧慈爱地说:“好,我的好媳妇,你放心,我会把家里收拾得干干净净的,等你们旅行完回来啊!”

就这样,老人慈爱地目送儿子媳妇和孙子一家通过了安检入了闸,在老人慈爱的目光中消失。老人却还静静地站在原地,并喃喃地说了一声:“有妈妈真好。妈妈,我也想你了。”

在老人转身的时候,程云清晰地看到老人脸上慈祥的笑容没有了,转而是满脸落寞,眼中还隐约有泪光在闪动,犹如一个正在期待着妈妈疼爱怜惜的一个孤单寂寞的小孩子。

程云看着老人举起沧桑的手,在别人注意她之前把滑在脸上的泪水轻轻拭去,步履蹒跚地从程云一家的身边走过。

在老人经过的那一刹那,程云仿佛意识和体会到了一些什么,一股莫名的心酸涌动着,震撼着,在她的心中汹涌澎湃着!

这时,一声巨大的雷声轰隆响起。紧接着,豆大的雨点拍打在机场的透明玻璃上。

程云爸爸问妈妈:“怎么样?找到了没有?”“都找遍了,都没有。没办法了,可能要回家去找一趟了。”爸爸说:“看现在下那么大的雨,一时也不能回家,先在这里坐一下吧!我到时跟机场办手续改一下时间吧!”程云妈妈说:“唉,也只好如此了。那我们到旁边的座位先坐一下,等雨停了再回家吧!”

程云坐下后往门口看去,刚才的那位老人正不知所措地站在门口。

程云对妈妈说:“妈妈,我看到那个老人好像好孤单好寂寞的。反正我们现在也走不了,我能不能请她过来和我们一起坐,陪她聊聊天?”

妈妈看着程云,赞许地说:“好啊,你去把老人家请过来吧!”

程云会心地一下飞奔到了老人身边,用她温润的小手拉住了老人沧桑的手:“奶奶奶奶,现在下雨了,你就先不要走了啦!请到这边来跟我们一起休息一下,等雨停了再走好吗?”

神情落寞的老人一下子看到程云那亲切可爱的小脸像朝阳般散发着光芒,仿佛也被这朝阳的光芒所感染了。老人落寞的神情褪去,慈爱的眼神重现在眼中。她关切地对程云说:“小宝宝,你怎么在这儿?只是你自己一个人吗?你的爸爸妈妈呢?”程云说:“我不是一个人,我的爸爸妈妈在那边呢!所以,爸爸妈妈让我请奶奶到那边与我们一起坐一下休息一下。反正下雨了,走不了。好不好,奶奶?”

老人说:“啊,这不好吧。奶奶怕打扰了你们一家子啊!”程云说:“没关系的,奶奶。不打扰的,您请跟我来吧!”说完就轻轻地拉着奶奶往他们的座位上走。奶奶也只好慈爱地随着程云到了他们的座位上。

程云爸爸妈妈让老人坐下,跟老人寒暄起来。

妈妈问:“老人家,刚才入闸的那几个是您的孩子孙子吧?”

“是的是的。”

“他们是去旅游吗?”

“是的是的。”

这时程云拉起了老人的手问:“奶奶,你怎么不跟他们一起去玩呢?”

老人说:“他们经常喜欢出去玩玩,但是从来都没有要带我去呀。我年纪大,走得又慢,怕耽误他们的行程了,所以都不敢说要跟他们去玩,怕他们不高兴啊!”

程云说:“我刚才听到您说您想您妈妈了。奶奶您是不是很累啊?奶奶您跟我说说吧!”

老人深深地看了程云一眼,问:“你听到我说话啦?”程云关爱地看着老人,点了点头。老人一把将程云抱在怀里,说:“好,奶奶就跟你说说!”

“奶奶小的时候,就是新中国刚刚解放啊,那时候的日子比较艰苦,爸爸妈妈含辛茹苦地把奶奶几兄弟姐妹拉扯大,能让每一个人填饱肚子已经耗费了他们所有的精力,都还没来得及好好体味和我们的天伦之乐,他们便离开了我们。所以奶奶自己也还没能与忙碌的妈妈好好地乐一乐,玩一玩,就已经度过了童年。

接着奶奶很快也当了妈妈,也像奶奶的妈妈一样,为了把孩子养大而忙碌着,也未细细体会到做妈妈陪伴孩子成长的快乐。很快地,就当了奶奶。人,也就老了。

现在生活条件好了,看着孩子们高高兴兴地出去玩,而自己孤孤单单地留在家里,就感觉人生好像都没有好好过一样,仿佛有着好大的遗憾啊!真的、真的、真的很想回到童年,重新投入父母的怀抱里,好好地再过一段快乐的童年,细细地体会父母的慈爱,好好地去爱父母。可是这一切都已经离我远去了,不可能再回来了。

所以,孩子们,希望你们能听明白奶奶今天跟你们说的话,回去相互好好地过日子,好好地爱,一切都不要等到太迟的时候才意识到啊!”

老人家的感慨和叮咛,程云一家人仿佛意识到了什么,心中被深深地触动着。

程云爸爸忽然对老人说:“阿姨,请您把您儿子的电话给我一下好吗?我有些话想要对他说。”老人迟疑了一下,最后还是把儿子电话告诉了程云的爸爸。

程云看着爸爸在电话中跟老人家的儿子交流了大约五分钟后,只见爸爸将电话轻轻地放在老人耳边,说:“阿姨,您的儿子想跟您说几句话。”老人家紧张地捧着电话,贴到耳边。

这时在电话中传来了儿子的声音,温柔而又甜蜜,又略带歉意地,在老人耳边响起:

“妈妈,对不起。我忽略了好好对待您和孝敬您的很多东西。我们这次旅行回来,下一趟的旅行我们一定把您一起带去。以后每一趟旅行都会和您在一起,不会再让您一个人孤单单留在家里。我们一家,快快乐乐地,去旅行。妈妈,请您等着我们回来。"

老人的手捧着电话,微微颤抖,眼泪直流,仿佛这些话她已经等待了许多年了:"嗯嗯。好,好,孩子们。你们玩得开心点！妈妈在家等你们回来!"

老奶奶满脸感激地把手机还给程云爸爸,连声道谢。爸爸连忙说:"阿姨不必谢我,是我应该谢谢您,是您教导了我。很多老人家为了爱惜我们,都不会跟我们说。是我们要谢谢您啊,阿姨!"

不知什么时候,雨已经停了。金灿灿的阳光又像小孩子般灿烂活泼地透过玻璃窗映射进了机场。

与老人分别后,程云冷静地回想起昨天晚上,奶奶在房间弄旅行包,她还问了一下,奶奶还说没什么。难道奶奶她不是在整理东西？程云眉毛上扬,激动地说:"昨晚我看到奶奶在房间弄着什么东西,你们说会不会是奶奶?"

爸爸妈妈露出诧异的神情。程云爸爸立刻打电话询问奶奶。在电话中得知,证件真的是奶奶收起来的。妈妈赶紧接过电话对奶奶说:"妈妈,我们现在都明白您为什么要把我们的证件收起来了。请您等着我们,我们现在就回家,重新安排时间,带上您,陪着您,一起去旅行。"

电话那边传来了奶奶欣喜的声音,连声说:"好,好,好,我的好媳妇！我在家等着你们!"结束通话后,妈妈与爸爸会心地对望了一下,爸爸感激而欣慰地牵起妈妈的手,一切都尽在不言中。他们彼此的脸上都露出欣慰的笑容。

程云一家离开了机场,走在回家路上。虽然路上有些潮湿,但他们此时此刻的心情,却比刚刚要前往旅行的路上要更满足、更幸福。因为真正的幸福和满足,正在家等着他们呢!

阳光从树叶的缝隙中投射下,照映在他们回家的路上。

# 背　情

谭智(2016级基地班)

“背老二背一百八,衣裳裤儿挽疙瘩。吃了上顿没下顿,没得个婆娘没得家。哟嗬嗬……”长长的号子声撞击在峡谷两边的大巴山上,激荡起的回声渐渐地穿过了木竹林,飘到了褚河边。

青松身背一副满载山货的背架,紧紧地跟在背二哥队伍的后面。篾条编的背系深深地陷进他脖颈的肉里,他弓着腰,手拄一条打杵,沿着腰带似的灰白小路,从浓雾中走出来。青松迈着沉重的脚步,背系陷在肩膀肉里的沙啦啦声伴随他,这声音很有节奏,灰白的小路一点一点地从脚下抽到背后,他默默地什么也不想,任小路引着他往前走。

一声咳,他仿佛把一路的辛酸都扔到了背后。青松在路边找了块平稳的大石头,把腰杆挺直,稳稳当当地将背架放在了上面,扯下脖子上黑黢黢的毛巾,擦去脸上的汗水,在微微的风中,敞开胸膛,把风迎住。青松早已习惯这种夏天汗流浃背、冬天风霜刺骨的生活,对他来说,在夏日里享受大自然的一阵凉风,便是老天爷对他的照顾。

像青松一样的人叫背二哥,又称之为“背老二”,是大巴山中一种算不上职业的职业,他们长年累月在山里以替人背运东西为生,一副背架,一条打杵便是他们用来养家糊口的工具。当背老二的都是穷人家的孩子。贫苦的孩子早当家,青松是一行人中最早走上背二哥这条路的,十二岁那年,父亲在一次背货中摔到崖下而死,家里一下就断了生计。青松在悲痛万分后修整了父亲的背架,过了两天,青松就背着它上路了,那时的青松,个子还没打杵高,背架压在身上,两头都杵到了地上。但青松没有怨言,不声不响地加入了背二哥行列。

青松决定当背老二还有一个原因。因为家穷,父亲从山外给他抱养一个童养媳,比他大三岁。童养媳终于出落成个婷婷的大姑娘,却暗暗恋上了邻家的后生,只将青松认为弟弟。青松的父亲摔死在山崖下后,母亲听说儿媳与邻家后生有染,便要让儿子与童养媳圆房,以免夜长梦多。

青松听了后傻愣半晌,默不作声。过了几天,他突然对娘说:“娘,强按下的牛头不喝水,强扭下的瓜儿不香甜,你能拴住别人的身,拴不住别人的心,就让她去吧,你就算多养了个女儿吧。”一席话,一个红得欲滴的大桃儿让人轻巧巧地摘了去。

娘不理解儿子,以死相胁,可青松铁了心,他说完便收起背架子,上了路。

天还没亮,空气清爽得很,青松背着山货,迈着沉重的步子,气喘吁吁地向前走。小路有些模糊,只能看到几步远的地方,他走一步,夜就得退一步,给他让出一条路来,他气喘吁吁地走,夜就静悄悄地让,仿佛不想让他看见远处的什么秘密,却又无可奈何,又仿佛在前面一个地方设了一个圈套,让这条小路把他一步一步地诱进去。

他打了一个冷战。他对这条路太陌生了！可是,即使路上设有什么圈套,他也必须去钻,去面对。慢慢地,夜退得快了一点,田野隐隐约约显出来,雾气也渐渐地退去。过了一个山头,天已大亮。眼前仍是一条山路在等着他,天变得高远、明净,心也跟着宽了许多。这时候,领路的背二哥会喊上几嗓子！曲调高昂的背二哥号子不会让人奇怪,山里的人都知道背二哥在这路上太寂寞了,他们自己编些段子,用来赶一赶路上和心里的寂寞。在这路上走得久了,一张嘴就能成曲儿。

“背架弯弯像只船,背铁背碗又背盐。鸡叫三遍就起身,太阳落坡才团圆……”

山歌,真是妙不可言！只有背二哥,才知道山歌的美妙。年年月月,它伴随着他们辛苦跋涉,伴随着他们迎着幸福和灾难在人生的路上顽强挣扎。在背二哥心中,饿了,最重要的不是粮食;渴了,最重要的不是水;热时,最重要的不是风。背二哥的血肉之躯挺住一切煎熬,却须臾离不开山歌。

伴着山歌,青松和背二哥们就这样走下去,翻过一座山,心想前面该是平坦大道,没想到又是一座山远远地伸出一条小路迎着他们。

他们背后是空阔的天和白晃晃的太阳。田野上有一层白蒙蒙的东西,路显得愈发长而弯曲,山显得愈发远且朦胧。从山的垭口看,天像在山的背后面沉下去了。青松上气不接下气地在小路上走着,显得兴奋而又有些焦躁不安。“别急哟,兄弟。”背二哥看着他,很认真地说,“路要一步一步地走,你还嫩哩,再急,你一步怎么也跨不到山外去。”

太阳落山时,青松的双脚迈不动了,身体散了架似的,肩上的货沉重得像座山,压得他寸步难行。但他还得坚持,还得挺住,只有到了目的地,交了货,卸下背架子,才算完成了这趟脚力。

他已经记不清是什么时候到的交货地点,把货交了后,人已经不管用了。然而大家并没有歇息,而是取了明天回山的货。将货物坚实地捆在自己的背架上后,他们便去酒馆要上几两苞谷酒,一盘花生米,喝个半醉,背二哥们也就趁着酒兴睡个舒服觉。这一路折腾下来,青松像长了几岁,明白了好多事情。

青松从事这种背力职业后的第四年,他突然像出了土的笋子,眨眼间成了一个大小伙子。他不仅长得高大,还很英俊,力气增了一倍,二百斤的货物压在肩上,像没那回事一样。只要他一上路,就得一路吼着山歌号子,使常年跋涉在山路上的背二哥有了一个不愁不苦的好搭档。

从巴山到县城,一百五十里的山路,每天走七十五里,到星子山就刚好是背二哥去县城的一半,每到这里也就天黑了。背二哥就落住于星子山的王家,王家客栈是专门为背二哥开的。

每次来到王家,青松都看到王家的儿媳妇秀秀蹲在河边那块石头上洗着衣衫。一碰面,青松就先来上一句:“嗬,又在这里等情哥哥了啊?”

秀秀粉嫩的小脸一红,头发一甩,看着他,不甘示弱地答道:“是哩! 只怕我等的人还没出世!”

“我可出世了。”

“不要脸,没大没小也不怕闪了舌头。”

到了这一步,开场白也就算结束了,秀秀收起衣服,匆忙回到家里,把热菜热饭端出来。秀秀站在一旁,看着背二哥们各种难看的吃相,忍不住笑出了声,青松被这笑声迷住了,不禁放下手中的碗筷,直勾勾地望着她。

秀秀等他们吃完,收拾了碗筷,就出了门。青松看在眼里,记在心头。等大伙没留意,青松悄悄地跑了出来,在门前的树林里搂住了秀秀,两个人就滚在一起。

秀秀也是个苦命的孩子,九岁被王家领来做了童养媳,男人比他小八岁,现在还要跟着母亲睡觉,秀秀却已经是个大姑娘了。青松与秀秀的命运是何其相似,他跟秀秀好,有一半是真心喜欢她,有一半是怜爱。这样一来,两个可怜的人就捏指盼望着这样的相见,爱来得如此缠绵,情来得如此汹涌。

“跟我走吧,我会对你一辈子好。”青松真诚地说。

“不行,我男人再有四年就十二岁了,就要和我圆房了,我是人家的媳妇,走不了的。”

“你就愿意再等四年?”

“这是命,由不了我的。”

“你男人小你八岁,你知道他会对你好吗?”

“好与坏,我不知道,但我只能等男人长大,别无选择。”

“秀秀,天这么大,不要在一棵树上吊死啊。”

秀秀摇摇头,泪如雨下。

然而就在这年夏天,秀秀死了,因为秀秀的肚子越来越大,被婆婆发现,把她吊在屋梁上打。打死她也不说野男人是谁,婆婆就让秀秀喝下瓷碗碴子打胎。秀秀喝了碴子的当天晚上就死了。

王家把秀秀死的怨气发在了背二哥身上,因为只有背二哥嫌疑最大。这户人家恨死了背二哥,他们再到这里来歇脚时,门都不让进。背二哥们也恨透了秀秀的野男人,于是他们就相互一个个对照,然而都像有嫌疑,又都像没有。只有青松这期间蔫了,对同伴的愤怒和猜疑不闻不问,整天闷闷不乐,一句话也没有。连上路也独来独往,不和其他背二哥同行了。

背二哥只好改了歇气地点,只有青松仍歇在星子山。他在秀秀的坟边搭了一个草棚,每次在这里过夜,他都会燃起一堆火,叽叽咕咕对着坟说着话。

青松经常来到小河边,坐在往日秀秀洗衣的那块石头上,抱着双膝,猫着腰,一坐就是大半夜。

几十年过去了,青松从一个十二岁的背二哥变成了六十岁的背二哥,他没有成家,身子很硬实,只是不言语。

忽一日,青松刚背起一包货物往巴山走,就感到肚子疼,他忍着疼痛,一直走到星子山。刚把背架放在草棚里,肚子就疼得越发厉害,再也无法使他直起腰来。他坚持生了一堆火,撩起衣服用火烤烤肚子,可肚子里就像是有人拿刀割一样。这时,河边似乎响起了秀秀的歌声:“天要下雨起乌云,乌鸦叫唤要死人。要死死我的亲丈夫,莫死奴家的野男人……”

青松仿佛在火光中看到了秀秀的脸,忽明忽暗,待他伸手去摸时,秀秀的模样却消失不见了。青松怅然若失。

几个路过的背二哥见青松趴在地上,跑过来问他时,青松已不能动了。

“兄弟,我可能再也回不去了。”青松痛苦地说,“我在这山里跑了一辈子,没有做过什么缺德事。只有秀秀,秀秀的肚子是我弄大的。害苦了兄弟,让你们无法在星子山歇脚,还背了黑锅,对不起兄弟,我是真心喜欢秀秀的。我要证明我的真心,一辈子不娶。现在秀秀来叫我了,拜托兄弟,我走后,把我埋在秀秀坟边,她一个人在这里苦苦等了我几十年,我不能再让她等下去了。”

背二哥像明白了什么似的,点头答应了。

青松看见兄弟们的眼神,像原谅了他几十年前的事,他很幸福地闭上了眼睛。

# 上 坟

王维霞（2016级基地班）

## 一、下葬

七月里的阳光毒辣地撒下来，给跪在黄土地上的一群身穿白色大褂，戴着白色帽子，帽子边沿还挂着两颗麻绳结成的豆豆的人身上擦了一层又一层、一遍又一遍的汗珠。

似乎还嫌不够烫，那一堆人的前方燃烧着一个巨大的火堆，火焰蹿得很高，隔得远远的都能看到尖尖的红头。往日摆在灵堂里面的金元宝、纸糊的花花绿绿的大别墅、两个穿着红裙子嘴涂得红红的童男童女、一尊大白马、大把大把面值超过六个零的冥币，一件件地消失在腾起的火蛇里。时不时可以听到他们发出的 不甘的呜咽声，伴随着呜咽几片纸钱高高地扬起，一副迫不及待离开火海的样子，但很快又花光了力气似的落了下去。

以前摆满了灵堂的东西，一件件地被丢了进去。为了让它们完整地陪着逝者进入另外一个世界，前面还有一个人拿着一根棍子不断地搅动火堆，务必让每一件祭品都烧得不留残片。

每次在火焰里搅一棍子，火焰不仅没有变小，反而升腾更高了些，气焰嚣张的样子。长时间地燃烧让附近的空气扭出了大条大条的波纹，烟火中，空气变得扭扭歪歪的。一阵子蚀人的热浪随着扭动的空气扩散开来。跪在地里戴着白帽子的小孩有些受不住的样子，慢慢地往后退。

小孩小小的身躯像只小虫子一样灵活地在大人的中间穿了过去，但是顾忌着被发现的后果，小孩慢腾腾地，尽量不惹人注意地往后缩。缩着缩着，小孩的头被抓住了。

一只大大的手掌像砂锅似的虚握着，却偏偏很有力，几乎是立刻阻挡住了小孩的动作。

小孩儿心虚地抬头，向上看了看，抓着她的是大伯家的哥哥。哥哥一脸严肃地低头盯着她，她心虚地向后缩了缩。两只眼睛向上瞄了瞄，很快又落下来，一副坐卧不安的样子。

“别动,乖乖在这儿待着!”

小孩抓了抓地上的土疙瘩,用拳头握碎,又用手掌细细地碾出来,黄土从小孩的手心里一点点漏出来。

“太热了。”

“热也蹲着,老人去世子女不在有罪嘞你晓得不?”

“晓得晓得。”

小孩儿抖干净手里面的土,乖乖跪在哥哥身后。

下葬这件事,留在小孩脑子里的印象就是漫天的火焰,热得不像话的空气和严肃又不好说话的兄长,这样的印象持续了很多年。

## 二、送寒衣

慢慢地,小孩儿长大了。

一家人也没有住在乡里爷爷坟边上的黄土房子里面了。小孩儿离家早,对老家老房子的印象已经很模糊了。但是爸爸还记着,每年过节,寒食节、清明节、上元节,总爱拉着孩子给爷爷折金元宝,叠小衣服,还带着她拿着个滚轮沾上朱红的颜料在黄裱纸上给爷爷奶奶做票子。

小孩儿正是对什么都好奇的年纪,尤其喜欢自己动手。后来连颜料都要自己调,嫌爸爸用清水兑出来的红色颜色不鲜亮,整日琢磨着改配方。最后竟真的被她琢磨出来了,兑颜料的水被她换成了茶水,嫌效果不好又换成了白酒,这下总算是合心意了。

从此这家人给老人送的钱上面总是带着一股子酒香味。

年年清明前,爸爸总把孩子带着给爷爷奶奶送寒衣。

一家人跪在朝南的方向,把早就印好的酒香票子并小衣服、小帽子、金元宝包在一张大大的黄纸里面,黄纸结成一个大致的包袱样子,包好之后在光滑的那一面,用毛笔蘸着墨汁写上老人的名讳地址。点上三根线香,准备好茶水后,由爸爸把精心准备的包袱烧给爷爷、奶奶。

烧完之后,磕三个头,拿起早已准备好的茶水,顺着烟灰撒上一个圈。小孩儿有点好奇地问:

“为什么要把茶叶倒成一圈呐?”

“别人抢不走。”

“不是有名字吗?怎么还能被抢走?”

“有这个圈圈是保险,不是的话不保险,你晓得吧?”

“晓得,晓得。”

小孩仰着脸似懂非懂的样子。

## 三、回乡

十几年一转眼就过去了。

当年只到大哥大腿的小孩儿,现在已经是考上大学的大人了。说是大人,但是情态间还是依稀能看出当年机灵古怪的小孩儿的影子。

不能再叫她小孩儿了,人家已经长大了。从这里开始,我们叫她瑞瑞。

瑞瑞小时候晕车晕怕了,小时候每年回老家给爷爷上坟的日子是她最不喜欢的时候。颠来倒去的汽车,密闭的空间,司机身上传来的烟味,汽车里面臭脚丫子的气味,汗水的臭味还有闻之作呕的汽油味,是她记忆里面可怕的。因为这个气味,她每次还没上车仅是看到汽车开来的时候,胃里面就条件反射涌起一股酸水。

三年祭过去后,爸妈再喊她回老家,她死活不愿意了。每到这时候,她宁愿自己坐火车去姥姥家也不要回老家。爸妈看她每次坐车都吐得一塌糊涂的辛苦样子,心疼女儿,慢慢也就不回去了。

后来闺女和儿子都上了学,更是被拖住了腿,哪里都去不成了。实在是不得不回去的时候,就只有爸爸一个人回去。

时隔多年,瑞瑞看着面前一个低低矮矮的土包包,不知道是爷爷的坟茔变小了还是她变得太大了。当年她跪在这里的时候,连坟茔的三分之一都不到,现在站在这里,爷爷的坟茔比自己还小。

想起自己来之前看过的纪录片,人死后一年就变成一具骨头架子了,慢慢骨头架子也会消失了。现在十几年过去了,坟墓里面到底是什么还不好说。但是,看着前面虔诚地跪下来做准备的爸爸,她抿抿唇,最后什么也没说,乖乖地跪在了爸爸身后。算了,爸爸说什么就照着做吧,好歹他比较开心。

在一个相似的炎热下午。

瑞瑞跟着爸爸点上香,在爷爷坟前诚心诚意地磕了三个头。

爷爷,如果人死了真的有灵魂的话,我不知道你已经转世走了还是继续留在这里和奶奶一起看着我们。您如果真的能看到我们的话,就保佑我爸妈还有弟弟身体健康,拜托您了。

# 轮 回

王维霞(2016级基地班)

是夜,小湾村的知了声不歇,吵得人打心里烦。空气闷热,天上一丝星光也无,只有个惨白的月亮挂在天上。

小院里挂满了红色的囍字,本来很是热闹的场景,在这深夜里,那艳丽的红色愣是带上了一丝血色,充斥着令人不安的气息。

"妈,还有酒吗?你再炒几个菜过来,我再喝点,你看这花生米都快没了!"

"喝什么喝,明天就要办酒席了,你今晚还在喝酒。你小心媳妇不要你了,人要是不愿意嫁你了,看你咋办!"

"那娘儿们还能不嫁我?就算她不来咱家,我照样能找个女人来,以前又不是……"

"你胡说什么呢!"

女人脸色突然一变:"这事儿是能拿出来说的吗?"

"有什么不能说的,又没人知道。村长暗地里查了多久呀,他不现在还不知道他闺女被谁玩了吗?现在这儿就咱两个人,能有谁知道?明天咱家就要摆酒了,就算他知道了能干啥?他还能在酒席上说出来?他也不怕他闺女没人要。"

男人的脸连带着脖子赤红一片,明显醉得不轻。

"王洪伟,你想顶着强奸犯的帽子过一辈子?我那会儿就不该放你出去打工,在外面都学了些什么回来?那年的事儿你做得隐蔽,人家闺女也不想坏了名声,才让你逃过一劫。但这几年村长可一直查着呢!"

刘英走过去一巴掌扇在了儿子的脑门上:"你给我放清醒点,这件事儿妈帮你瞒下来了。那女孩虽说现在几年也不回来一次,但她爸可不是个省油的灯!你当初造的孽,现在给我烂在肚子里!"

王洪伟冷不丁被拍了一巴掌,酒醒了大半儿,听着他妈的声儿想起刚刚说的话,冷汗就下来了。那事儿他当初做得谨慎,村长这么多年愣是没查清。怪不得人家说喝酒坏事儿呢,这要是旁边有个人,他们老王家都得完。他又想起当初发生那事儿之后,许栩次日就不见了,这么多年谁也不知道她去哪儿了。倒是村长一天比一天显老……

他抿了抿嘴，眼神里透出了点阴鸷的气息，这事儿绝不能让别人知道了，村长这么多年就没放下过，要是知道是他干的，肯定得公报私仇，他家的地可还在那个老家伙手里攥着呢！

“妈，你放心吧，明儿我就结婚了，这事儿咱们今晚最后一次说，以后就当没这回事儿。谁问起来都咬死不知道，村长不可能查得出来。”

“我今晚心里总是慌慌的，感觉像有啥事儿一样！你去堂屋里把我的经拿出来，我念念，让菩萨保佑明天的婚宴能顺顺利利。”

“妈，你瞎操心啥呀，明儿可是正正经经的黄道吉日，请道士看过的，宜嫁娶。我明儿把媳妇娶回来，你就等着抱孙子吧！”

“行行行，快快快，别喝了，去把我的经拿出来，我念念经，心里踏实。”

“行，我这就帮你取！你的经在哪儿呢？”

“就在堂屋里，堂屋里那个黄色的柜子，柜子上放着观音像的那个。”

王伟摇摇头，老太太就是心思多，能出什么事儿！都这么多年过去了。当初那事儿村长瞒得好，到现在都没多少人知道，这都快过去四五年了，能有谁知道，嘁！

走到堂屋里，那边站着一个人，在黑暗中，那座玉白的观音像闪着幽幽的光，不像是大慈大悲的观音，倒像是暗中窥视人间的鬼神。那人背对着他，双手慢慢地抚摸着那座观音像。

王伟脑门儿出了大颗大颗的汗，握着拳，大着胆子问：“你谁？咋在我家？你在这儿干啥？”

那人缓缓地划过观音像下的黄皮经书：“像你们这样的人还信佛？佛祖愿意保佑你们吗？”

王伟心里有种不好的预感，他悄悄关上了门从门后取出了扫帚拿在手里：“你到底谁呀？”

“我是谁？我是谁你会不知道吗？”

刘英在院子里不知为何越来越心慌，心跳越来越快：这孩子咋去了那么久还不回来？是喝醉了直接睡在那儿了？

这时，堂屋里传来一声钝响，像是什么东西落在了地上。刘英快步走向堂屋，到门前手都在抖。咯吱……

地上有黏稠的液体在缓缓地流动，发出幽幽的光芒。刘英心中一慌，转身去门口打开了灯，然后结结实实被震退了一步。地上铺满了浓稠的鲜红血液，一个破碎的玉观音像静静地躺在血泊当中，旁边……

刘英眼里被灌满了红色，她定定地看着地上缓缓流动的血液，顺着那血迹看过去，一股一股血水正从儿子的头里往外冒。她想喊，但是嗓子里仿佛堵满了东西，一声都喊不出来，她想走过去，但是眼前一阵一阵发黑，短短两步路，远得永远都走不完似的。她一步一顿地走过去，缓缓地把儿子的头转过来，儿子眼睛睁得很大。她颤抖地伸手触了触儿子的鼻息,半晌没有一丝气息……瞬间,她仿佛被卸去了全身的力气。往事一幕一幕闪现,那个原本很爱笑的女孩子,某一天突然像丢了魂一样满脸苍白地站在他家门前。她知道,她一直都知道!

恍惚间,她看到屋外有一个白影一闪而过,那样子很像是一个穿着白裙子的女孩,她回来了,她回来了！当初,他们两个把那个女孩子活活埋在了后院的地窖里面,今天她回来找儿子报仇了,就因为他明天要结婚吗?

报应,报应!

第二天,警察来了。这里只剩下了一具已经僵硬了的尸体和一个疯疯癫癫念叨着“报应,报应……”的老婆子。

# 逃　亡

杨立文(2016级基地班)

他走着。

天气冷,明明没有下雪,但是风很大,他的衣服未免就太单薄了。每天出门之前本来是有人提醒他这件事的。他的妻子会对他说:“今天多加一件毛衣,天气很冷”,或者,“别带那条围巾,你用不到它”。他会微笑,说好,然后得到一个奖励般的吻,唇舌交换着咖啡的香气。早晨,那习以为常却如同梦境的早晨。

后来呢?

寒风灌进他的衣领,他缩了缩脖子,机械地挪动着腿脚。他已经感觉不到脚趾了,双腿则是两根没有知觉的木头,轮番向前挪动。呼出来的雾气在眼睫上凝结成霜,一半的视野是淡红的,他眨了眨眼,冰碴摩擦着他的眼睑。他还能感觉到疼痛,那或许是件好事。

向前走。走。走。

他不知道昔日的一切是如何消失的。生活是无底深渊,你永远不知道暗流在哪儿,礁石有多远,你以为是灯塔的光芒,但可能是海市蜃楼,没有航线是固定的。什么都变了,财产被人强行带走,邻居们开始用憎恶的眼神看着他。没有早安吻,不再有咖啡或者烤好的面包,只有空荡荡的房子:灰尘,空寂,黑暗。在他们买下这房子的时候说过什么?太大了——不,亲爱的,这没关系——那时候他们以为他们是幸福的。如此骄傲,如此确切,如此不堪一击。

咽喉和鼻腔脆弱的黏膜在寒风中开始渗出血,他逼迫自己向前走,关节如同生锈的机器一般费力地扭动着。他要逃走,从杀妻的罪恶中逃走,抛下他的记忆:他是怎么把绳索套上那纤细的脖颈勒紧,那深深的紫红的瘀痕,她的手指冰冷脸庞青白,哦,她的血流下来了流下来了流下来了——

“……前面!抓住他!”

有人追上来了,呼喝的声音要过一些时候才确切转化为意义。他没有停步。

快走。走。从这里逃走。

“别跑!拦住他……”

被追上就意味着死亡,他比谁都明白,所以他逃了,逃得远远的。去山上,远方有覆盖着白雪的浪尖一样的山脉,那里能看到冰凌垂落下来。

——亲爱的,求求你……

妻子临死前的乞求仿佛从很远的地方传来,回荡在耳边。他不再听,徒劳地如困兽一般向前走去。风愈发猛烈。他快要看不清了。

冰冷的军靴猛地踹在他腿上,让他一头栽倒。结束了,他想。

“差点让你跑了,犹太猪。”德国人啐了一口,用枪口指着他,军官衣领上的铁十字装饰在他视野边缘闪动着光。

“亲爱的,求求你,杀了我。”

他记得在进毒气室之前,妻子这样对他说。

# 死　亡

杨立文(2016级基地班)

在我的后园,长着一株饱经风霜的大树,不知道是什么品种,倒也遒劲。

后院贫瘠,这棵树也并非美的象征,但我渐渐习惯了它的存在。有一天,爷爷突然告诉我,他要把树伐倒了做寿材。那时我忽然想道:一棵树,也会有死亡吗?

当天晚上我就做了个梦,梦到这棵树。

一开始我分不清自己是否仍在梦中,只感到身体越来越重,我的五脏六腑越来越衰弱,体温一点点褪去……我闭着眼睛,等待着心跳与呼吸的停止。但很快我意识到我正在与后院的树共感,树的情绪掩盖住我的恐惧,我与它的意识在逐步重叠,慢慢接近了临界点。

最后,我完全成为一棵树。我能够感觉到它木质的躯干,我能够看到它回忆的往事。

我看到村子里很热闹,树对我说,那是主人的儿子长成了一个男人,要结婚了。人们闹得村里到处火一样红,雷一样响,作为一棵树,它不能理解人们的欢愉,反而为这可怕的热闹胆战心惊。它给我看了新人刚进门的样子,很漂亮,和这个村子里的人都不一样。我爷爷在树下咧开嘴笑,他身边站着一个陌生的男人,和新娘子喝了交杯酒。

那之后男人身子很快衰弱下去,女人肚子却一天天大了起来。树还没来得及惊奇,便又是一阵喧闹,深黑的夜里主人的哭喊声乱糟糟。实在是好奇,它便想着挣开这土壤去瞧一瞧屋子里有什么热闹,没想到真叫它挣开去了。它进到屋子里,看男人被放进小盒子,漂亮女人的肚子瘪了下来,主人抱着孩子在哭。

它明白了,这就是出生和死亡。这是树第一次明白生死的概念。

也许什么都不知道是最幸福的,我很难过。亲眼见证自己的出生,第一次看到父亲,本该是令人高兴的事。但是我的出生却伴随着父亲的死亡。而现在,我又要给树带来死亡的消息。

我劝它逃,我不能眼睁睁看着它死,树说,主人要杀它,它逃不了。我看到爷爷拿着锯子朝我们走过来,锋利的锯子剥夺了它仅剩的期待与平静。我感受着不能动弹的树干中的歇斯底里与疯狂,它甚至无法呐喊发泄。

你是生命,而我是死亡。最后一刻,树对我说。

对死亡的抗拒令我得以短暂喘息,我的灵魂浮出它的身体,看见树躺在地上,枝叶散了一地。

我乍然惊醒,坐在床上大汗淋漓。从我的房间窗户往院子里望,蒙蒙亮的天空正好照见树的身体轰然倒地。

# 走 廊

杨立文(2016级基地班)

病房和看诊部,是通过一条长长的走廊连在一起的。

刺鼻的消毒水的气味,污渍斑驳的黑色阴影,破破烂烂的座椅,仿佛永远也擦不干净的地板……所有这些令人不快的东西构成了精神病院奇特而诡异的氛围,但是这片浓烈的迷雾似乎远离了这条走廊。它仍然明光透净,被阳光照耀着。

只有关在走廊病房的病人才会在发疯的时候喃喃,说这条走廊让人害怕。

## 一、医生

穿着白大褂的医生从病房里匆匆跑出来,听不清是哪位病人的尖叫声回荡在走廊里,额外配上了砸东西的音效。

走廊尽头有带铁栅栏的窗子,正是中午,阳光直直地射进来,亮得惨淡。医生跑向日光下的走廊,阳光被铁窗上焊死的栅栏割裂成一团碎布,胡乱堆在地上。

医生在走廊上奔跑,他掀起的气流把空气中飘浮的灰尘颗粒搅乱,白大褂突然就像过度曝光的照片一样开始褪色,他的背影和隐约的哀号一起消失在长的看不见尽头的走廊里。

日光仍然晃眼得白成一片,笼罩着白色的走廊和白色的墙壁,医生的脸仿佛融化在白光中,让人看不清楚。

## 二、病人

被带到走廊尽头的病房不久,病人就发疯了。

整个癫狂骇人的过程里,只有一秒钟的思考,只够闪现一个念头。

“有人要害我!他们都在害我!”

——救救我。

他身上还穿着刚刚袭击医生抢来的白大褂,从病房里夺门而出,手边扶着冰冷的墙壁,跑向日光之下的走廊。鞋跟踏过地板时发出了嗒嗒声,声音混乱得有些不真实。走廊上的窗户映出他的身影,他昏昏沉沉的视线只能勉强看见一些光影糅合的虚像,恍惚中只感觉身边有风吹过。

他的意识已经不足以支撑他的身体。

“啪”的一声,他听到有什么东西破碎的声音。

他带倒了一盆花。

本来安静得让人发疯的走廊顿时嘈杂起来,清脆的破裂声汇成在墙壁间反射的声波,骤然加大。他呆呆地望着地上碎开的花盆,感觉这一幕似曾相识,却不知道为什么动弹不得,太阳穴的青筋开始抽搐,频率越来越快,思考的剧痛几乎要把他撕成两半。

在恢复意识之前,他一直在放声尖叫。

## 三、朋友

我最好的朋友是一个人格分裂患者。

这个病世人多少会有些误解,其实患者只是分裂出几个人格和自己交流对话,只是有时候突然就有另一个人格主宰身体,记不清事情。

朋友告诉我这没什么可怕的,在家休养,定期复查按时吃药罢了。不过医生对我说,假如发病的话会变得富有攻击性,并伴有臆想。

哦,是什么样的臆想呢?

主人格和分裂人格玩角色扮演,分裂人格会想象自己是主人格的医生啊朋友啊之类的……

医生的面容隐藏在口罩之下,声音模糊而低沉。

今天朋友收到了医生的通知,去医院复查,我陪着他一起去。

医院的病房和看诊部,是通过一条长长的走廊连在一起的。我们一起穿过走廊,他独自进了病房,虚掩着房门。走廊的光线很好,亮得我几乎睁不开眼睛,正百无聊赖的时候,一个穿着白大褂的人突然朝我这边跑过来。

任谁都会以为那是医生,但恐惧立刻攥住我的心脏——他和我有一模一样的面孔。

我毛骨悚然,一边尖叫一边往后退了一步,“哗啦”一声,一盆花重重地摔到地上。

想象中跌倒的痛楚并没有传来,我睁开眼睛,发现眼前的走廊空无一人,病房的门虚掩着,花盆还好端端的,叶子迎风摇曳。

我突然想不起来,刚刚……发生了什么?

走廊的尽头是个带着铁栅栏的窗子,阳光从那里照进来,被栅栏筛成一格一格。一个穿着白大褂的人就在这时逆着光从病房跑出来,他应该是医生,可他被白光笼罩着,我看不清他的脸,他虚幻得像是窗户倒映的影子。

他朝我跑过来。

走廊上响起花盆碎裂的声音。

## 四、护工

护工们一边打扫走廊上的花盆碎片，一边窃窃私语，发出黄蜂般嗡嗡的声音。

"……听说……出事了……"

"……真是晦气……怪不吉利的……"

"嘘，别说了！"一个陌生的声音插进来，因极度恐慌而颤抖着。

他们一起噤声，然后面面相觑。

恐惧是人类最易相互传染的情绪，他们在对方紧缩的瞳孔中看见了自己苍白的脸。

"刚、刚刚……是我们谁、谁在说话？"他们中的一个结结巴巴地问。

走廊上，只有他们被阳光拉得细长的影子。

# 与她相逢,欢喜有声

席晓悦(2016级基地班)

## 一

盛夏逐渐被烧红,热浪扑面,满身腥热。林芷若的小店门口聚集着一群学生,存放冰糕的冷气从冰柜里向外满溢,白色的轻盈波浪翻卷着推走一片潮热。

我挤在叽叽喳喳的人群中任意而走,眼睛时不时瞥向芷若身后的货架,那里有包揽我整个青春的女神,而现在我和她的距离只隔着精美相册的玻璃封面。

"你喜欢张韶涵啊?"芷若突然闪现。

"啊……没有啊。"

她仔细瞧着我,以大人的口吻对我说:"你都盯着看她半个月了,你当我看不见?"

我的脸颊发烫,一时语塞。

她从货架上拿下相册,径直塞进我的书包。

"哎,我没带钱。"

"谁说要你付钱了,我也有偶像,明白你的心思。"

"这样多不好!"

"小妹妹,我也没说真的你不用付了,日后再说。"

那是我们第一次交谈,掩门而出的时候,我心里淌过清流,拂过夏日的滚滚热浪,比那学生手中的冰糕还要清凉。我回头望着货架空空如也的位置:"50元"。

芷若家离上学的一中很近,临街开着这家小店铺。平日里,街坊邻居没少拿着她露肩的T恤和殷红的脚链指指点点,我的母亲也拿她当反面教材,一再告诫我离她远一点。对于一切可能影响我学习的东西,她总是第一时间将之扼杀在摇篮里。

可是我眼里的芷若,与别人不同。

一中校区两边的花园里生长着葱郁的槐树。芷若高三那年,我高一,当我背着沉重的书包喘不过气时,会看见高年级的男生骑车载着她穿过林荫,她长软的头发被风拉得和地面平行,代替那臃肿校服的是甜美的裙子。她在自行车上灿烂地笑着,洁白的牙齿在纷繁而过的景色里闪耀。那时,我心中会有一种说不清的羡慕,比同龄人面对我一面墙的奖状投来的眼神还要惊羡。

## 二

林芷若住在小店的后屋,从我的书房看去,正是她简单装修的卧室。很多次复习的夜晚,我都能窥见芷若穿着睡衣,戴着耳机,随着音乐沉醉。有时她侧身坐在床沿,抓捏一缕头发,闭眼凝神;有时随着韵律,双脚交替点地,轻盈旋转。这种偷窥是容易成瘾的事,它让我在睡意混沌的夜晚享受隐秘的欢愉,虽然我作为一个几乎次次拿第一的好学生,并不愿意承认。

直到有一天,她偶然看向这边时发现了我。彼时,我心里一沉,一脚蹬离地面,借着反向的力和座椅一起落荒而逃。心跳还未平息,我就看见母亲拿着水果走进我的书房。

"你怎么了? 不写作业在干吗?"她眼中闪过责备。

"没……没干吗,有只……蜘蛛。"我当时一定像一只惊魂未定的猴子。

"哪儿呢?"她说着,就往窗外环视。

"没事! 我打跑了。"我赶紧拉下她,要是她知道了我偷窥的事,就不是一堂政治课能解决得了的。

"真是,一只虫子都能分散你的注意力。"

我没有作声。母亲将水果放在桌子上,"对了,这次的考试怎么样?"

果然不出所料,寻常慰问每月一次。

"啊……还行。"

"什么叫还行?"

"嗯……没问题。"我立马改口。

"李林姝我告诉你,就算没问题都不能放松警惕。高考多难考啊,别以为你拿了三好学生就能高枕无忧了!"妈妈瞪着眼睛,一字一句地说。

"知道了。"我继续俯首写作业。等她出去了,我再看林芷若的卧室时,熄灭的灯光蓦然亮起来,她趴在窗台上望着我,微微一笑。我回了她一个笑,此番默契,自此开始,绵延整个夏季。

## 三

那50元我整整凑了一个月,几乎占据了除口粮外的所有开支。等我拿着钱站在小卖铺门前,芷若依旧如风一般在店里忙前忙后。

"小姑娘,什么事?"

"姐姐,还你的钱。"

"我都忘了这事儿了,你以为我当真让你还呐?"

"那?"

她取下防尘的头巾,齐腰的长发散落下来,一双水盈盈的眼睛笑弯了:"你怎么周末也穿校服?"

"不然穿什么?"

"应该穿裙子,少女的裙子就像旗上的星星,许巍的吉他,哈利·波特的魔杖,那是光荣啊,姑娘。"

我正要拿母亲说的艰苦朴素的话反驳她时,她话锋一转:"也没办法,好学生都朴素。但是你有这个钱啊,还不如去买条裙子。"

"可我不知道哪里有合适的。"

"我知道啊。"

从那以后,每当周末听到她剧烈的咳嗽,我便向爸爸申请外出。平时不常出门的我,将班级各种活动的理由都用了个遍,爸爸很奇怪地看着我:"你们班最近活动突然多起来了啊。"

"可不嘛,素质教育。"

好在我的学习一直名列前茅,而母亲又在周末值班,所以我和芷若的交往从未被发现。我跟着芷若吃吃喝喝,她带我去各种淑媛服装店,虽然我们只能隔着橱窗憧憬自己穿着裙子的样子,但逛街这本身能激发少女心的行为还是让我无比满足,这是一个极其简单又自我的逻辑。

天色几近黄昏,我们踱步在河边,西下的落日酡红如醉。

"你以后想做什么?"她望向夕阳将落未落的远方,眼神邈远。

"考大学,学金融。"我几乎是没有犹豫地说出。

"这么有规划啊,好学生。"

"这是我妈希望我考的。"

"那你自己喜欢什么呀?"

"我也不知道。"

"每天都在忙学习,都不知道自己要什么啦?"

她的话总是一语中的。

"其实……人不是想做什么就能做什么的。"

"没到考虑生存的阶段,你想这些还太早。你看你,现在每天穿校服,以后就等着穿制服吧。打扮漂亮点儿,总没错的。"

我第一次收下她正脸的剪影,她的眼眶里有闪闪的东西,好像浪尖上最璀璨的亮处。

## 四

从此,我成了林芷若小店的常客。将平时都在超市买的牛奶全转移到她的店里,并不是为了有意帮助她家,而是她每次给我牛奶时会夹带一份当期的时尚杂志。芷若在一些服装下面标上星星,颗数越多,代表越适合我。我通常都是遵照她的建议,因为擅长服装搭配的她肯定比我清楚什么更适合我。

尽管每一分零花钱都被我小心地存起来用来买衣服，以致偶尔和芷若出去吃喝，她都摆摆手说："我来买单吧，你的钱留起来买衣服。"我对她万分感激，可每次还是要麻烦她在网上货比三家，挑一件物美价廉的衣服给我。因为母亲不常带我逛商店，偶尔一两次，也尽买些能充分体现20世纪风格的衣服，让人怀疑自己的出生年代。

我们在周末到离镇子不远的湖坝上看日出，我穿上新装，在她称赞的眼神中逐渐觉得，自己的世界应该多一点少女的颜色，少一点所谓"好学生"的要求。也开始明白自己适合淑女装，还算修长的身材需要束腰的装饰。看着我第一次穿着超短裙有些羞涩地出现在她面前，她眯着眼睛坏坏一笑：

"小丫头身材不错嘛，快赶上我了。"

我穿着校服出门，又在途中换上新买来的裙子或是热裤，和她双双游走在大街小巷。而在回家前我又穿回校服，小心地将换下来的衣服压在箱底，无比期待下一个周末的到来。偶尔也会在某天兴致昂扬地把门反锁，在房间里独自欣赏着自己的身体线条。在芷若的影响下，我越来越能接受自己身体的变化，渴望如她一般，举手投足都赏心悦目且毫无造作的女生。

## 五

芷若常去烧烤摊，换上吊带和热裤，大口迎接那油腻和辛辣。她第一次带我去的时候，我只觉得烟熏火燎、酒味刺鼻，吃也不是，不吃也不是。

"你快吃啊，看我做什么？"

我象征性地夹了几筷子。她看着斯斯文文的我，说："这里不需要在意别人的眼光，放开肚皮吃吧！"

我看看周围，这里的饮食文化不讲究坐姿，更无论吃相。于是，我开始学着她大口吃喝的样子，刚开始还用筷子，后来干脆直接用手吃了。芷若笑嘻嘻地看着我说：

"原来你这么放得开啊，一点儿也不像以前。"

"我那是迫不得已，在母亲的'强压'之下……"

"依我看呐，你是在为她学习。"她打断我说。

我愣了一下，含糊地说道："或许吧。"

"你妈是你妈，你是你，干吗让别人的梦想绑架自己？"

"我只是……觉得只有考上最好的金融系，才对得起她。"

"如果你一辈子不快乐，你还对得起她吗？"

这话像一道闪电钻进身体，我浑身一个激灵。

"很简单的道理，你的小脑瓜儿怎么绕不过来啊？"她拿起一瓶可乐灌进肚里，结尾处毫无遮掩地打了一个响亮的嗝。

是啊，我似乎从来没有想过，如此辛苦学习到底是为了自己的理想还是母亲的期许？好像只有蒙头往前走，才会有出路，至于"为了什么"这个问题就交给了未来。

“其实,你不用把别人的梦想扛在自己的肩上。”芷若盯着失神的我,认真地说。

她的声音地从我的耳朵溜进肚子,在胃里左冲右撞,痛得我鼻子酸楚,眼睛微湿。

沉默许久,我转过头望着她:“那你的梦想是什么?”

“浪迹天涯!”她不带片刻的思虑说。

“为你的浪迹天涯干一杯!”两个可乐玻璃瓶在空中碰撞出清脆的响声,随着冬日逐渐来临的寒凉,碰在了两人的心里,像极了心碎的声音。

## 六

放学回家,母亲一巴掌打在我脸上。爸爸阴着脸坐在沙发上。

“让你离那个小卖铺的丫头远点儿,你听到哪里去了?”她颤抖的声音在空荡荡的客厅回响,“我看你书也不用念了!”

我摸着火辣辣烧红的脸颊,眼泪断了线一样地淌,所有争辩在喉咙里发不出来。良久,我才吐出一句话:“她是我朋友。”

“那样的女生不能当朋友!我不许你们再混在一块儿,听见没有?”母亲威严的话中带着努力遏制的愤怒。

“回答我!”她沉重的呼吸声在我耳边愈发清晰,我真怕她心脏病的恶魔又找上门来。

我花了很久才把所有的委屈和愤怒咽下去,闷闷地响了一声:“嗯。”

大概母亲方才喊得过重,所有的声音轻松地传到了芷若那边。她再没有找过我,她是个聪明又有分寸的女孩,刻意回避着一切可能让我遇到的机会。而我也怕看见她,害怕相对无言。

我曾写过很多信给她,诉说我的无奈和软弱。眼看着她家门前塞满了信封的信箱空了又空,我始终没有收到回信。

## 七

整个寒假,我都在外婆家度过,回家的第二天,我在书房听到嘈杂的人声混着桌椅板凳的推搡。我从窗户隐约瞥见再熟悉不过的齐腰长发和纤瘦的身影。来不及多想,我立即抓起压在床底的五十元钱,转身往房门跑去。

“你给我回来!”我还没有碰到门把手,耳边就传来母亲严厉的声音,“现在别想出去!”

她的反应远比我快,似乎早就从房间里看到了芷若搬家的场面。

“我去送送她还不行吗?”

“不行!”她的拒绝总是带着利刺。

我想摔门而去,可是发现房门被母亲用钥匙从里面锁住,我疯了似的摇晃着门把手,却没有丝毫松动的意思。终于,怒火使我的血液变成一波波红色的浪潮,以从未有过的方式拍打着我的经脉。

“我不想学金融。”

这几个字突兀地从我嘴里蹦出。

“你说什么?”

“我不想学金融,也不会学金融!”我转过身盯着她,母亲不可置信地看着我。

“你只知道让我学习、学习,你知道我喜欢什么吗?你真的了解过我吗?真的关心过我吗?看到女孩子们一起逛街,你怎么没问过我有几个朋友?看到我不在学习,冲上来就制止,你问过我的感受吗……”我正视着她的眼睛,努力克服过去的怯懦。

母亲平时那只有威严意味的眼神从震惊转为愤怒,又蒙上了一层失望。

“我不想再活得连快乐的滋味都没尝过!”

我不顾一切地跑到窗前,想看芷若最后一面。一切装车完毕后,她站定不动,环顾周围,闭眼屏息了好久。在司机师傅的催促下,她坐进了副驾驶,随着一声轰响,彻底离开。而我在房间里,捏着崭新的五十元纸币不停地流泪。

什么样的人是朋友?在我十六岁单纯的理解里,一个人的到来对你而言如同星星之火形成燎原之势,那种热烈的感觉舒展到身体遍处,而那天,在春日里,它早已使我血脉温热,趋于沸腾。

## 八

几天后,我为我的第一次冲撞道了歉。

母亲沉默了很久,忽然说:“那天晚上我一宿没睡,想了很多。你看这样行不行,只要你高考考得好,你就选自己喜欢的专业。”

我不可思议地看向她,阳光斜照进屋内,衬得她脸上十分憔悴。我的母亲,半生劳苦,半生威严,竟在这样一个傍晚,略带请求地和女儿谈着话。我心疼地走过去抱住了她。她起先怔了怔,之后又轻轻用手拍了拍我的胳膊,吐出一口释怀的空气。

两年后,高考填报志愿的夜晚,我再也没有任何顾虑地填下了心仪的大学和专业。父母遵从我的意见。

芷若,听说你也在那个城市。九月,我会带着梦想去看你,等着我。

# 人活一口气

席晓悦(2016级基地班)

## 一

世芬今年四十岁,这还是第二次坐火车。

上一次,是送大女儿上大学的时候。现在,她的小女儿也要去外地上学了,看着自己的两个娃娃就像喂大了的小麻雀,扑棱着羽毛还未丰满的翅膀急切地往外飞,世芬心里不是个滋味。虽然她早就料到会有这么一天,可真到了这时候,她还是很失落,两个女儿谁都没有露出一点儿恋家的样子。

她越想越觉得卧铺包间闷得慌,于是坐到走廊里透口气。

夕阳里轰隆隆前进的火车,厢房里铺满了一层暖黄色,强光晃得让人想起秋天黄澄澄的麦田。空气里混杂着各式泡面和米饭的香味儿,引得人直咽口水。世芬看看车厢里的女儿和丈夫,两人捧着手机低头不语,又忽然没有了食欲。她默默转头看向窗外,眼前飞过的全是深绿色树木,不再是熟悉的干爽挺拔的杨树——她离自己的家的确越来越远了。年轻时多待一刻都觉得厌烦的地方,现在竟然有点想念。过道里愈来愈嘈杂的人声引得她的思绪飘回了那个贫穷的小镇。

## 二

"我不嫁!我不嫁!打死我也不嫁!"

"你嫁也得嫁!不嫁也得嫁!!"世芬的阿大撂下这句话,一脚踢开房门走了出去。

世芬扒着窗户泪眼婆娑地看向阿妈的房间,每次她都会来劝劝女儿别急,说她再想办法,可是这次一点动静都没有。看来,他们是铁了心要她嫁过去了。

世芬怎么也想不通,祖辈欠下的人命债,为啥要她一个女人去还。一年前,她的爷爷下河摸鱼,碰上河的上游下起暴雨,下游的河水猛然升高,老人家心一慌栽在了水里。隔壁村的王柱刚好路过,二话不说跳进河里把老人家救了上来。老人家念着这个年轻人的救命之恩,把自己的孙女许给了他。

世芬现在是叫天天不应,叫地地不灵。绝望之中她声嘶力竭地喊着"死也不嫁",

直到累得睡着。天色擦黑，世芬隐约听到有人敲她的窗户，原来是俊杰。俊杰是世芬的青梅竹马，村里少数几个上过学堂的人，他们两情相悦，快要到了谈婚论嫁的地步，可是突如其来的变故让两人的未来灰飞烟灭。自从家里人不让世芬出门后，俊杰每天晚上只能偷偷翻过围墙来见她。

世芬哭丧着脸，对他说："俊杰，你说我们该咋办啊？"

俊杰面容惨淡，眼窝深深陷了下去，显得更加瘦削："我不知道……几天都没想出好办法。"

"现在也只有一个办法。"

"什么办法？"俊杰眼中闪出光亮。

"私奔！"

"你说啥？你一个女娃娃家……"

"那你倒是想出办法来啊。不私奔还能咋办啊！"

"我这两天倒是想通一件事，如果我们对这些无力改变，我唯一能做的就是祝你幸福了……"

"啥意思？"

"世芬，我是个没本事的人，如果这就是我们的命，我们什么办法也没有啊。"

"你直说你啥意思？"

"世芬，你……你就嫁过去吧。我刘俊杰终身不娶，我只想看着你幸福。"

"刘俊杰你个窝囊废！我……我都说了可以私奔，你连这个胆子都没有吗？"

"我……不能抛下家里人。"

"窝囊废！跟你家里人过去吧！"

"世芬！世芬……你听我说……"俊杰想拉世芬的手，她灵巧地躲过，狠狠关上了窗户。

屋子里静得可怕，连月光都变得吝啬，不舍得照进来一寸。万念俱灰的世芬这时反涌出来一股天不怕地不怕的劲儿，她还不信这是她的命，她要活得光彩照人好让刘俊杰后悔一辈子！

## 三

暮色逐渐走向深浓，太阳在两山的夹缝中极快地滑了下去。火车仍然轰鸣着走向黑暗，仿佛始终走不到尽头。火车的汽笛在世芬耳朵里变得尖细而富有韵律，像极了那天的唢呐声。

王家用八抬大轿把世芬风风光光地迎进了门。她已经忘了自己坐在花轿里是什么心情，但她记得从离开娘家到走进洞房，她一滴眼泪都没掉。

作为一个乡下女人，世芬很知足。她的丈夫老实本分，婆婆公公也好伺候。对于刘俊杰的耿耿于怀也逐渐变淡。当她怀上第二个娃娃时，婆婆总是一天几趟地问她，想吃酸还是想吃辣。她心里很清楚，婆婆是在盼孙子，头一胎的女娃没有称他们心意,再加上她赶上计划生育,这最后一胎无论如何都要是个男娃。她挺个肚子,一个人跑去半山腰的寺庙求男娃。王家并不富裕,为了迎接第二个娃娃,丈夫撇下一家老小去外地找活儿,照顾世芬的重担就在婆婆身上了,世芬这几个月对婆婆的辛苦总是过意不去。

婆婆一直守着世芬生下了第二个娃娃。她当时已经筋疲力尽,模糊地听到产婆对外头说"是个女娃儿",她心里一沉,一股眼泪滚下来,一会儿又昏睡过去了。

世芬是被冻醒的。

寒冬腊月,屋子里的炉子早就熄灭却不见人加火,空气中还有一股血腥味。但她顾不上这些,疯了一般地找娃娃,她记得产婆把娃娃交给婆婆了。

"女娃! 又生了一个女娃!"说着,她突然像雷打了一般地战栗起来,"妈会把女娃撂到外面的!"

"妈! 妈!"世芬带着哭腔喊,"妈! 妈!"

"你喊个啥,像母鸡叫唤一样!"婆婆皱着眉头走了进来,脸上深一道浅一道的皱纹。

"妈,我的娃娃呢?"世芬忍着疼,扑到床边抓住她的手。

"你这回功劳大,又生了个女娃!"

"妈,我也想要个男娃,谁想到是个……妈,你把娃娃给我吧,是男是女都是我身上掉下的肉啊,你把娃娃给我吧,我求求你了。"世芬的眼睛鼓得大大的,死死抓着婆婆的袖口。

"你放开!"

"你不告诉我,我就不放!"

"你还有理了! 生下没用的东西还有理了! 那我看你咋把她拉大!"

"娃娃在哪?"

"偏房里! 自己抱去。我可抱不动那么个'千金'!"婆婆一撇嘴回堂屋了。

世芬的心像放进冰窖一样,婆婆把娃娃放到又冷又阴的偏房,这是想冻死她呀。幸亏自己醒来了,如果她一口气没上来,这娘俩儿可是要到阴间见面啊。

她把炕头所有能裹在身上的东西都裹了一遍,她知道月婆子要是受了风会落一辈子的病根。可是她刚生完娃娃身子虚得很,每走一步,身子就一颤,全身的神经被扯得直叫唤,头里面哄哄地响,眼前还红一阵黑一阵。她咬着牙,半步半步地挪到偏房,娃娃福大命大还有口气,她心想:"这娃娃像我,命硬。我生完娃娃被人扔下不管,还能自个儿醒来。"

世芬再也没力气抱娃娃了,她看娃娃被裹得还算严实,就拉着被角拖了回去。平时几步就能走到的偏房,在那一天仿佛走了几年。

婆婆自此再没管过她们娘俩儿的死活,就在自己的屋里给已有感情的大孙女一口饭吃。世芬是一边干活,一边养活孩子,婆婆没把大女儿也扔给她,她已经谢天谢地了。真是老天有眼,世芬坐月子期间做了那么多活,竟也没落下病根,就是吃得太差，现在的她身子瘦小，连女儿18岁的体重都赶不上。

世芬到现在都难以想象，那时候的她是咋熬过来的。

## 四

世芬到底把两个闺女养大了。

小女儿断奶的时候，她和丈夫商量，要把两个孩子送到城里上学。

“啥？女娃上学有啥用？”王柱不解地看着她。

“就是因为女娃才要上学，男娃还能帮家里干活，女娃哪能啊？”世芬心疼地看着两个熟睡的孩子，“你要是想让她俩以后有出息，你就得让她们上学！”

“你没听外面说吗，现在的政策把学费免了，孩子能上到初中，将来她俩学习好啊，我们还能供到大学，那以后肯定能找到好工作。”

“你这么说，是有理儿。那咱家离县城远，现在学费是免了，但还得城里买个房子啊……”

“我跟你去打工，攒钱！”世芬的眼里闪着光。

“那你把俩娃娃就扔给阿妈吗？”

“你阿妈在我月子里的时候就没管过我，给她俩娃娃怎么了？”

“哎呀，我都跟你说了，我阿妈不是那样的人，你别蒙我了！”

她以前跟丈夫说过很多次婆婆在月子里是怎么对她的，可他说啥都不信。也难怪，婆婆对丈夫多好咧，他咋能想到自己的阿妈会做出那事儿来，再说，王柱是有了名的孝顺，这个庄子里最看不起儿子为了媳妇跟阿妈干起仗来的。

她也渐渐不再提起，这个苦只能自己硬生生咽下。

人心两面，大抵如此。

世芬最后总算说服丈夫跟他一起去打工。工厂里，她一点儿都不心疼自己，跟男人干一样的活，受一样的苦，这些她都能忍下，但最忍不下的是对两个孩子的思念，也常常担心婆婆不好好照顾两个孩子。每年春节他们回一次老家，看两个孩子活蹦乱跳，她也就慢慢放心。

就这么熬了四年，夫妇俩省吃俭用攒下了一点钱，能在城里租个一年半载的房子了。

这年春节回去，婆婆拿着他们孝敬她的新衣服，笑得合不拢嘴，说：“儿啊，这几年苦了你了。”

王柱笑着说：“也多亏了世芬啊，她一个女人家这几年跟着我起早贪黑，现在和我挣着一样的钱，把半个家都撑起来了。”

婆婆瞪大了眼睛看着她，不相信她这个身板还能干活。她以为她去打工，就是为了黏着男人。

世芬只是浅浅一笑，说道：“妈，我们都商量好了。我们攒的钱可以在城里租个房，让两个孩子上学。这女娃待在家里没出息，还不如送到学校。”

婆婆一听傻了眼,这啥时候商量的啊,咋就没跟她商量呢。

世芬终于明白,一个年轻女人想要在家里说上话,要么生儿子,要么赚钱养家。

## 五

列车员催促着逗留在过道里的还未睡觉的乘客,世芬也被督促进了车厢。丈夫和孩子已经睡着了,过道里昏暗的灯光照在女儿酣睡的脸上,世芬突然无比心疼,这两个孩子跟着自己这个娘,吃了不少苦。

两个娃娃还算顺利地上了小学,夫妇俩继续出去打工维持家里的生计,婆婆和公公则到城里照顾孙女们。相比以前,一家人见面的次数多了,但世芬心里头并不高兴。两个娃娃以前没打好基础,学习跟不上城里的学生,这让她想让两个女娃出息的愿望一落千丈。

不知什么时候起,两个女娃觉得阿妈突然严格起来。每次回到家,一进门就要看她们的成绩单,如果考不好就免不了一顿打骂。她们的父亲只是坐在沙发上默默抽烟,慢慢腾起的烟圈罩着他的脸,看不清是生气还是心疼。

两个女娃打那时候起拼命地学习,她们怕见阿妈,怕被阿妈的眼睛死死盯着质问。可只有世芬心里清楚,她心疼娃娃,她们两个是她的命。

"你能不能不打娃娃了?"王柱一天晚上终于忍不住对她说。

世芬正在拾掇床铺,头也没转地回道:"不打怎么办,不打她们成绩能像现在这么好?"

"那也是两个娃娃自己下了功夫的。"

"我不打,她们能下功夫?让你打你下不去手,那这个坏人我当!"

"你……你真把这俩娃娃当男娃了?"

"你阿妈不是嫌弃我生了两个女娃吗?那我就要让她看看,女娃也没差!"

"你这一辈子就跟我阿妈较上劲了是不是?"

"对,我张世芬这辈子就活这一口气着哩!"

当年,她是为一口气嫁给王柱,现在,她也是为一口气狠下心让孩子往好里学。她也常常想,人这一辈子不就活一口气吗?没皮没面的人还活个啥?

"那两个孩子最后跟你不亲,你别怪我。"

"成,你当你的老好人,我就当我的坏人呗。"

王柱的嘴动了动,想要说什么,却又咽了下去。停了半晌,他缓缓说了句:

"世芬,你嫁给我没享过一天清福,倒是吃了不少苦,真是苦了你了!"

世芬猛地停下手中的活儿,鼻子一酸,眼泪瞬间像断了线一样淌,这么多年,她一心只为这个家,却从没有人对她说过体谅的话。一向木讷的丈夫蓦然这么一句,还真让她措手不及。

她背对着他迅速擦掉眼泪,顺了顺气:"都是为这个家,你也受累了。"

躺在卧铺床上的世芬默默地流泪,车厢里鼾声四起,不一会儿,她也睡着了。

## 六

“阿妈,吃饭了!”小女儿摇醒还在睡觉的世芬,轻轻说道。

世芬睁眼便看到洒满车厢的阳光,这几年她还是头一回起得这么迟,这么奢侈地享受了整个早晨。

等她收拾好,她发现车厢的桌子上有准备好的早餐,丈夫说:“这是丫头孝顺你的。”

她还有些不相信,不一会儿,小女儿捧着一杯热牛奶走了进来。

“阿妈,你吃早饭吧,牛奶是刚拿热水热的。”

世芬被突然的照顾弄得不知所措,双手僵硬地接过牛奶。

“阿妈,这几年辛苦您了,以前是我和姐不懂事,给您添了不少麻烦。”

她惊讶地看向女儿,眼角的余光瞥到丈夫满足的笑脸。小女儿走开后,她疑惑地看看丈夫。

“一整个暑假,我逮着机会就跟女儿聊你,告诉她们这些年你是怎么过来的。昨天你在外边坐着,我就在微信上撺掇丫头。丫头机灵,第二天就对你好嘞。”

世芬心底一阵暖,觉得这手里牛奶腾起的雾气都润湿了她的眼。

# 渔舟唱晚

张琦(2016级基地班)

## 一

"哟——"

一声长而不绝的号子从远处传来。

华小白听到后眼睛一亮,马上放下了手中的树枝,急急忙拍拍身上的土,站了起来。他眼巴巴地顺着河流往上看。

西下的落日似乎留恋着人间,酡红如醉,努力闪着今日她最后的光。红光映照在水面上,波光粼粼。水天一色,仿佛水面也被染成了殷红。

哼,真是的,这太阳都要掉下去了怎么还这样的扎眼。小白愤愤地想着。直到看见远处的一个小黑点慢慢变得越来越大,越来越近,他才露出了两颗小虎牙,开心地笑了起来。

黑点越来越近,原来是个老人撑着竹筏。

只见老人将竹筏划向岸边,快靠岸时用细细长长的竹竿往岸边的淤泥上一撑,再用鱼绳往竹竿上一套,竹筏就固定好了。老人轻轻地往岸上一跳,甩了甩头同时把手收到背后,笑着向华小白走来。

"阿白刚刚在做啥呢?"

"没啥。"阿白眼睛故意瞟向了别处。

老人伸了伸腰打了个哈欠 ,眼睛却看到了地上画的各种各样的符号,若有所思。

"还说没有呢,看这地上你画的啥子东西?"老人的语气中带着一丝不高兴。

"这……这是算术题。今天老师教了乘法口诀表,我在背呢。老师说好记性不如烂笔头,边背要边默。所以我才捡了小树枝在地上默。"阿白涨红了脸,吞吞吐吐地接着说:"我想……想快点学会算术,到时候就可以在卖鱼时帮忙算钱了。"

老人听了后心头一暖,眉眼之间有了那么些欣喜,随后又叹了口气,缓缓地说:"阿白真是好伢子呐,我要是有你这么个蛮孙就好了啊……"

崇镇是个处于湘赣粤交界处的小镇。湘赣粤交界多山陵,崇镇就四面环着低山。

虽然环山，却有着很多河流。其中离镇上最近也是最大的一条叫贡河，绕着小镇。相传河里有河神。于是每到惊蛰之时，十里八村的人都会聚集于河边，举行隆重的祭拜活动。祈求河神保佑今年庄稼丰收。惊蛰响，万物长。人们在祭拜活动之后，便会放心地开始春耕。

然而近年来随着外出打工的人越来越多，在家务农的人也少了起来。大量劳动力外出，导致很多田地荒废，祭拜活动很少见了。

老人姓余，在贡河边生活了一辈子，是这贡河边上的渔夫。妻子早年因为肺结核去世，留下个不到三岁的女儿。老余既当爹又当妈，好不容易把孩子拉扯大。可是女儿总得嫁出去，这一嫁就嫁去了北方。老余也不知道具体在哪，只知道坐火车北上都要好几天。因为交通不是很方便，几年都不得见一次。每每想到这，老余都要从内侧口袋里掏出自制的纸卷烟，点上火后吐出一个个小烟圈，再长长地叹口气。

老余平常就在贡河上打鱼，再把鱼拿到菜场上去卖。在菜场的东南角，有一个自己的小摊子。很多人都喜欢去老余那里买鱼，不仅因为他的鱼大且新鲜，还因为老余总是把鱼鳞刮得很干净，摊子也是很整洁。更重要的是，相比起周围精明的鱼贩子，老余显得要好说话多了。有人说要这条鱼让个价，他也就让，从不说多要几角几块。顾客自认为赚了一笔，开开心心地拿鱼走了，老余也就眯着眼笑笑。

## 二

华小白又是怎么认识老余的呢？

这又要慢慢说来了。

华小白呢，有个对他要求很严格的姑姑。因为爸爸妈妈都外出打工了，就寄住在姑姑家。姑姑是镇小学的教导主任，向来严格，学生们私底下叫她“灭绝师太”。小白平常也很怕她，在姑姑家也是战战兢兢的，不敢多说一句话。姑姑觉得男孩子字起码要写得好看，不然以后没有出路。再怎么不济也可以当个写字先生，帮忙写写告示，还可以带带学生。于是姑姑就给小白报了学校里的书法班。可是华小白一点也不喜欢写毛笔字。比起呆坐在教室里，机械地拿笔在纸上写些看不懂的繁体字，还不如跑出去玩好呢。但是迫于无奈，每天下午上完课都要留在学校练字。

有一天书法班里新来了个小姑娘，叫苗笑笑。

苗笑笑扎着两个羊角辫，走起路来一甩一甩的。苗笑笑比华小白小一岁，老师就安排笑笑坐在小白边上，开玩笑说让华小白做笑笑的师父。小白很认真地点了点头，然后坐得端端正正的。苗笑笑偷偷笑了，此后见到华小白还真是有板有眼地叫他“师父”。

苗笑笑很喜欢笑，就像她的名字一样，一点点小事她就能笑个不停。有时候自己写着写着字，就开始咯吱咯吱笑起来。华小白经常是丈二摸不到头脑，就搞不明白有啥好笑的。不过虽然苗笑笑笑点很低，但是学东西倒是很快。才不到一个星期，她就摆脱笔画练习开始学写大字了。华小白当初光练最简单的横竖撇捺就练了半个多月呢。

这天华小白像往常一样来到书法教室,却发现没有开门。还正奇怪,突然听见有人在后面喊“师父”。回过头一看,原来是苗笑笑。苗笑笑还是笑着,两只眼睛弯弯的像月牙儿。

“师父,刚刚我碰到了书法老师。老师说他今天有事,就不来上课啦。”

“哦。”华小白淡淡地回答着,像是在想别的事情。回姑姑家?可是难得有一天不用练字……

苗笑笑一下子不笑了,眨了眨眼睛,很认真地看着华小白。空气似乎顿时凝结了。突然,苗笑笑一把拉着华小白的袖子,故作神秘地说:“师父走,我带你去个地方。”

华小白正在纠结要不要回家,被苗笑笑这么一拉也是没反应过来,鬼使神差似的就跟着苗笑笑走了。

“你带我去哪?会不会很远,等下我要是回家太晚会被姑姑骂的。”华小白知道这个苗笑笑古灵精怪的,虽然有点期待她说的地方,但是想到姑姑生气的样子,还是有些担心地问道。

“不远不远,很快的。”苗笑笑笑了,同时加快了走路的速度。华小白也跟着迈大了步子。

崇镇的房子还都是低矮的小砖房,由于缺乏特定规划而错落不齐。里面有很多小巷子,交叉互通。苗笑笑就像个灵活的小兔子,快速而轻巧地穿过大大小小的巷子。而华小白在后面赶着可就是有点苦了,急急忙忙地追着苗笑笑,生怕一个不留神这个“小兔子”就跳走了。

就这么绕来绕去,十转八转的,华小白蓦地感觉眼前一亮,仿佛进入了一个新世界。

眼前的这条河静悄悄地流淌着。碧绿的河面上闪动着粼粼的水光,就像一个个小精灵在交头接耳,传递着古老而神秘的信息。

原来苗笑笑说的就是这里啊。华小白在心里感叹着,可真新奇啊。

“师父,我们去那边那座桥上玩吧。桥上风景很好的!”苗笑笑说完就向桥跑去,华小白也追了过去。

站在桥上,视野又不一样了。西下的夕阳为河流披上了一层红纱,两岸的树丛随风肆意地摇摆。只听见远方传来一声响亮而悠长的号子,慢慢地出现了一个黑点,黑点越来越大。直到近了,华小白才发现原来有人在撑着竹筏。

突然苗笑笑朝驶来的筏子喊了一声。只见老人抬起头,朝桥上喊:”是笑笑啊,下来吧!带你溜一圈哟。”

听完,苗笑笑便拉着一脸茫然的华小白往桥下跑。她边跑边对华小白说:“师父,这是我余爹。以前是我的邻居,对我可好哩!”华小白也不知道说什么,只是狠狠地点了下头。

“哎哟，笑笑啊，我都好久没见你了啊。这是你同学吗？叫他一起上来吧。”老人看了一眼愣愣地站在笑笑后面的华小白。

“余爹，他是我的书法师父，他叫华小白。今天书法班不用上课，我就想带他过来玩。正好碰到了余爹呢。”苗笑笑露出了一个大大的笑容。转身看到怵在原地的华小白，笑笑连忙把他拉上船。

“师父你放心，这是我余爹的船，不是什么贼船。咱们坐会船就回去。”苗笑笑似乎看出了华小白的犹豫。而事实上，苗笑笑这一番话也的确是让华小白心安不少。

原来华小白一直很奇怪，这种用几根竹子拼在一起的竹筏，怎么就可以漂在水面上不会沉呢？直到真正坐上了竹筏，才发现很多事情是那么神奇。

清澈的绿水掩映着两岸苍郁的树丛。微风轻拂，偶尔会有几只水鸭子飞起，

在水浅的地方，只是轻轻地一瞥，就可以看到河面下的小游鱼，还有扁圆的卵石。卵石上面的纹路和曲线，似乎正在和人们诉说着这条河的岁月。而眼前的河是这样的干净而透彻，让人的心情也清澈了起来。

小小的竹筏上虽然有三个人，但是竹筏平稳顺畅地在水上前行。撑筏子的余爹仿佛有一种魔力，可以自由地控制竹筏的方向。这让华小白心里觉得这个余爹不一般。

那天晚上华小白怎么也睡不着，翻来覆去的，满脑子都是今天下午在竹筏上看见的东西，躺在床上似乎还有种坐在竹筏上的感觉。

第二天下午，华小白练字时也是心不在意的，接连写错几个字。苗笑笑发现华小白不太对劲，于是趁老师转身的时候偷偷跟华小白说：“师父师父，咱们这个星期天再去找余爹玩吧。我昨天晚上做梦都梦到我在余爹的竹筏上坐着呢。”华小白听到苗笑笑这番话，突然露出了笑容。哈，原来她也跟我一样，昨晚都没睡着。华小白开心地点了点头。看到华小白笑了，苗笑笑也笑了，然后在老师走过来前迅速调整好坐姿，假装很认真练字的样子。

## 三

终于到了星期天，华小白早早地起了床。姑姑今天刚好要去市里面开会，正是个好机会。华小白迫不及待地按照和苗笑笑约好的那样，奔向了北门菜市场。华小白还在菜市场的路对面，就看到苗笑笑。苗笑笑今天还是扎着个羊角辫，看到华小白就马上挥了挥手。两个人汇合之后，苗笑笑还是在前面开路，带着华小白走到了菜场的西南方。

华小白看到那个摊子上有个熟悉的背影。“余爹！”苗笑笑脱口而出。只见余爹突然转过身，惊喜地看着他们两个小不点：“你们两个咋来了？”

“嘻嘻，今天星期天，待在家太无聊所以想来看看你啊。”

“好啊，好啊。”老人缓缓地点了点头，笑道：“笑笑真是个好女娃子，还带了阿白一起来看我啊。那我今天得早点收摊，你们待会儿上我家玩去，咋样？”

苗笑笑和华小白相视一笑,若有所思。

余爹对笑笑和小白的到来十分欣喜,加快了给客户剖鱼的速度,还哼起了小调。两个小不点呢,则好奇地看着余爹鱼篓里还活蹦乱跳的鱼。不一会儿,余爹不卖鱼了。华小白还觉得奇怪,谁知余爹自言自语:“好的大鱼我今天不卖哩,留下来待会做给这两个小不点尝下。”

余爹的家离菜场很近,在贡河边上。房子是用黄黄的土坯砌成的,黄土坯还有深深浅浅的裂缝,看上去很是沧桑。可是屋内很简洁,窗边还种了一盆水仙,给人很舒服的感觉。

“你们先玩会儿。家里也没啥别的吃的了,我去做小炒鱼给你们吃。”老余笑眯眯地进了厨房。

小炒鱼是崇镇的一道特色菜。据说还跟王阳明有关,做起来十分讲究。

鱼呢,得河里天然食草的活草鱼。老余还知道,最好还得是鱼群里最“贼”的那条。跑得贼快,经常蹿来蹿去。虽然难抓,但是肉紧实。有了鱼,剖还有门道。刮鳞,去腮,除内脏,洗净。然后便是极其考验刀工的一步——去鱼的“三骨”。首先得将鱼平放,从尾部下刀,贴着背骨平推至鱼头,分别将大小两边鱼头垂直下刀,同时剃掉鱼的头骨、尾骨、大骨。切好鱼后,得用小酒、姜片腌一会儿,去去腥。好了后便放生粉拌匀。油也要好,新打的木子油最佳。待油到六成熟时将鱼下锅,炸至金黄色,外嫩里酥。倒入葱段、红椒、生姜炒香,最后倒上一层自制调味汁勾芡。自制调味汁其实是用淀粉、江米酒、醋调和成的。勾芡要恰到好处,盛鱼装盘时盘内留有一点汤汁便是最佳。

老余与鱼打了这么长时间的交道,做起小炒鱼来自是轻而易举。鱼还在锅里,两个小鬼头就已经闻到了从厨房传出来的奇香,纷纷跑到厨房看。在鱼出锅时更是眼巴巴地盯着,揉了揉肚子,巴不得快点吃。

华小白长这么大,没有吃过这么好吃的鱼。他越来越觉得老余就是个魔法师。

甚至很多年后,华小白都觉得,再也没有人可以做出这么好吃的小炒鱼了。

老余看着两个小孩子不停地动筷子夹鱼,心满意足。

“慢点吃慢点吃,别噎着了。你们等下啥时候回家?”老余一下子想到这两个孩子毕竟不是自己的亲孙,有他们自己的家,有点失落。

“这鱼真是太太太太好吃了!我都不想走了。不过我爸妈今天不在家,我们可以在余爹家玩一天吗?”苗笑笑夹起一大块鱼往嘴里塞。华小白在一旁点了点头。老余露出了欣喜的笑容,开心地说:“好啊。那就在我家吃中饭吧。我再去搞几个菜。”

中午这餐饭,是华小白长这么大吃得最饱的一次。他从来没有吃过如此好吃的鱼,甚至老余后面煮的油麦菜都被“消灭”光了。以前他对这种绿油油的叶子菜,总是反感,觉得很难吃。但是在老余的魔法下,蔬菜都变得那么好吃。

吃完饭后,华小白看到老余在补鱼网。不过奇怪的是,老余的鱼网网眼很大。不能说有拳头那样大,但是起码有鸡蛋大小。华小白觉得奇怪,忍不住问了这件事。结果老余笑着告诉他，这是他的独门秘籍，还故作神秘地说等下和他去打鱼就知道了。

老余告诉他们，打鱼之前，还得先去割鱼草。

于是华小白和苗笑笑就背上了个小竹篓，再次坐上了老余的竹筏，跟着老余出发了。

盈盈一水，柔情依依，碧波清纹，绕寥萦回。

啊，贡河还是那么美。

贡河的下游岸边由于地势变换，有小面积的沙土露出，那土上长有青草，就是要割的鱼草。华小白觉得那种草长得很好看，说不出来的好看。到了土上后，老余娴熟地拿起镰刀割起了鱼草。老余割草，华小白和苗笑笑负责将老余割好的草捡起放到竹篓里。老余本想一个人快速地割好草，但是苗笑笑非要帮忙，便给他们安排了这个简单的小任务。

鱼草割好了，终于到了华小白最期待的时候——捕鱼。华小白很想看看老余是怎么捕到鱼的，而且还是用网眼这么大的网。

只见老余先是把竹筏在岸边停放好，嘱咐华小白和苗笑笑不能下水，说是小孩子若是下水会惊到河神。然后穿上了黑胶连体大皮裤，套上了看上去有点笨重的水鞋。慢慢地整理好鱼网，缓缓走下河。走了几步，老余提起鱼网一甩，哗啦一下，鱼网慢慢地往水里沉。过了一会儿，老余便拖着网朝岸边走。鱼网里只有一些烂水草和淤泥，老余抖了抖鱼网，掉下一小鱼仔和小虾米。老余立马蹲下捡起它们，迅速地扔回河里。

老余继续整了整鱼网，端着归拢好的鱼网朝河的中央走去。又是一甩，鱼网在空中抛出了一个完美的弧线。过了一会儿，老余收好网拖着往岸上走，这次走得明显更慢一点。老余上岸后，华小白和苗笑笑立即凑过去看。鱼网里这回有很多大鱼，使劲地扑腾着。而老余只是蹲下来挑了挑，留下了几条大鱼，小的全部放回去了。

华小白奇怪了：好不容易捕到的鱼，怎么又放回去了呢？

老余仿佛看出来他的心思，慢悠悠地说："阿白啊，这些小鱼崽子就像你们，还在长身体哩。要是不放回去，它们就长不大了。以后咱们也就没有鱼吃了。"

华小白好像懂了什么。想必大孔鱼网也是为了保护小鱼仔吧。

"上筏子吧。咱们抓了鱼后不能忘还要喂鱼。不然河神会生气的。"老余一本正经地说道。

于是，河面上除了飘着一个竹筏，还飘荡着不少嫩绿的草。草下，是正在享受食物的鱼儿们。

## 四

华小白从回忆中回过神来，看着旁边的老余，沉默许久。

"唉，听人说城里人都看不起从乡下来的，不知道他们对笑笑怎么样。"老余冷不丁冒出这样一句话，正中华小白的心窝。是啊，不知道她怎么样了。

苗笑笑带华小白去找老余玩,是他俩第一次出去玩。然而不久后,苗笑笑转学走了。听书法班的老师说,苗笑笑父亲工作调至市里,一家人就搬去市里了。华小白只跟着姑姑去过县里,看到那大柏油马路都觉得新奇。市里,又会是什么样呢?

苗笑笑转学走了,华小白旁边的位置也空了,小小少年心里觉得少了点什么。不过华小白周末一有时间还是会去找老余,帮忙喂鱼帮忙收鱼草。久而久之,老余和华小白成了无话不谈的好朋友。

老余经常跟华小白说自己年轻时候的趣事,华小白乐意听。有次老余说自己年轻的时候水性特别好,总喜欢下河去摸鱼。一次看到河里有个黑影往一个洞里钻,老余开心地用手去洞里抓,摸到了一个滑滑的东西,还以为是嘎鱼,结果抓出洞一看,居然是条黑水蛇!老余吓得一甩,赶紧把蛇扔回水里,然后急匆匆地跳上岸。

华小白听了觉得又惊险又搞笑。老余也跟着笑。

一老一少,毫无隔阂。

可是有一天,华小白按以往约定的时刻在桥上等,直到太阳落山,也没有听到那声悠长的号子。

华小白觉得不对,第二天又跑去菜市场看,发现西南角的那个摊子已经变成卖鸡的了。鸡在笼子里叽叽喳喳的,满地鸡毛。空气里一股怪味,熏得人直恶心。华小白还是不甘心,又跑到老余家里去,却看见老余的房子上写着一个刺眼的红字——拆!那房子就像盖了一个丑陋的章。华小白觉得很失落,很孤独。

就在华小白不知道该怎么办的时候,突然听见有人喊"阿白"。华小白抬起头,发现是站在菜地里的王大婶。王大婶是老余的邻居,平日里给老余送些自家炸的花生米。之前王大婶来老余家串门,看到华小白,误以为是老余的孙子。老余当时就笑,称要是华小白真的是他孙子就好了。

华小白跑向菜地,王大婶边摘菜边说:

"你余爹啊,人老了还是那样倔啊。县里面要搞经济,就在贡河上游办了个冶炼厂。这厂子才建好没多久,老余就跑去厂门口闹,说工厂夜间作业会打扰河神休息,说工厂的排水管子接河里会引发河神生气。"

"人家厂子有县里撑腰哪里会听啊。门口的保安就把老余打了一顿。哎哟真是造孽啊,老余年纪也不小了,牙都被打掉了。我和你王大叔劝你余爹不要气不要闹,平平安安地过完自己这辈子就好啊。"

"这个老余就是不听,第二天又上县里去告状。结果闹到派出所去了,派出所还以为老余是疯子。可是医生看了之后说老余精神没什么问题,关了他几天才把他放回来啊。"

"可是县里面还是没放过他啊。老余回来不久,就有一群穿制服的人气冲冲地来老余家,说老余的房子是危房,一定要拆。老余不依,那些人就强按着老余。这些人,真是的!老余又打不过他们,只好收拾收拾东西,北上进城去找他女儿哩。"

"对了,老余走之前还说,要是你来了,叫你要好好学习,以后当到大官,把那些欺负人的全部踢了。他还说他总有一天会回来看你的，到时候回来再给你做小炒鱼。”

华小白听完王大婶这番话，眼睛突然有点湿，低头说了句谢谢转身就走了，一路上精神恍惚。回到家后躺在床上大哭了一场，哭完后不知不觉睡着了。

那天他做了一个梦，梦见苗笑笑在桥上喊他“师父”，还听见了那声熟悉而悠长的号子。

# 子不语

张琦(2016级基地班)

## 一、席上一曲误终生

三尺白绫从梁上缓缓垂下。

她轻轻闭上眼,哀莫大于心死,四十八年的情义都不足以让他相信自己。

恍惚间,她又想起杏花林中自己和同伴肆无忌惮地欢笑,想起了自己曾经年轻貌美的笑颜和清丽婉约的歌喉。还想起了教习师父沉重的歌声:“士之耽兮,犹可说也,女之耽兮,不可说也。”美人迟暮,一生如梦,不觉留下两行清泪。

一曲误终生,到头来才发现都是命运的枷锁。

她也只是个普通女子,身世寒微,年少时便被送往平阳侯家教习歌舞,遂为平阳侯府讴者。

每日低吟浅唱,翩翩起舞,在转身交错和欢声笑语中度过每一天。年少不知愁滋味,她脸上洋溢的多是少女的天真烂漫。

其实在她心中,也有些小思绪。未来何去何从,不是没有过憧憬与幻想。同为歌女的姐姐们,好一点,则被许配给达官贵人做妾,再不济,也就离开平阳府,找个市井小民,安稳过这一生。她也不想坐享多大的荣华富贵,但求一心上人,携手度余生。可是这样的愿望,真的会实现吗?

直到遇见了十八岁的他。

因生得貌美,体态婀娜,她得以于平阳府重要宾客前一展身姿。

那日平阳公主的宴席上,美女如云。她青丝如云,眉目如画,一回眸便看到了席上那个眉清目秀气宇轩昂的少年。他也朝她看来,她含羞一笑,微微低首,却独独撩动了少年君王的心。

更衣轩内,他拥她入怀,双手轻轻拂过她如瀑的黑亮秀发,眼睛里有什么东西在闪烁,缓缓说道:“我一定会接你入宫。”

她的心被轻轻触动,又有些慌乱。彼时,她还只是个出身低下的歌姬,除了貌美音纯,别无它有。眼前的这个男人真的值得托付一生吗?

她不确定,但是最后虽然知其不可,还是义无反顾,放手与命运进行了一次豪赌。

殊不知,及至垂垂老矣,回顾一生,才知一切都是命运的枷锁。

命运的赌注早已经暗中下好,与命运豪赌,输的始终是自己。

## 二、一入宫门深似海

步入宫门,她才知道,他本是另一人的丈夫。

"若得阿娇作妇,当作金屋贮之。"那个骄纵高傲的女子,身着华服,头戴凤冠,出身高贵,从小养尊处优,集万千宠爱于一身,一颦一笑都华美如画。加上跟他青梅竹马,两小无猜,自幼便牵动着他的心。

凭栏听雨也好,独坐天明也罢。她每日苦苦等待,幻想着他有一天能够想起自己,幻想着他可以来看看自己。可是一年了,他都没有来。

她也不是没有想过办法见他,故意去他经常路过的园林守候,期待着圣驾御辇在此停下。可是等来的不是他,而是那个艳若桃李的女子。

她微笑着请安行礼:"姐姐好。"

那女子却冷笑一声,绝美容颜中带着不可一世的骄傲与厌恶,轻描淡写地说出一个字:"滚"。

跟那个天之骄女比起来,她实在是微不足道。她开始放弃,嘲笑着自己的痴心妄想。她也开始后悔,想要回到曾经的平阳府,想要变回原来那个天真无忧的自己,更想念自己的亲人。

她想,罢了吧,既然自己已经心如石灰,不如作为不中用者,随年迈体弱等无用处的宫人一同被释出宫。

在选人释放出宫的那日,她终于见到了他。从没想到再见竟然是以这种方式,可是她已经绝望透顶,只想离开这个暗无天地的牢笼。

"一年未见皇上,今日相见只有一事相求,求皇上将臣妾释放出宫。臣妾于宫中也无甚用处,不如让臣妾回家!"她哭得梨花带雨,磕了好几个头,求着她放她出去。

不知道是他和高贵的大汉皇后正在赌气,还是她低头的神情过于惹人怜惜,她不但没有被释放出去,反而有了身孕。

曾经令她日思念想的是他,让她绝望透顶的也是他,而如今连再获自由身的念想也被他打破。

## 三、云鬓花颜金步摇

他来得越来越频繁了,脸上挂着的满是期待与欣喜。有那么一瞬间,她觉得那样的他就像个想要得到糖葫芦的小孩子一样,有点可爱。可她还没完全适应他越发频繁的关心,却不知道消息走得太快,自己已经成为别人的眼中钉,肉中刺。

"什么?那个女人居然怀上了皇上的孩子!"

未央宫那个天之骄女气得两眼发红,咬着牙,厉声呵斥着周遭的所有人。

她还是太单纯,以为自己在宫中多加防备便无大碍,然而她没想到,麻烦还是找上了门,甚至连累到了自己的弟弟——卫青。多亏有贵人相助,自己的亲弟弟才得以逃过一劫。

“皇上,请您为臣妾做主啊。”她咽不下这口气,陈后欺人太甚,仗着卫家权势低下便胡作非为。自己忍着点辛苦点可以,但是自己的家人,不能受到伤害。

而他只是心疼地扶她起来,温柔地安慰她,却也没有采取什么强有力的措施。毕竟那个天之娇女,权势太大。

可是她又能怎么办呢?她摸着肚子里的孩子,曾经她觉得这个孩子是个意外,可现在她忽然想到,她已经不再是那个单纯的女孩,如今已经没有退路可走,这个孩子就是她最大的武器,必须把他保护好并生下来。

只有这样,她才能守住他的宠爱,才能为卫家争一口气。她心里明白,尽管那个皇后有权有势,却唯独没有孩子。皇后无所出,这便是大忌,这也是她的机会。自己所能做的,便是将忧伤折进心间,守在他身边,隐忍居贤,养子教子。

对于后宫佳丽三千的帝王之家来说,“愿得一人心,白首不分离”——这本就是不可能的念想。这个道理陈阿娇不懂,所以她知道,陈阿娇越是想争宠,越是会让他厌恶。

妒深情更疏。果不其然,未央宫内曾经的丝竹管弦,终究变得喑哑绝声。

情尽义绝,便是清冷后生。

## 四、看惯世情苦隐忍

她偷偷去看过那个曾经的天之骄女,昔日的绝世容颜一日之间苍老了许多。

她走到那个女子面前,低头小声地说道:“姐姐,你错就错在太痴情。”

那个已经彻底被废的女子,依旧高高地扬着下巴,发出魔怔般的笑声。

爱得多,便是输。

她转身,嘴角微微上扬,任凭身上披着的金丝凤尾华服刺痛着那个女子的眼。

十年如一日,她不争不闹,谈言处事无不谨慎,先后生下三男一女,才有了那岌岌可危的荣华。世人皆言,生男无喜,生女无怒,独不见她霸天下。卫家本地位卑微,自她开始显赫。自己的亲人也是争气,不负所托。卫青几番征战沙场,立下赫赫战功,娶得公主归。霍去病,倔强少年,天生将才,更是将卫氏一族推向荣耀顶端。

众人皆夸她贤淑有德,都慕她长享至幸。可是又谁能理解她的苦衷?

她苦笑过:他真的爱自己吗?是爱自己隐忍能处事,还是能利用自己扩张权势?

可是下一秒她突然怔住。因为她又想:自己是真的爱他吗?是爱他赋己后位,还是爱他给卫家权势?

她不知道。她只知道,无情最是帝王家。帝王之家的爱情本来就不纯粹,因为他不仅是她们的夫,更是大汉的王,是百姓的君。

虽然恨她入骨的陈阿娇走了，但是她知道自己是怎么进宫的，所以她也知道往后会有更多女子，会像曾经的自己一样，在他的心中激起波澜。毕竟后宫从不乏持风情拥月貌的女子，倾城佳人李妍，绝世美人韩嫣，钩弋夫人赵婕妤……所以她选择的依旧是一如既往地隐忍。

层层金钗，重重锦衣，她身着凤衣，华贵淑仪，优雅从容地行走在后宫之中。

## 五、玉碎花飞子不语

“皇上多久没来了？”

“回娘娘，三个多月了。”

听说新来的美人明艳动人，让他宠溺无比。她看着铜镜中的自己，眉眼间已经褪去了曾经的稚嫩机灵，尽是温婉和善，又感慨时间流逝青春不再，心中突然多了几分悲凉。曾经的她，也有一副春暖花开的模样，和一颗渴望真爱的心。

色衰爱弛。

可是她不一样。

就算她青丝生白发，红颜日益衰老，看在她的内助之贤和卫家立下的不世之功上，他也敬她三分。不过这其中有几分真心，有几分礼让，她也不在意了。

数年的隐忍让她学会了藏声隐色，现在的她，也不再盼望他能够经常来，反倒一心一意礼佛起来。她默默祈礼，平淡也好，享了前半生的荣华，也携手算是恩爱了数年，如今也没有过多奢求，只愿儿女能平安一生。

可是命运的轮盘一旦转动，逃不过，也躲不过。

权斗，争势。她眼睁睁地看着自己的亲骨肉一个个被送上断头台，心如绞痛却又无能为力。巫蛊之祸，不能自明，终轮到她自己。

“皇上！”她跪在地上，眼睛里满是泪光，却说不出过多的话语。

数年前，她也是这样跪在他面前，求着他放她出宫。

那时他没有答应，眼神里满是怜惜与疼爱，反而把她留了下来，还给了她数不尽的荣华和宠幸。

可是今天，他只是冷冷地看着她，眼神里看不到一丝光。

走过四十八年的风雨，彼此间四十八年的情义，都不足以让他信任。

她知道，再多的解释都显得那么苍白无力。既然这样，也没什么好说的了，那就一死了之吧。

计较了半生，隐忍了半生，到头来还是一场梦。梦醒时分，便成空。

“士之耽兮，犹可说也，女之耽兮，不可说也。”

她轻轻闭上眼，最后想起了那个更衣轩内拥她入怀许她一生的温柔少年，那始终是她最绮丽的念想。

# 老烟袋

张苑瑜(2016级基地班)

## 一

打我记事起,王奶奶就抽烟。她是村里唯一抽烟的老太太。

我放学回来,她坐在院子里择菜,一根长长的烟袋放在小桌子上,我看着好玩,要拿,她半笑地喊:"给我放那儿,这是丫头片子碰的东西吗!"

她不也是女的吗?为什么她就能碰呢?我一直不敢问她,因为她在老刘家有绝对的权威。对,是绝对。记得有一次,刘觅的爸爸在我家喝醉了酒,发起酒疯把花盆打碎了一地,院子里全是花盆碎片和湿润的土,被泥土包裹着的花被甩出去很远,就地打滚,不成样子。

不知道是不是我妈诉苦去了,王奶奶抄着扫帚,从街道对面三步两步就往我家赶,见到倒在床上醉得不省人事的儿子,她大声呵斥:"还认得我是谁不?"刘叔叔应了一声,扫帚的把儿就落在他后背上了。王奶奶一边打一边数落:"有种喝死你,撒什么酒疯甩花盆儿!"

其实,王奶奶的脾气挺好的,尤其对我们几个小孩子特别好。那是我第一次见她大发雷霆。打那以后,慈祥的王奶奶在我心里的形象多了个标签——扫帚王!

## 二

夏天,王奶奶有件必须要做的事儿,那就是晒旱烟叶。

要是碰到大批采购的话,那才有意思。她必定是要亲自去卖家地里看的,她知道哪些叶子口感好,劲儿足,知道哪些叶子是因为水多了变得大而没劲儿,哪些叶子因为缺水变小而劲儿太足的。她常常给种烟叶的人说,这烟叶要如何如何对待,才能又大又肥、口感又好。可在我记忆中,是从来没听说过她有种植烟叶这方面经验的。

选好烟叶,烟农用摩托车给送到家。一捆又一捆的毛茸大叶片,她是要亲自晾晒的。太阳光太强不行,那样叶子干得太快,锁不住里面的味道;阴暗潮湿也不行,容易发霉。

这样一来，整个夏天王奶奶都乐此不疲地选烟叶、晒烟叶，再存放烟叶，等抽到第一口新鲜烟叶的时候，除了烟草味儿外，那股新鲜的清香混着这一阵子的辛劳，透过烟袋细长的杆儿进入肺里，王奶奶那叫一个享受。

这样的过程，对我们小孩子来说也别有一番趣味。不仅时不时拿着王奶奶的烟袋抠里面的焦油玩儿，而且满院子晒着的烟叶，成了我们追逐躲闪的好地方。我们也习惯了王奶奶慈爱的大嗓门儿："小祖宗们，给我小心点，别给我弄洒了！"

## 三

据说王奶奶当过小学老师，还当过文化馆演员，再后来听到另一个版本，唱戏班演员。或许都做过，或许只是一个谎言，毕竟在那个年代，跟着戏班子到处唱戏的戏子，没什么地位。

王奶奶的扮相绝对是漂亮的，说有三个人帮着上妆卸妆呢，那在团里绝对是个角儿。说真的，她年轻时的照片上，留着长长的辫子，站着丁字步，整个人仿佛被一根中轴线提着，笑容满面，神采奕奕，那劲儿头，可比"大生产"里的宣传画还有气场。

"你当时想什么美事儿呢？乐开花啦。"

"那都多少年的照片了，早不记得了。"

王奶奶坐在小板凳上，和住对面的吴爷爷边下着棋边聊着天。那段时光，王奶奶过得最快活。晒着秋日里八九点的太阳，身上暖暖的，手里摆弄着棋盘。一盘棋下来，一个上午也差不多过去了。他俩下棋的时候跟我们约定：不许吵闹，决出胜负后请我们吃零食。

于是，我们几个小孩就只好到屋子外面去玩耍，估摸着要决出胜负了，马上跑回去看结果。通常是谁输了棋谁请吃零食，结果多数都是吴爷爷。夏天是冰棍，冬天是热豆花。于是我们特别喜欢吴爷爷过来，更喜欢他俩最后掏出的五块钱。

大人们可不这么想。他们觉得王奶奶和吴爷爷有了感情。甚至后来还听到大人们在议论，两个老人要"夕阳恋"什么的。

王奶奶抽着烟，屋子里没别人，她静静地看着孩子们疯了似的穿梭追逐。不知谁跟王奶奶说了从大人那儿听来的话，王奶奶听罢，用大烟袋磕了磕鞋底儿。

"没有的事儿，小孩子不要多管闲事！"

此后，再没人提起过这些事。后来吴爷爷生病住院，再也没来跟王奶奶下棋了。

那是个冬天。但直到冬天过去，吴爷爷也没有回来。

王奶奶缓缓地吐着烟丝，不吱声。那阵子她很少说笑，或许棋友的离世令她开始对死亡产生了更多思考。一个拿着大烟袋的老太太，梳着短发，戴着厚厚的眼镜，那眼镜支架在鼻梁上留下了深深的坑。她每天静静地坐在漆黑的大铁门前的小板凳上，绿树成荫的夏天，黄叶飘落的秋天，她无言地看着路过的人、车还有牛群，身边一直陪着她的，依然是那根长长的老烟袋。

## 四

年纪大了,腿脚多少有些不利索。一天上午,王奶奶迈腿以为过了门槛时,不料一下子被绊倒了。她疼得龇牙咧嘴,被刘叔叔抱进车里的时候还不住地喊"给我轻点,轻点",但始终没有眼泪。

片子拍出来了,她的左腿股骨头摔出了裂纹。医生给出建议,保守治疗,回家慢慢养着,动手术怕她身体承受不来。

"医生说了,咱以后不能抽烟,或者尽量少抽烟!"刘婶边说边收拾着她的烟袋、火柴,还有半袋子旱烟叶。

"放那! 我还没死呢。"

"老妈子,这是为你身体好!"

王奶奶是躺着的,她的左腿不能有太多活动。她也不说话,闭着眼,仿佛不愿意理任何人。

刘婶知道是默许了,就拿走了。

养伤中的王奶奶可是很痛苦的,因为只能保守治疗,疼痛一直伴随着她,而且上厕所都必须有人帮着。那时孙子刘觅还在上初中,晚上和王奶奶睡在一起。之前儿子、媳妇轮流照顾,可春天来了,农活也必须要做,照顾老人起居的事情,自然就落在了刘觅身上。

刘觅听奶奶说,打小从记事起,她就跟在她妈妈后边吸她的二手烟,十几岁的时候她妈妈默许了她抽烟,临终前还把烟袋给了她。王奶奶常说,这烟袋,我死了得给我放在棺材里,陪我去那边。她看中的何止是烟袋,更有她的亲情和童年吧。

后来,病情有所好转,抽了几十年烟的王奶奶可忍不住了,执意要拿烟来抽。刘觅不答应。

"把烟给我拿来! 我还能抽烟!"

"奶奶,抽烟对您康复不好啊。"

"那我不管,几十年都这么抽过来了。乖,去给奶奶拿来。"

"我不知道他们放哪儿了。"

"把你爸叫来!"

果然,为了这烟,开了家庭会议。

会议决定,把原来抽的旱烟改成商品烟,那烟焦油没那么多。上了年纪的老烟袋,终于也到了退役的一天。但只要能抽烟,王奶奶只好做了妥协。

## 五

又是一年寒风瑟瑟。一到晚上,西北风就好似一个醉汉,在小村庄的每座房屋前游荡,时而扯开喉咙狂怒地咆哮,时而疲惫地喘着粗气。一觉醒来,院子里的花盆已经是东倒西歪的了，就像刘叔叔喝得烂醉那天打翻了似的。

吃过早饭，太阳照进屋里，暖洋洋的。王奶奶抽完一根烟，说有些困，窝在沙发上眯着了。往日夜里，咳嗽经常让她难以入睡，白天睡上大家也不觉得奇怪。可十多分钟后，刘婶给她掖被子的时候，发现她的呼吸已经没了……

那天刚好是周末，跟往常一样，已经在城里上高中的刘觅一大早就打电话过来问起奶奶的腿伤。王奶奶笑呵呵地说："没那么咳了，想是没什么大碍了，开春就能好。"

可她终究没能挺过这个冬天。

王奶奶这辈子与烟为伴，唯一戒烟就是腿伤住院的时候。戒烟时间不长，终还是抱烟而眠。那根老烟袋，也如她所愿，随她一起睡进了棺材里。

瘦小的身体，已经蜷缩成一团，只能躺在棺材里的一小片，仿佛她住进了广阔的天地里，自己的身体只是棺木上的一点暗花。

# 杀人封喉

陈希捷(2017级基地班)

## 引 子

“啊! 不要啊!! 走开!!!”他猛然惊醒。

他张大了惊恐的双眼,不可思议地看了看自己的双手:“我怎么会在这儿? 这是哪里?”

一个小时前,他记得自己正开着车疾驰在偏僻的公路上,作为国内最大的娱乐狗仔头子,他靠着连日蹲守、偷拍终于又掌握到了一条劲爆的惊天丑闻,如果将消息添油加醋上几笔再投入市场,那么自己又可以狠狠地捞上一笔了。

可没想到,这次的主儿竟这么厉害,在软硬兼施威逼利诱不成之后竟派人日夜不舍地追踪他。

“你知不知道这会让我身败名裂! 为什么还要添油加醋顺带造我的谣! 难道你想看着我像Q先生一样被你逼得走投无路自杀身亡才满意吗?!”他的耳边突然想起了前几日谈判时她的怒骂,真想不到,平日里端庄美丽的荧屏女神竟也有面容如此扭曲之时,一丝邪恶的笑浮上了他的嘴角,但是,Q,她竟然提到了Q,他的心里一阵心虚,没有想到,那件事情竟然完全脱离了他的控制,只不过因为一些网友的谩骂,Q竟然就选择了放弃生命。“不,这才不能怪我,我也是为了生存而已,一切都是因为他自己罢了,初出茅庐的小毛头,这点都承受不住……”他咬了咬牙,不再去想这件事,扭头查看追兵的情况

“可恶,越来越近了,”他心想,脚下步子加大了踩油门的力道。谁想,前方猛然一个急转弯,他来不及反应,便直直地冲破了路边的护栏连人带车砸进了河里。金属撞击水面发出了巨大的闷响,而后尾随的车辆见此情景,拐了个弯转眼间消失。

“救,救命……”他满脸鲜血,渐渐失去了意识……

# 重 生

他再度醒来时，已不知身处何方，只知那是一个黑暗的小房间，窗帘都被拉得严严实实，严丝合缝，就连一丝阳光都透不进来。而不久前河水冰冷的温度似乎还残留在肌肤上，一切都不像是个梦。

他起身，却浑身酸软，连站起身来的力气都没有。好不容易，他支撑着自己走到了床边，刚想伸手拉开那沉重的令人窒息的窗帘时。突然——

"请不要，先生！"

他惊异地转头，发现那是一个佝偻着身体的中年男子，头发花白，眼窝深深地凹陷了下去。"你是谁？"他震悚地尖叫。

"我就是你啊，你现在，就在我的身体里。"

"什么？！"他低头看了看自己，同样佝偻的身体，还有明显松弛的脸颊，都预示着自己已不再是原来的那个自己。"怎么会这样？"他毛骨悚然地跪倒在地上。"怎么会，怎么会……"他不停地喃喃自语，身体因害怕与未知而颤抖。"所以我是死了吗？"他抬头问那个中年男人。"不，死的人是我，至于你是谁，我也不知道。"男人缓缓回答。

"你说你死了？！"他惊叫着连滚带爬地瑟缩到了房间的角落里，"那你是，你是鬼！"

"是啊，"男人苦涩地笑了，"你抬手看看。"

他撸起袖口，惊愕地看到自己的手腕处一道深深的切痕，切痕很深，划开了皮肉，隐约可见白骨，而皮肉绽开处也因水的浸泡而发白着。"啊！"他死死捂着袖口，按着手臂，"你，你你你，你到底是谁？"

"我是谁？哼！"男人自嘲地笑了，"我是一个无用的父亲。"

"无用的父亲？"他愣住了。

"你，知不知道半年前那起震惊全国的海外留学生被杀事件？"

海外留学生……被杀？他艰难地捶了捶脑袋，"哦哦，哦！我想起来了。"电光石火间，他猛然记起了半年前那起席卷全国，甚至在微博上都引起了众多舆论喧嚣的案件——女大学生J留学海外，为救室友被杀，而她的室友拒绝出庭作证，导致了杀人凶手最终因证据不足而被当庭释放。

"是的，我，我是有些印象，可是，这又关我什么事呢，我只是个娱乐记者，这些刑事案件的报道并不在我的范围内啊！"他疑惑地抬头。

"我就是那个女学生的父亲，"男人悲怆地走近他的身边，"半年前我的女儿被杀，我走遍地区所有的法院，就是想要为她申冤。为此，我还在微博上控诉凶手和她那个冷血的室友，也成功掀起了一场舆论的风波，可是，我没有想到最终，我还是无能为力，我甚至，甚至没有能力为我的女儿报仇。"

"你，你已经尽力了……"他突然有些不忍，张口想要安慰他些什么。

"不，这还远远不够，因为不知从哪一天起，网络的舆论突然有了转向，在我那条控诉信的微博下面突然出现了许多谩骂我的声音,他们说我演戏,说我不冷静,歇斯底里,说我不该对女儿的室友进行道德绑架,还有人说我想出名想疯了才会在微博上大闹,他们,他们甚至叫我陪我女儿一起去死!"

"老伯,你……"他刚想开口劝阻却又被那个激动的男人打断,"不,他们这样说我我没有意见,我已经失去了孩子,他们泼来的这些脏水又算些什么呢,可我不能允许他们造谣我的女儿!他们那群无知的冷血的人啊,竟然血口喷人说我女儿海外生活不检点,对室友刻薄嚣张,活该被杀,我的天哪,我的女儿,那么乖巧的一个孩子,就这样被他们一群什么都不知道的人贴上了该死的标签,她该多冤屈啊,她该怎么瞑目啊,我的孩子……"男人痛苦地跪在地上,双手扒着自己的头发,"所以我决定去陪我的女儿,是我无能,我甚至没有办法洗清她身上的污蔑,我不配做爸爸。"说到这里,男人解脱地笑了。

"你傻啊!"他冲上前去想要揪住他的衣领,怒骂一通这个愚蠢的男人,可双手却穿过了他佝偻的身子。

"你听着,这些都是无知跟风的王八蛋,我去帮你教训他们,给你女儿正名,但你要答应我,只要我成功了,你就赶紧回到这具身体里不要再做傻事了好不好?"他狠狠地锤了一下男人跪趴着的那块地板,迅速地拉开窗帘,打开了书桌上的那台电脑。

他驾轻就熟地打开微博页面,果然,是那个中年男人的账号没错,连头像都是他和女儿的合影。接下来就是……他急急打开男人的置顶微博——果然是那封控诉信,这底下的评论量已不知不觉涨到了十几万,他一条条地浏览着这些不断涌入的评论,发现头几条竟都是些谩骂挖苦甚至同情室友的言论。"可恶,这样的屁话都能被赞到热门评论?"他气急败坏地看着,仿佛不相信自己的眼睛,一个受尽丧女之痛的男人,为什么却要被那么多素不相识的人群起而攻之?他们是看不清事实,还是体会不到世俗之痛,还是没有人类的喜怒哀乐?他气急败坏地点开那些肆意诋毁之人的页面,却意外地发现他们竟也都各自有着自己的美满家庭,甚至在自己的微博里都是一派岁月静好的模样。

"人面兽心!"他咬了咬牙,逐条怒骂回去,简直把这辈子能用的骂人的脏字都用尽了,也将那些逞恶之徒问候了个遍。

"唉,真解气……"他伸了个懒腰,靠在椅背上。

"没用的。"

男人的声音在身后响起。

他吓得从椅背上弹了起来。"谁说没用,我都帮你教训了他们!不信你看"他将电脑努力地举到男人面前,却猛然发现,私信界面上不知何时已多了无数条诅咒的话语,而微博下方的评论区里,自己也被团团包围着……

"我说没有用吧,孩子,我要走了,这世界太冰冷,我不愿再待了,我要走了,去找我的囡囡……"

"不,不要,一定还有办法的,实在不行,我就发声明,或者,或者去告那些造谣的人,或者,或者……”他急了,扑到男人面前,结结巴巴地想要拽住他。

“没用的,他们永远只愿相信他们所想的。我走了,你,也走吧。”

男人淡淡地笑了,身体变得越来越轻越来越淡,仿佛将与空气融为一体。

“不要啊!”他奋力想要抓住,但却一阵翻天覆地的眩晕,仿佛被吸进了漩涡中,渐渐失去了意识……

死亡时间:二〇一八年三月二十一日星期三,下午一点十三分。

## 重 生

“啊……”他呻吟着,捶了捶剧痛的太阳穴,勉强睁开双眼。

“你是谁?”

他顺着声音抬眼看去,是一个苍白纤弱的小女孩,抱膝坐在床上。

她十八九岁,年纪很轻,却带着与年龄不符的忧郁。她的眼睛是那样大——也许是那瘦削的小脸衬托的缘故吧,但却毫无光彩在里头。她的肌肤是那样白,毫无杂质地白,像一只久居巢穴不见天日的吸血鬼一般白,是病态的,苍凉的。

“你是鬼吗?”小女孩平静地问他。

“呃,我……”他摸了摸脑袋,一时不知该不该否认。

“鬼,总比人好的,至少碰不了我。”女孩笑着低下了头。

“你……你一直在这个房间里吗?”他看着她诡异的笑颜,感到丝丝凉意爬上心头。

“是啊,我早就被爸爸妈妈囚禁在这房间里了,他们不让我出去给他们丢脸,也不准我再去‘勾引’教授。”她嘴角勾起了笑,深不见底的笑。

“……”他愣住了,一时不知该说什么好。

“你一定很惊讶吧,一个看上去那么乖那么弱的小女孩怎么会做出这样恬不知耻的放荡行为,你信不信?管你信不信,反正我的同学老师们都是信的,我的爸爸妈妈也是信的,就连那些贴吧里不认识我的人也都深信不疑呢。”女孩的话似乎带上了一丝情绪,就连那纤细的脖颈上,都绽出了根根青筋,显示着主人的隐忍。

“不,你,你告诉我,这,这到底是怎么回事?”他一时摸不着头脑,只得硬着头皮开口询问。“三个月前,我被我的导师叫去办公室修改论文。他是我们专业最具声望的教授,四十多岁就荣誉傍身,获奖无数,所以,我就毫无防备地去了,没想到……这竟是我一辈子的噩梦……我怎么也想不到平常课上那么好那么关心同学的教授,竟然……竟然是这样恶心的模样……我没有办法反抗,我甚至都不敢发出任何声音……后来,我也不知道自己怎么从办公室逃出来的,我当时什么想法都没有,就想着,我要去揭发他,我要和他同归于尽,我要让他身败名裂……于是,我鼓起勇气去找了辅导员,告诉了她这一切……后来,导师被停了课,后来院长知道了,校长也知道了……甚至……甚至不知道为什么,我身边的同学也全都知道了……无论我走到哪里,总有异样的目光,还有指指点点的议论,他们以为我听不到,太可笑了,我怎么可能感受不到。”

“后来,我被主任约去谈话,然后是院长,还有心理医生,你猜猜他们说什么,他们竟然一致说,C教授是个有名望的教授,绝不会做出这种事情来,一定是我反应过激了,这种事情传出去对学院声誉不好……呵,学院声誉,有名望的教授?一切都是假的!他们都是袒护他的帮凶,他们都是他重金收买的爪牙!”

“那,后来呢……”

“后来,后来我无意登入了学校的贴吧,才发现这件事早已被讨论得沸沸扬扬,但可笑的是,你知道吗,所有人都在骂我恬不知耻,对,他们骂的是我,他们说我勾引教授不成反咬一口,他们说C教授是个好教授,他们在呼唤他尽快回来!他们竟然在呼唤他回来!我不懂,我真的不懂。这是为什么?是我做错了吗?真的是我做错了吗?可我无错可认,可也无处可辩,我不知道该怎么办,我感到了全世界的背弃,这一切都是怎么了?”女孩的面容狰狞起来,秀丽的面庞也因此变得扭曲。

“那,为什么,你父母会把你关在这里?”他上前想安抚女孩,可却发现自己早已失去了实体,只能幽幽地飘浮在空中,无影无形。

“直到有一天,教授的夫人来到学校闹,那个女人揪住我的衣服给了我两巴掌,那两巴掌真疼啊,火辣辣的,好像在扇一个狐狸精,没错,她就是那样看我的,像看着一直妖媚的、勾引她老公的狐狸精一样。她指着我的鼻子对我怒骂,叫我不要污蔑她的丈夫。真是可笑呀,可笑又可悲的女人啊……而我的同班同学,他们就这样看着我被她扇耳光,被她揪着头发,他们也只是这样看着,像是在看一个咎由自取的犯人……从那以后,我的父母,就把我关在了家里,再也不让我出去丢他们的脸了,呵,生了这么个女儿,真是有辱家门呢!”女孩的声音渐渐小了下去,仿佛被抽走了全部的力气,身体渐渐瘫软在了床上。

“不,你,你听我说,不是这样的,他们只是些愚蠢的看客罢了,他们只是些唯恐天下不乱的小人,他们,或许还是些歧视女性的卑微男人,他们都是些下流坯子,说话不用负责的键盘侠罢了,你,你不用听他们,不用,真的,你的路还很长。”他不知该说些什么,重复着那几句话。

“不,不长了,谢谢你听我说这一切,我已经,已经决定永远离开了,看见我床前那瓶安眠药了吗,味道可真不怎么样……鬼先生,等下见吧……”女孩的声音愈发弱了下去,她甚至连眼皮都快撑不开了一般,瘦弱的身体慢慢地滑倒在床上。“再见了,”她喃喃自语。

“妈的!”他低咒一声,想冲上前去抱起女孩,把她摇醒,但他什么都做不了。

不,不能就这样看着她去死,她还那么年轻,就只是个孩子,不,不行!这样绝对不行!他灵光一闪,轻松地冲透了房门奔去客厅——女孩的爸爸妈妈正在那里看着电视,逗着他们的小儿子,一片欢声笑语。

“喂!起来啊!你们的女儿就要死了!!”他疯了般咆哮,却没有人能听见他的怒吼,夫妻俩揉弄着儿子肉嘟嘟的小脸,仍然笑得一脸慈祥满足。

“喂！你们！快去救她啊！！快去啊！！！”他的眼角逼出了泪花，声嘶力竭地向他们吼叫着。可是他们听不见，也看不见。

渐渐地，他失去了所有的力气，神志渐渐模糊了……在昏迷前，他望了一眼那扇紧闭的卧室房门。“为什么，为什么我都救不了他们？”眼角，有泪珠顺着面庞流下。

死亡时间：二〇一八年六月一日星期五，上午十点二十八分。

## 终 篇

“啊……”他再度醒来，却只是迷惘地坐着。

“这个世界是怎么了？”他痛苦地问着自己，而就在不久前，就连他自己都是迫害者中的一个，甚至可以说是迫害者的助纣为虐者，“呵，我又有什么资格去救赎别人，一直以来，我才是那个推人入深渊的人啊。”他喃喃自语。

“Q先生！楼下的记者们已经控制不住了！你看该怎么办？”门被从外面急急地打开，冲进来的正是前不久刚刚自杀过世的Q的助理，“怎么办呐，要不要报警，还是低调处理？”助理急得满脸都是汗，气喘吁吁地望着他。

而他，却呆呆地坐在那里，睁大着双眼呆滞地看着面前这个焦头烂额的男人。“Q，你怎么了？”助理感觉到了他异样的目光，却只见他死死盯着自己，额头的青筋因过于用力地咬牙而突出来。“您，您好好休息，我，我这就去为您找公司处理好这一切”助理被这样的目光盯得发毛，战战兢兢地退出了房间。

“呵，终于轮到了……不是吗？”他慢慢地举起双手——这是一双他并不熟悉的大手，骨节分明，白皙修长，属于那个从一出道就站在镁光灯中心的男人身上。可他，却生生地毁了他，甚至将他逼上了绝路。

当年的Q是全国炙手可热的影视歌三栖明星，是万千人追捧的天之骄子，而他，为了天价金额不惜靠这几张偷拍照片便在社交媒体上大肆编制他卖毒吸毒的谣言，闹得满城风雨，一时间舆论哗然，他的微博被迅速攻占，评论里一片口诛笔伐，甚至有人叫嚣着让她以死谢罪，就连主流媒体最终也不得不插手调查。就这样，他失去了所有的光环，从天上被狠狠摔在了地下，如此狼狈。而Q到底有没有犯下这触怒全民的滔天罪行，只有蹲守了好几个月的他心知肚明，可他仍然昧着良心这样干了，没有想到，却是了结一条人命。

他静静地走向了窗边，那是一扇明亮的落地窗，玻璃被擦拭得很整洁，阳光正从屋外照进来，洒遍他的全身，洒在了窗边Q亲手养护的两盆君子兰上。一个月前，Q，正是从这里一跃而下，结束自己的生命的。

“对不起……”他望着窗外蜂拥的媒体，解脱地闭上了眼睛，“这是我欠你的，由我本人偿还，愿能洗尽你无尽的怨恨。”

一道身影，轻盈地从天边划过，像一只飞鸟，而它旅途的终点，开出一片妖冶的血红花朵……

死亡时间：二〇一八年七月十五日星期日，正午十二点。

写在后面的话:

无论最终跳下去的到底是Q还是他,总而言之,最后,大家都死了,无论是那个中年男人,小女孩,还是Q,他们死于舆论的压迫。而迫害者同样难以幸免。

# 半生离散不得还

邓群哲(2017级基地班)

“嘟——”你听,那是高铁进站的汽笛声,它经过这里,驶向远方……

四年前,我站在武夷山的月台上,听着这样的声音,看着自己被过站的列车裹挟而去,一路上剥着父亲买给我的橘子,一边想着母亲能否发现我藏在抽屉里的小纸条,就这样忐忑着只身去厦门求学。大山里的孩子来到沿海城市,总是难免被想家和自卑两种情绪包围好一会儿,直到我变成另一个完全不同的模样。

如今,我踏上武夷山的月台,听着同样的声音,看着列车驰向远方,一路上拎着我给父亲带的橘子,一边想着母亲定然不会料到我提早一天返家,就这样迫切地踏上归途。在沿海城市上学的孩子回到大山里,总是会觉得一阵轻松和难以言喻却又不可复制的熟悉,但故乡早已认不出你的模样。

这些年总有许多人抱怨年味淡了,但对于求学游子而言,故乡只有冬夏,并无春秋。年节作为我归乡的机会,于我而言,便有了浓厚的年味,那是只有母亲做的菜才能吃到的油盐味,是只有回家才能听到的闽北俚语味,是只在武夷山才能有的空气清爽味。于我而言,过年并不一定是腊月三十那一天的除夕夜,而是我从广州归来,踏上故土的那一刻,那才是我的年,家乡的所有味道,都是我真真切切感受到的年味。那十年如一日每个日落都在河边散步的吴阿婆,和我说“放假回家不容易,阿姨不收你钱”的早餐店老板,楼下养着条恶狗让我怕了一整个童年的张大爷,都是我能真真切切记住的人。

对于土生土长的孩子而言,春节还乡,难免是要见亲戚的。“近乡情更怯,不敢问来人”,如今看来大概就出于此了,怯就怯在七大姑八大姨的重重考验。而他们之间的谈话,无非关乎物质和现实,出于反感也好、惧怕也罢,我想这大概是浪漫的中文系学子最不愿意听到的话题了:谁家女儿嫁了个好人家,拿了多少钱聘礼,出了几套房嫁妆,于是大家便啧啧称奇,点头默叹。又谈到谁家儿子在外打拼,一个月拿着三五千的工资,落下一身职业病,房贷还不起,孩子不敢生,大家便唉声叹气,深感惋惜,并以此为训诫。但此类种种,与归乡返家的喜悦相比,实在算不得什么了。

春节回乡,和三五旧友一起再踏上初中的操场,恍惚间看到那片绿草地上,还站着六年前那些稚气未退的学生,我忽然开始追溯自己六年前的心境,再看如今的自己,我似乎明白了"懵懵懂懂"这个词的含义。坐在草地上,和旧友聊起曾经的那些日子,眉飞色舞的谈话间,却总有一丝落寞,嘴脸上欢快地应和,却又深深地感到——回不去了,也不再有了。于是往事不敢再多提。

四年前我离家时留在抽屉里的纸条,上面写着:"孩儿立志出乡关,学不成材誓不还。埋骨何须桑梓地,人生无处不青山。"四年来,仍然摆放在那个角落,纸张略微发黄卷起,我不知母亲是否看到过,只是如今回想起来,觉得当年的自己竟如此天真。四年前我满怀激情地出发,是为了某天能够光芒四射地回来,四年后的今天,我猛地意识到,那一天可能遥远到无法想象,也可能永远都回不来了。从小母亲便和我说,好男儿志在四方,四海为家稀松平常。但如今我领悟到了"满目山河空念远,落花风雨更伤春,不如怜取眼前人"的"不如"二字,是多么深的一种悲哀,我开始一点点地意识到世道,开始一点点地看清自己的路。

年节过得比平时快,不久我就搭上了去广州的高铁,如今写下这些文字,心里仍然害怕着,我不知道自己鬼使神差地走上了一条什么样的路,但最害怕的就是某一天猛地一回头,发现已看不到来时的方向,看不到故乡……

落叶总会归根,可人却常常埋骨他乡,哪来的什么人生无处不青山,我却只哀叹半生离散不得还。

嘟——,你听,那是高铁进站的汽笛声,它经过这里,驶向远方……

# 自画像

傅欣媚(2017级基地班)

清晨,柔和的晨曦被白色的木窗板挡住,在一间狭窄的房间里,一个男人从沉睡中醒来。他起身推开窗户让太阳能够将它长长的光芒倾洒到他的床边,他今天感觉自己精力充沛而且精神状态很好,尽管他仍旧穿着那一件破旧的亚麻色的病服。

"嘿,我今天感觉不错,是时候可以开始画画了。"他自言自语,一边坐在铁质的床上,一边低下身子打开床边桌子的小抽屉。里面有一个包裹,他是昨天通过医生才拿到的。他知道是弟弟给他送来了新的颜料,可能还有几支新的画笔,可能还有一些他爱吃的巧克力,弟弟果然是了解自己的,他拆开包裹,笑了笑。

他架起了画板,今天他想画一幅自画像,一边想着一边环顾这个狭窄的房间。"啊! 就是这里。"他将整个画板搬到了镜子前面。他为找到一个合适的地方感到兴奋不已,右手在插满画笔的牛奶玻璃瓶里挑着画笔,随后将画笔一并插入调色板中间的空处,左手握着几支画笔和托着调色板。他站在画板前面,开始用力地挤着自己的颜料,当他看见那些颜料以一种令他愉悦的弧度从颜料套里挤出来,他的手开始微微颤抖。

他的视线越过画板看了看墙上的那面镜子,目光好似空空地望了一会儿。镜中的他谈不上令他满意,他总是邋遢惯了,不修边幅的外形,长到耳边的大胡子,脸上还有点油腻。一身病服穿在身上,越发显得他……并不是很好。但他知道至少画像中的自己要干净一些、精神一些、平和一些,这样……这样才能证明他能离开这里,这样才能让那个人放心。

他一手叉腰,一手握着画笔并顶着调色板,对着镜子摆着各种姿势,他的眉头紧锁,认认真真地思索着摆出来的动作。他好像想到了什么,开始在那块固定好的画板打型,那双握笔的手不再颤抖,笔触碰到画板的那一刻,他的手显得格外灵活、熟练和富有力度,他简直爱死了作画的这种感觉。

"整齐的头发……干净的衣服……年轻……年轻……再年轻一点,对的! 对的! 我现在很正常,哦,妈妈,你的儿子就是这样。"画板上的人,在淡绿色的背景下侧着身,衣着整洁、肤色健康、神态放松、眼神平和。一只完好的右耳和他正在细致上色的红润,是他自认为健康的标志,他为之得意。

忽然,他觉得有些痛苦,他痛苦的时候常常头疼,他就这样伴着痛苦坐在房间里的椅子上,神情呆滞。而后盯着自己的调色板不自觉地、颤抖地将沾着颜料的笔缓缓地沾在自己的舌头上,这是他这阵子经常会做的事情,医院里的员工前几天还发现了他在偷偷嚼着从清洁工那边偷来的石蜡。

似乎是画笔上的颜色提醒着他的使命,他抬头看着画板上的自画像。

"是的,画完之后要写一封信,这是一幅要寄出去的画。"他的眼里有了光彩,而此时太阳已经落山了,秋天的风从外面吹进来,带着一丝寒意。

他在信纸上写道:

亲爱的妈妈:

你还好吗?马上你就要过七十岁的生日了,今天我觉得精神状态不错,画了一幅自画像想要送给你,我知道你一定能看懂我的心情的。我以前在给提奥的信说过,待在这里的好处就是大家都是病人,所以至少我不会觉得孤单,但是我现在一定要离开这里,离开阿尔勤医院,离开圣米雷,我要去追求我的艺术,只有在画架前作画,我才能感到有一点生命力,更重要的是我意识到了不能让大家以为我是病人艺术家。妈妈我现在有耐心了,还有毅力和意志,这些都是疾病带给我的……

文森特·威廉·凡高没有继续写下去,他的眼里带着泪光,他不知道想到了什么,他的脸上有委屈、有无助……他最终揉皱了纸张,这幅画他没有送给他的妈妈。

# 伊娃之死

龚玲令(2017级基地班)

这是一个周六,阳光很好。布朗先生拉开窗帘,阳光斜洒进屋里,落在布朗先生肩头,落到布朗夫人枕前,在婴儿床边止了步。

距离分娩已过去了三个月,布朗夫人的身体恢复得不错。分娩之前,她还忙着写她的下一部小说,小伊娃诞生后,她心甘情愿地放下了笔,把全部精力都扑在了小伊娃身上。“她值得最好的。”布朗夫人总说。

其实,刚怀孕时,玛丽·布朗的内心是十分矛盾的。她喜欢孩子,尤其是女孩。她们纯净、纤巧、细腻,就像清晨花瓣上的露珠,叫人没法不心生怜爱。但她对自己即将拥有一个孩子的事实感到惶恐,她太害怕自己无力保护这个新来的小生命了——尤其是女孩。保护一个女孩似乎意味着与全世界为敌。

此时,布朗夫人睡得正酣,脑袋藏在被子里。被子的花纹是她喜欢的粉色康乃馨。

趁昨晚小伊娃哭闹得少,让玛丽多睡一会儿吧。布朗先生心想。他轻轻带上卧室门,下楼准备早饭。

小伊娃生得极漂亮,在街上散步时,常常有行人停下来看她、逗她。“长大一定是个大美人”,这是布朗夫妇常听到的一句话。才刚满三个月,聪慧的小伊娃就能听懂布朗夫人的睡前故事了,快乐时她手舞足蹈,悲伤时则静静躺着,眼底也盛了忧愁似的。而布朗先生永远忘不了,那次玛丽带着小伊娃来乐团接他,小伊娃竟在回家的路上咿咿呀呀哼出了刚才彩排的乐曲,八九不离十。布朗先生觉得自己是世界上最幸运的父亲,毕竟,还有哪一位父亲,能有这样的福气,拥有如此聪慧可人的女儿呢?

想到这里,他忍不住又哼起了曲子,是上次彩排的那首。

阳光一尺尺后退,食物上的热气也升腾殆尽。还没有起床吗?布朗先生轻轻推开房门,走到玛丽和伊娃中间,借着柔软的阳光,静静看着这对熟睡的母女。他的心底涌出很多很多的爱来,他爱他的妻子,爱他的孩子,他爱这个世界。

布朗先生看着玛丽呼吸起伏的节奏,突然想为她们——他生命中最重要的两个女人——谱一曲二重奏,作为乐团新年音乐会的开场曲。这一定是一首温和、欢欣、美妙又治愈人心的曲子,他想。他闭上眼,似乎已经听到旋律、看到自己正指挥这乐曲了。

“玛丽听到该有多激动啊,小伊娃也会跟着旋律哼唱吧。”

沉浸在这喜悦中,布朗先生转头看向小伊娃,盯了良久,却看不出任何呼吸起伏的变化。他用力眨眨眼,死死盯着她的小肚皮——依旧看不出变化。小伊娃一动不动地摊在婴儿床里,像是一潭死水。

“一潭死水……”这个恐怖念头在布朗先生脑中飞快闪过,旋即被他掐灭。他伸手抱起小伊娃,她比往常沉了一些,脑袋垂在他肩上,快要把他的肩膀压垮。他把她放进臂弯里,抽出一根手指,放到她的鼻底。他看到自己的手指在颤抖,抖得愈发剧烈。他什么也没感觉到,没有感觉到小伊娃的呼吸,没有感觉到自己的存在,没有感觉到幸运、喜悦或悲哀……

他宁愿相信,是自己手指的触觉出了问题——但世上没有那么多“宁愿相信”。

伊娃死了。一个声音告诉他。

他紧紧抱着她。他觉得他该做些什么,却不知该做什么、该怎么做。

他甚至都不知道此刻应该喊“伊娃”还是“玛丽”。

他终究还是喊出来了,不是“伊娃”,也不是“玛丽”,甚至不是任何一个单词,不属于任何一种语言,只是一声呼喊,从肺腑里升腾起来的、悲恸的、无助的呼喊。

粉色康乃馨的被子松动了,布朗夫人的脑袋探出来。“伊娃、伊娃……”布朗先生颤抖着,“我……我感觉不到她的呼吸。”

汽车毫无意义地驶向医院。布朗先生看着怀里的伊娃,她的眉毛日渐浓密,长长的睫毛安静地伏在下眼睑上,好像在做一场永远不会醒来的梦,小小的鼻头陡然翘起,玛丽说这是“精灵的标志”,而昔日粉嘟嘟的小嘴唇,如今变成了青紫色,面色如同一张潮湿的墙皮,泛出灰白。

布朗夫人盯着窗外发怔。一路上,布朗夫妇沉默无言。

一星期后,诊断结果出来了,伊娃死于窒息。布朗夫妇随后去了警察局,可布朗夫人始终打不通保姆的电话。一星期前,她还打电话告诉了保姆这个噩耗,给她清算了工资。

三天后,布朗夫妇为小伊娃举行了葬礼。布朗夫人情绪激动,泣不成声,好几次都差点晕过去。葬礼后的很长一段时间里,布朗夫人不是发呆,就是失声痛哭。她去教堂的频率变得越来越高。她是个虔诚的基督徒。

“也许耶和华能抚慰她内心的伤痛。”布朗先生这样告诉自己,尽管每次布朗夫人从教堂回来,脸上总挂着泪痕。

是不是保姆的过失,已经不重要了。事已至此,布朗先生已经没有追究罪责的力气了。这不是任何人的错。这是命,是上帝安排的。要错也是上帝的错。

可上帝怎么会错呢?布朗先生认了。况且,小伊娃生前,玛丽就常常担心小伊娃的安危:上学后,该怎么保护她不受侵害?打的士,会不会被奸杀?成年后,她有自主选择结婚生子的权利吗？结了婚，遭遇家暴怎么办？……这个世上，危机四伏。在水里、在食物里、在疫苗里、在天天呼吸的空气里、在每一条残忍落后的法律法规里、在每一次的麻木不仁和趋炎附势里……

玛丽担心过后，总说："她值得最好的。"而后脸上泛起复杂的表情，"可这世上有太多恶了。"有时还忍不住流下泪来。这时布朗先生不得不搜刮些甜言蜜语安慰他的玛丽，他觉得玛丽想得太多太远了。尽管，他也有着同样的担心。

"我们的小伊娃多幸运，她还年轻，还没接触人世的罪恶，就在睡梦中死去了。她这辈子经历的一切，都是美好的。"布朗先生这样安慰玛丽，也这样欺骗自己。

久违地，布朗夫人的眉头竟有些舒展了，眼底也闪出不一样的光。

布朗先生见状，心里也宽慰了许多。

生活还得继续，布朗先生想再要一个孩子。这天房事之后，布朗夫人像往常一样下楼喝水。布朗先生也感到一阵口渴，于是跟了下去，却看到玛丽手里攥了两粒药丸。见他来了，她慌忙把药片塞进嘴里，用力吞了几口温水。

两人再次躺到床上，趁着夜色，布朗先生开口了："玛丽，刚刚你在吃什么药？身体不舒服的话，千万不要瞒着我。"

漫长的沉默，融进无边的黑夜里。

许久，布朗先生听到了玛丽的抽泣。"玛丽，怎么了玛丽？"他伸手去搂玛丽。布朗夫人挣开他，背过去坐起来，抽泣着，一顿一顿地说："我……我不想……再要一个孩子了……"

"没事的，玛丽，那我们就不要了。别哭了，玛丽，你完全可以跟我说这事，在我提出这个想法的时候就可以反驳我的……"布朗夫人哭得更大声了。"哦，我的玛丽，这是我们两个人的事，在我心里，你比那个尚未诞生的生命要重要，玛丽。"布朗先生在玛丽耳边低语道，试图安抚他可怜的妻子。

布朗夫人逐渐平静下来，擦干泪痕，转向布朗先生："小伊娃，是我杀死的。保姆刚走，我趁她睡着，用被子把她闷死的。"布朗先生的手臂从玛丽肩头坠下，落在被子上，没有声响。

"这个世上有太多的恶。这个世界配不上我们的小伊娃。"她的语调再次激动起来，"她值得最好的。"

布朗夫人把头埋进被子里，再次抽泣起来，眼泪染湿了被子上的粉色康乃馨。

# 月遇从风

黄思敏(2017级师范班)

## 一

我叫小七,我是一名杀手。

小七不是我的真名,但谁也不会在意这个。

我有六个师兄,不,应该是七个,都按辈分叫。我原本应该排行第八。可是在我来之前的老七就人间蒸发了,谁也不知道他去了哪里,师傅对这事讳莫如深,也从来不许我们提这事。于是我就得了老七的位置,叫小七。

从十二岁被师傅收养,踏入杀手这一行开始,师傅就戳着我们的脑门子,告诉我们作为一个合格的杀手,一不沾酒,二不沾色。我们这样的人,过的是刀尖上舔血的日子。每时每刻都要保持冷静警觉和机敏的判断力,毕竟,我们也是有职业素养的。若是出现了一刻不清楚,稍有差池,任务失败,砸了招牌是小事,等到丢了小命可就追悔莫及了。

师傅说的话总是很有道理。所以到如今又一个十二年过去,我始终是这么做的——没喝过酒,没和女人睡过觉。

## 二

我叫杨枫,我是小七的师傅。

其实小七说的不大对,我的徒弟们都跟我姓,所以他的师兄们从杨大一直叫到杨七。

我承认我捡回小七的时候不抱什么好念头,只是看他脑子不灵光。我喜欢脑子不灵光的人,没有这么多心眼,你给他一点水,来日就能给你一汪泉,这样的人留在身边使唤再好不过了。起码,这种人心里藏不住事情,不至于冷不丁反咬你一口。

你们也没有资格指责我,身逢乱世,每个人都有自己的苦难,谁还要守着那可悲的仁慈,活下来才是最重要的。

出乎我意料的是,这愣头愣脑的呆小子意外地适合当一名杀手,他从里到外都像是为这个职业打造的。在接单的时候只问该问的,从来不理会多余的问题。不仅如此,从一开始我就发现了这小子出任务总是心无旁骛,专注力极高,下手干净利落,绝不拖泥带水。莫非这也是呆头呆脑的好处?

既然他是为杀手而生,稍加打磨之后,他执行任务几乎不曾出错,在业界的名声也越来越好。不少棘手的任务都找他来做,任务越难,报酬也就越高,险中求富贵就是这个道理。这对我来说当然是百利而无一害的。

## 三

我叫小七,我现在是一名保镖。

月初,我接到任务,刺杀如意酒庄老板安富贵的女儿,安明珠。

雇主给出的时间是一个月,正好。不多也不少,刚刚够月亮轮回一次盈亏,也足够我制造出一个机会完成任务,全身而退。

从资料上来看,安富贵风流成性,可留下的种只有安明珠一个,是他的原配所出。如今能够陪在垂垂老矣的安富贵身边,顶着安夫人名头的是他的三姨太。而安明珠作为安家为唯一的女儿,除去美貌不说,她的背后可是整个安家的财富,想求娶她的公子哥儿犹如过江之鲫,可能真正到她面前的没有几个。

安明珠身分特殊,出行总有大大小小的保镖跟着,想近她的身自是不易,更何况在安富贵得了大病住院之后,更是加了几批人手时时刻刻护着这安家小姐。

于是我伪造了清白的家世,经过层层甄选,凭着优秀的身手,成了安明珠的保镖。这样一来,不仅能够轻易靠近目标,还能够时刻掌握目标的行程。

安家的保镖是轮班的,每个人都有一个代号,而我正好还是七号。在我第一次看见安明珠的时候,我就不动声色地把她打量了一番——记住目标的样貌,是第一步。托常年训练出来的眼力所拜,连她眼角的那颗魅人的红痣和笑起来的小酒窝都看得清清楚楚。

## 四

我叫杨大,我是小七的大师兄。

小七自从能接任务开始,成绩斐然。师傅向来喜欢他,业界口碑也不错,师兄弟们虽然眼热,但小七的成绩和身手放在那里,倒也无话可说,只是私底下腹诽一番。其实大家心里都清楚,这年头已经没有多少师徒情谊了,谁能把师傅的招牌打响,谁能给师傅带来更多的钱,谁就是师傅的好徒弟。

虽然众师兄弟闲话是不说了,但排挤和孤立还是有的。我年长小七许多,在师门里面辈分最高,别看小七入行多年,但其实他的心底比谁都单纯,只看他那双透亮的眼睛就知道,像极了我那年幼时已经死去的弟弟。因为如此,很多时候我总是默默地偏袒小七多一些。

我实在看不惯其他人的做派——师傅虽然是刀子嘴,总是动不动就拿逐出师门,清理门户说事,但这么多年来除了那犯下大错的老七,他何时真的因什么事打骂过众弟子一次?反倒是每一个入门的弟子都是悉心栽培,即便说不上掏心掏肺,却好歹教给了我们一门本事,保全在这乱世。

我跟着师傅的时间比他们都多。他的故事,比你们能想到的要沉痛得多。

## 五

我叫小七,我现在是一个病人。

我最近生病了,估计是得了心律不齐。

这影响到了我的任务。每次轮到我当值的时候,我总是心跳得很快,害得我每次都要用力咽很多次口水,才能把心脏压回位置。然而当轮到其他人当值的时候,我又觉得气短胸闷,心仿佛就要停下来不跳了一般。

时间长了,我也摸清楚了这里头的缘由,跟安明珠有关。每次一见到她的笑,我的心就不受控制,尤其是当她看向我朝我笑的时候,我就好像看见了很多年前家门口的那棵树上结的苹果,一样的可爱又鲜活。大概咬下去也是甜的吧?每每想到这里,我总是羞得满脸通红,但心中总有个声音一直告诉我:这没什么好羞的。

女人,实在是太可怕了。若不是我深知自己的身体,几乎要以为安明珠识破了我的身分给我下了蛊。即便没有给我下蛊,她本身就像致命的罂粟,色泽迷人,引人堕落,散发着神秘又危险的气息。然而,最可怕的是,她根本什么都没有做,仅仅是朝我笑了一笑。

当我意识到这个念头的时候,我想我病得很严重,生病了就要找师傅。于是我回到大院里,找到师傅。

可当师傅听完我的病症之后,脸色并不太好看,他深深地看了我一眼,然后挥挥手让我出去了。

我有些迷茫地望着天上的弦月,莫非我的病已经治不好了?也是,心脏上面的病哪里是这么容易治好的,只是作为一个杀手,死在这莫名其妙的病症上总觉得有几分郁闷啊。而且我并不想死,毕竟……

## 六

我叫杨枫,我现在是一名追踪者。

我暗暗地跟在小七身后,看着他跟在安明珠身边执行任务。

呵。

我暗自冷笑。任务?他知道他在执行哪个任务吗?如今怕是连自己姓杨还是姓安都不知道了。他盯着安明珠的时候眼睛都跟着了火似的,活像饿极了的狗见了骨头。

我慢慢接近安明珠，故意在她面前虚晃一下，制造混乱。我清楚地看着小七的身子不经大脑的就先冲到那女人面前想要为她挡刀。

甚至开始打听起买家的行程来了——这无非就是要倒戈相向。

我几乎要气笑了。他到底知道自己在干什么吗？还真的想学画本子里的才子佳人来个英雄救美，然后男耕女织，共度余生？说到底不过是男欢女爱，床笫之欢罢了。

从一开始我听到小七的话我就知道，完了，小七完了。

只是为什么又是杨七呢？为什么又是女人呢？

我这一辈子的苦难都和女人分不开。一出生，母亲便已难产，自幼失恃；少年时的青梅竹马嫌弃我家道中落，另嫁他人；待到我年纪稍长，帮助父亲把家业做大，而父亲的填房心狠手辣，暗算于我，把我净了身送进宫中；等到我机关算尽，成了老佛爷身边的红人，倒是慈禧把整个家国都算错了。回到家乡时早已物是人非，才知道那女人已经卷了家产，跟人跑了。从此颠沛流离，若非在少年时学了几分拳脚，到了宫中又跟大内高手学了几招，怕是已经成了乱葬岗的尸骨了。甚至到我自立门户，又有女人勾去我徒儿的心，害得我们师徒反目。

所以，我恨女人，恨母亲为何早早离我而去，恨青梅为何不再等等我，恨继母的心狠手辣，恨慈禧的自以为是，恨那妖精的挑拨离间。

我望着把安明珠护得滴水不漏的小七，狠了狠心，有了决断。

## 七

我叫小七，我现在是一名策划者。

不管病得怎么样，一个月的时间过去了大半，任务总是要完成的，所以我决定在周日动手。下个周日，安明珠都会去城西的一家首饰铺。城西是大街，却离城口护卫队最远，而隔街的护卫队听到异动赶来的时候，为时已晚。我已经将那边的地形摸透，事成之后好脱身。这么一来，天时地利已经具备了。而那日又恰巧是我们这批当值，加上自己的身手，我想人和已经具备了。

到了周日，为了不在其他地方浪费脱身的时间，我决定引开其他人。正当我设法找机会的时候，安明珠却打断了我。

“小七，你过来帮我。”

她没有回头看我，只是略侧着身子，眼睛通过镜子与我相视，嘴角划出一点上挑的弧度，小小的酒窝若隐若现。眼角的红痣在陈旧的黄铜镜中显得比平时更加惑人，此时的她就像是小时候见过的画本子里狐狸化成的精怪。我强压着心中波涛起伏的情绪，努力控制着脸上的表情，生怕被她看出什么端倪，在其他人艳羡的目光中，朝她走去。

她微抬下巴，指向桌上的项链，噘了噘嘴，抱怨道：“你帮我戴上吧，我老弄不好它。”

我拿起项链，绕到安明珠的背后，半弯下身子。突然意识到，这是个极好的机会

——众人都被她遣在门外候着,就连老板娘也被她支到库房取东西去了,如今在店里的人只有我和她。

这样的好机会可不多啊,电光石火之间,我的大脑飞快运转着。手心的刀片已经准备好了,眼下她正微倾着头,露出一大片颈后瓷白的肌肤。我只需要假借戴上的动作就能够割开她的血管,然后逃之夭夭。我绷紧了手上的肌肉。

## 八

"怎么了,扣不上吗?"

猛地一下,我的手几乎要痉挛了。我定了定心神:"没有,我见这扣子复杂,多瞧了几眼。"说着,手下不停,给她戴上了。我闭了闭眼,罢了,时机已经错过,等下次再动手吧。

安明珠每次到了城西都会去看看的隔壁那家裁缝铺,到那里去动手也是一样的。我心中并没有太多的遗憾,反而很自如地安慰着自己。

安明珠很是满意地照着镜子,我静静地站在她身侧。她转过身来,脸上荡起个好看的笑容:"好看吗?"

当时接过项链的时候没有认真看过,只觉得这链儿稍长,如今看来,这稍长的银链被坠子一坠,正好落在少女圆鼓鼓的胸脯上。大概是真的想要让我看清这坠子,少女竟然还挺直了腰脊,又突然想到之前见到的肌肤,我几乎烧红了脸,飞快地移开视线。

"嗯,挺好看的。"

显然安明珠对我的回答并不太满意,到最后她只是兴致缺缺地拨弄着店里其他的首饰,也没挑出一样来试。

我看着她走出门外,慢悠悠地朝裁缝铺走去。好看的衣服似乎令她的心情好了不少,挑了好几件衣服要去试。我莫名其妙松了一口气。等到她走进试衣间,我按原本的计划打发了其他人,潜进了试衣间。

## 九

她仿佛在等着我。

刚刚换下的外衣被挂在一旁,她只着一件薄薄的吊带和亵裤。抱着新衣服,背对我静静地在那站着。试衣间的光线有些暗,唯一的窗户用一种微微透光的布料挡上了。阳光到了这里已经被透成了类似暖橘的颜色,此刻正落在她年轻的身体上。大片洁白细腻的肌肤染上了暖色,少女的身上的香气让整个试衣间瞬间变得暧昧起来。

她似乎不惊讶我的冒犯,仰着小脸盯着我:"帮我穿一下吧,后面的拉链好像拉不开。"

我对她言听计从,手指触到她的肌肤就像是被点燃了一样。

“从一开始我就知道，你和其他人是不一样的。”她轻轻地开口。

我心下一惊，莫非她早就识破了我的身分。还未等我想出应对之辞，她又开口了：“别人出任务的时候，总是在观察周围，”安明珠转过身，“只有你，你的眼里只有我。我每次回头也好，走到其他什么地方也好，只要一往后看，就能找到你。”她的脸上绽放出一种耀眼的光芒，占据了我视线全部。

我高悬的心刚刚放下来，又马上被提起。像是个孩子被人发现了被单上的水渍一样。羞愧，窘迫，偏偏有几分说不清道不明的喜悦和期待恬不知耻地在心底发笑。

“你喜欢我，对不对？”我心底的种子破土而出。

“其实，我也喜欢你。”她抱住了我的腰身，把脑袋埋进去，而后又用亮晶晶的眼睛水儿似的看着我。我低头看着少女，仿佛有股巨大的力量从我的脚冲击到我的脑袋，全身上下的毛孔都被打开了，就像在暴风雨的一叶小舟，毫无防备却心甘情愿地迎接着少女带给我的风暴。

我颤抖着将手抚上她的脸颊，开始胡思乱想着，现在的胭脂已经能够把天上的霞光都拿来敷到脸上吗？

## 十

“阿七，我多想和你在一起呀！可是我继母雇了人杀我，纵然你武功高强，可是我怕拖累了你。要不从明天开始，你就走吧！反正我已经对你道明了心意，就是死，也不会有什么遗憾的！”少女的眼睛还真就流下了水，打湿了我的指尖和心尖。

“你别哭了，我不会让你死的。”我确实没有办法忍受这样的酷刑了，“别哭了，别哭了……”在这一刻我深深唾弃自己的榆木脑袋和笨拙的嘴巴，没法说更多的东西安慰她，只能徒劳地拍拍她的背。

“可我的继母只要在这世上一天，我就要每天担惊受怕，我和你，甚至是将来我们的孩子都没有办法过上幸福的生活。”少女再次低下头，“若是……若是她能够消失该有多好啊……”

少女嫣红色的嘴唇带着如兰的香气渐渐向我靠近。

有什么柔软的东西印上了我的嘴唇，就跟冰糖一样香甜，却一点都不腻人。身体深处涌动着一股澎湃的力量，像一股股滚烫的岩浆冒出湿润的土地，所有的感情从张开的毛孔满溢在空气里，甚至燃烧了那一点稀薄的氧气。

但是，对于安明珠的要求，我犹豫了。

## 十一

我叫杨大，我是个杀手。

这一次，我要杀的人，是杨七。

借着即将圆满的盈凸月色，我潜伏到小七在安家的住处，他整一个人呆呆地坐着,手时不时拿起来摸一摸嘴巴。今天的他看起来完全不像个杀手。

不论如何,我今天有些事是一定要完成的。

我熟练地弄出点动静,把小七引了出来。看着小七警觉地往我这边靠近,我心里莫名有些自豪。小七入门时,师傅的精力在另外一件任务上,所以很多事情都是我这个大师兄教给小七的。看着如今这个挺拔的少年,我颇有几分为人兄长的感慨。

待到时机差不多时,我装上消音器,调好瞄准镜,扣下扳机。

看着小七利落地躲开子弹,并且拿出手枪对准我刚刚所在的位置连开几枪。我把自己暴露在小七的视野里,他看起来很惊讶,估计怎么也没想到我这个一向待他和颜悦色、亲厚有加的大师兄怎么会突然对他动了杀心。

"身手不错,看来脑子还没被女人勾去。"我打破了沉默。

"大师兄,你怎么……"小七大概觉得他把这件事情藏得很好,或者从没想过要隐瞒这件事。

"我奉师傅的命令,清理门户。"看着他骤然睁大的眼睛,我有些无奈,他太单纯了,我指了指刚刚留下的弹坑,"然后我们激战一场,被你逃脱了。"

"可是为什么师傅要……难道就因为他不能人道,我们也要……"他攥紧了双拳,开始口不择言。

"啪——"我选择了一种更适合训诫而不是打架的方式,"为什么?你以为江湖是什么地方,你想来就来,想走就走?你知不知道一个背叛了卖家的杀手面临的是什么下场?"

"我知道!我知道!从前的那个老七不就是因为这样被师傅杀死的吗?"

看着这个一手带大的孩子,我摇了摇头。

"你跟我来。"

## 十　二

我叫小七,我是一个男人。

伸手抚上躺在我身边的安明珠安然的睡颜,因为熟睡,少女,哦,不,她从今天开始应该是女人了,女人的脸上浮起了如醺的红霞,比试衣间里看到的还要好看。

这都是因为我,我想。

就像是亲眼看着一株稚嫩青涩的花苞,最终在我的手下蜕变成妖娆的蔷薇,却只有我能看见这一刻的美。我抬眼望向窗外,即便已经有稀薄的日头显现,但一轮满月温柔得不可思议,我从未见过这样温柔的月色。

那天过后的事情的确给了我很大冲击,我原本打算再劝一劝安明珠关于她继母的事情,但她好像完全控制了我,我已经完全倒向了她的那侧——而她就是最重的砝码。

她羞答答地偎在我的怀里,细碎地讲着我们未来的美好日子:以后要有两个孩子,哥哥和妹妹,当我教哥哥武功的时候,妹妹就在一旁学习琴棋书画,做女红。这样哥哥就能够保护妹妹。也许练习完了之后,她就恰好从厨房里走出来,喊孩子们吃饭,温柔地为我拭去脸上的汗珠。

那是一个家,是我从小最渴望却得不到的家。

我无法不沉沦。

我一遍又一遍地吻着她,把她带给我的巨大的炽热的无以言表的感动千倍万倍还给她。

于是,我悄悄闯进了三姨太的房中替安明珠解除了一切忧患。

等到我回到房中,前来迎接我的不是师傅的索命镖,而是像彩蝶一样扑入我怀中的安明珠,和一夜春宵。

## 十 三

安明珠缓缓地睁开眼,就着我的手猫儿似的蹭了蹭,甜甜地说:

"谢谢你,我们以后的日子,一定会很幸福的。"

我的心像滚烫的火焰一下子被投入冰冷的水中。

从一开始,我就没有打算告诉安明珠关于三姨太和暗杀的事情。那么昨晚……

花瓣似的嘴唇带着如兰的香气贴近我微皱的眉头:"怎么了,一大早的眉头皱成这样?"她起身拿起桌上的酒壶,懒懒倒了杯酒。皎洁月色下,女子的皓腕显得晶莹剔透,见她轻执起壶把,缓缓抬着手将酒注入杯中。大概真的是月亮的魔力,隐约间她微微翘起的小指也有几分月色缠绕,顺着她的手,连带着透明的酒柱都有几点银光在闪烁。

"喝点酒吧,解解乏。"

师傅不沾酒色的训诫仿佛还在耳边,但是到了今天,一切都不重要了。

我拿起酒,一饮而尽。味道我并不喜欢,火辣辣的液体刀子似的割过喉咙,心里有点难受。视线已经开始模糊了,我运起最后一点力量提至指尖。

"我真的很谢谢你,"安明珠靠在床头,幽幽地叹息,"自父亲住院之后,我就一直害怕着,我知道姨娘要杀我。要不是你,我也不知道要怎么渡过这个难关,只是我们不可能在一起。先不说门当户对的事,作为安家的继承人,我的婚事也是要用来谋取最大的利益。我就想啊,与其以后把身子给了哪个老爷官爷,倒不如给了你。"她低下了头,长长的睫毛投下一片阴影,挡住了她眼里最后的一点光亮。"至少,你是真心对我好的……"

我转过身,用尽最后一丝力气抱住她:

"保护好……自己。"

## 十 四

我叫杨大,现在由我照顾小七。

那日待我们赶到时,小七倒在安明珠怀里,安明珠对着桌子泣不成声,那里有小七刻下的一幅画——两个大的小人牵着两个更小一点的小人。师傅最终还是放过了安明珠,只是安富贵在同一天也走了。

师傅在小七出事后,解散了自己多年建立起来的事业,给了我大笔的钱,对我下了最后一道命令:照顾小七。并且准备为小七承受来自江湖的腥风血雨。师傅年事已高,即便生活给了他太多的阅历和经验,终究是双拳难敌四手。幸好,在关键的一刻,小七不仅醒来,还打败了敌人。

我带着师傅推开门,小七呆呆地站着,茫然地看了我们一眼,转头继续盯着桌上。

师傅哀恸:"那女人总算有点心,用的毒药并不强烈,可惜终究是毒,往后怕一直都只能是个呆子了。没想到,这小子还是落得个跟老七一样的下场,还是我造的孽啊!"

"放心吧师傅,我会照顾好小七的,"我安慰道,"老七虽然被人挑拨,和师傅您刀剑相向,但最后知道那女人居心不良之后,也是因为对不起师傅才自刎。"我拍了拍眼前这个自责的瘦小老人,"您,一直是个好师傅。"

小七大概是觉得好玩,也学着我的样子,拍了拍师傅的肩膀。

送走师傅之后,我牵起小七的手:"走吧,傻小子,带你去下馆子咯。"

一如多年前。

## 尾　声

我叫小七。

其实在大师兄带着我走到街上的时候,我看见她了。

她很聪明,也一定能把自己保护好。

这就够了。

# 迷 城

李卓蕙(2017级基地班)

时间:2×3E年;地点:×××。

“现在为您实时转播,封闭了700年的城市,即将在这一刻呈现在我们眼前!”电子眼转播器在半空中发出机械音。这是最近两年兴起的电子记者,有了它,记者再也不用冒着生命危险奔走于各种危急的现场。但在某种方面来说记者也形同失业了,只有一些记者仍旧留在岗位整理电子记者带回来的一线新闻的稿子,赚取少量稿费维持生计。而稿费当然也有多与少的区别,这与稿子的阅读量呈正比关系。

艾弗森曾经是一个金牌记者,他常常奔走于一线对事件进行报道。可现在不需要这样的记者了,艾弗森也写不出阅读量高的稿子了。这是因为他坚信只有去到现场才能写出好的稿子。没有去到现场,只是依据电子眼传回的视频他总觉得这样的稿子缺少了灵魂。他每次看着那些阅读量第一的稿子都会嗤之以鼻,这个时候,他故意蓄的有些微翘的胡子,总会随着他声音的发出而一翘一翘的:“这些没有灵魂的稿子!”

“所以说艾弗森老弟你这又是何苦呢? 大老远跑来这荒凉的地方,吃这些风尘苦,多不值得。舒舒服服坐在办公室,喝着你爱喝的咖啡,看着电子眼传回的视频,在键盘上轻轻松松敲几个字不就完事了?”达诺夫趁着没人往这个方向看时,微微侧身,用自己的肩膀撞了撞艾弗森的肩膀。

艾弗森是一个身高一米七的四十岁“小老头”了,这是他自己常常用来打趣自己的外号,“都是个小老头咯,我还能不能写出一条让我满意的新闻啊?”他颧骨微高,眼窝深陷,整个人有些消瘦。为了防风沙,他现在戴着一个口罩,口罩下的胡子并没有刮干净。但是眉眼间的精气神仍在,那双锐利的眼睛仿佛可以敏捷地捕捉一切有价值的新闻。

而旁边的达诺夫是大高个,比艾弗森高了一个头。他是一个军团的指挥官,在以前的行动中,作为记者的艾弗森与他有过合作。私下里两人发现挺聊得来,偶尔会一起出去喝点小酒。这次奉命前往这片荒域执行任务。常年服兵役使他的皮肤变成健康的麦色,但是也因为这样,他看起来非常健康硬朗:健壮的身材,没有多余的赘肉;

脸上没有很明显的皱纹……当他和艾弗森站在一起时,大家总会认为他起码比艾弗森小十岁,其实,他比艾弗森大两岁。

艾弗森皱了皱眉,很不高兴地说:“达诺夫,你从得知我将要跟随军队来到这片荒漠的时候,这句话你已经问了不下五遍了。你认识我这么多年了,还不了解我吗?这次是我好不容易争取来的机会,瞧着吧,我一定要让那些人看看什么才是真正的新闻!”

达诺夫耸耸肩:“随你吧,到时候别后悔就行。”

若是在以前,艾弗森定能以他从业多年的记者经验发现达诺夫情绪的不对劲。达诺夫这个人平时看起来挺嘻嘻哈哈的,而且对于很多事都是一副游刃有余的态度,只有在他遇到了他真的解决不了的麻烦时,才会流露出认真的一面。就像刚刚说那句话时一样。但是现在的艾弗森因即将得到极佳的新闻写作素材而兴奋着,根本无暇去留心观察其他事情,因此他没有发现达诺夫的任何不对劲。

今天是个好天气,万里无云。这里是荒漠的中心,周围几乎没有任何植被。这是比较罕见的,以这座古城为中心,方圆百里没有任何“活物”,连大一些点的石头都不曾看见。这座古城就像是空降在这片荒漠一样。他们来时所造成的车迹不知何时已经被风沙掩埋得干干净净,一点痕迹都未留下。早上十点多,沙子已经被太阳炙烤得发热,如果穿着薄底的鞋,脚心已经开始发烫了。艾弗森仔细打量着这座在荒漠中心的古城,被风沙侵蚀的城墙阻挡了人的视线,使外人无法窥探到这座古城的内部。城墙上面还有哨塔,那个……是炮口?这座城堡的军事防御措施做得这么好,难道是以前的军事重镇?

电子记者绕着古城外围飞了一圈,详细地为观众介绍着这座古城的背景。整个军团严整地站在古城城门外,等待着进入的命令。

艾弗森拿起对讲机:“全军戒备,准备开城门!”

语闭,一个军团分为三排。第一排的人派了五个人上前,试图用最简单的方法——用手推开城门。五个人的力量未能使紧闭的城门有任何变化,反而是他们因为力的作用,脚步后移,在平整的沙地上留下几道痕迹。他们相视点头,其中一人拿起对讲机:“报告长官,无法打开城门。”

“迅速退回,开启第二套方案。”达诺夫皱了皱眉,这第二套方案他不是很想执行,因为如果直接使用炸弹爆破城墙,会对古城的伤害非常大,但这是上级的规定。他也问过为何不直接攀爬城墙进入古城,上级直接给了他一沓资料。资料上面是古城的一些历史资料以及航拍图。他仔细翻看着资料,越往后看眉头皱得越紧。资料上显示这座古城早期一直与外界有交流,虽然比较少,但是有。可是七百年前,一场突如其来的疾病袭击了这座古城,当时的政府曾经希望帮助他们,但是前往的人全都有去无回。后来科技发达,政府也曾试过派无人机去探测,但是传回来的航拍图非常模糊,几乎什么都看不清。而且过了十分钟,无人机就受到磁场干扰,不受控制,然后失去联系。

"所以?"达诺夫最终还是问出了口。

"即使经过了七百年,政府对那块区域还是耿耿于怀。而且最近派出的无人机除了还是无法拍到清楚的图像,其他功能一切正常。因此,决定派你们军团前去查看。"

达诺夫从回忆中回过神来,发号施令:"准备炸弹。"

第二排派三人上前,放置好炸弹,迅速撤回。

"全军撤退两百米!"达诺夫喊道。

军团整齐有序地向后撤退两百米后,都在等着达诺夫下最后的爆破命令。

这时,不知何处兴起一阵沙尘。艾弗森眯起眼睛,他在沙土间隐隐约约地看到几个人影。他心底的疑惑越来越深:"这里难道还有人?要是他们还能再走近一点就好了,太远了,我根本就看不清,那到底是人还是别的什么东西。"

那些人仿佛听到了他心底的声音,走得越来越近了。他们头上都带着一个鸟嘴状的头盔,身上披着黑布,走动时,仿佛是飘在这沙上的,没有留下任何脚印。

"回去吧,这里什么都没有。只有死亡、痛苦和绝望。"沙哑的警告声在耳边响起。但随着一阵沙尘扬起,他们又不见了。

艾弗森揉揉眼睛,难道刚刚是幻觉?他用胳膊肘撞了撞达诺夫的胳膊:"嘿,老兄,你刚刚有没有看到一群黑袍人?"

"什么黑袍人?你怕不是又老眼昏花了。好了,别再疑神疑鬼了,我们准备要进去了。"达诺夫拿起对讲机,"五秒后引爆炸弹。"

五,四,三,二,一……

"轰隆"一声巨响,彻底打破这片地方的宁静。城门附近的沙被炸飞好几米远,就像洪水暴发时的猛烈,然后它们纷纷落回地面。待那层沙雾渐渐散去,城门口那个巨大的洞出现在众人眼前,古城缺了一个大口子,但是里面就像被遮上了一层薄纱,模模糊糊,让人无法看清。

艾弗森敏锐地察觉到这片的天空变了。

悠悠长叹不知从何处传来,随之是一阵尖锐的声音:"看啊,他们终究是打开了罪恶的大门,迎接他们的将是万劫不复的深渊!"

艾弗森皱了皱眉,右眼皮跳得有些厉害,心里的不安越来越重:"达诺夫,你……真的什么都没有听到吗?"

"没有。走吧,我们该进去了。"达诺夫面不改色,挥手向前,示意军团按原计划一分为二:一半驻扎在城外,以备不时之需接应内部;另一半随着达诺夫一起进入古城一探究竟。

达诺夫再一次拿起对讲机:"全员,带好装备,防护装备穿好!"

越往前走,艾弗森觉得越来越不安,不对劲,这太不对劲了。眼看着就要到那个缺口处了,身体的排斥感越来越强烈,全身上下的细胞都在催促着让他回去。不行!都已经到这里了,说什么都要进去看一眼,他咬着牙关,迈了进去。

空气是凝滞的,原本还算晴朗的天空不知何时已经变得灰暗,整座古城死一般寂静。刚刚一直在实时转播的电子记者仿佛受到了什么干扰,自动关机,然后掉落在地上。

"嗯?"达诺夫捡起掉在地上的电子记者,仔细检查起来,没有受到什么外部的攻击,"应该只是单纯没电了,你们检查一下自己的设备,看下是否还能与外界通讯。"

一位士兵出列,行了一个标准的军礼:"报告长官,通讯正常!"

达诺夫点点头:"好,那我们继续前进。"

"长官,我们不用分散去搜查吗?"有士兵提出疑惑。

"不用,现在这座古城有太多奇怪的地方,分头行事反而不太安全。"

从城门一进去,是一条长长的街道,这条街道早已不复以前的繁荣,墙壁上的颜色都已经剥落,露出原本石头与泥土混杂的颜色。两边的商铺大门紧闭。而街道中间,都是一具具尸体,有人类的尸体,也有动物的尸体。他们仍保存着生前最后一刻的模样,并没有因为时间的流逝而腐化。人的表情痛苦而狰狞,麻木、绝望遍布他们脸上。他们的尸体无一都呈现出黑紫色,看起来是某种致命的传染病所导致的。所有士兵无不倒吸一口气,他们见证过无数死亡的发生,和战争带来的死亡不同,这种死亡给人一种窒息的恐惧感。

艾弗森想举起手中的相机,拍下这个令人毛骨悚然的场景,单凭这个,他就可以写出一篇令世人震惊的报道了。这样想着,反而让他刚刚有些凝固的血液重新奔涌在身体各处,以往那股记者的激情重新又出现了。看来,刚刚那个电子记者坏得是时候啊。他有些幸灾乐祸地想到。

"咔嚓,咔嚓。"艾弗森兴奋地拿着相机拍了起来,达诺夫有些好笑地看着他。现在大概全队最激动的就是他了吧?艾弗森没拍多久也归队了,全队继续往前走。越来越多的尸体出现在人们眼前,他们麻木了。古城的一切都保存得非常好,如果那些尸体不是那么狰狞,颜色不是黑紫色,他们就像是刚刚睡着一样。

艾弗森无意回头瞥了一眼,一个士兵脸部一瞬而逝的哀伤被他捕捉到了。为什么会有哀伤呢?这不是普通的对生命流逝的哀伤,而是一种更为深切的对自己亲朋好友逝世的悲伤。这种悲伤在葬礼时最多,但是在这里不应该出现。艾弗森十分疑惑,但是现在也只能将疑惑深埋心底。

走到古城中心,有一个喷泉,但是已经没有水从雕塑中喷出,池子里的水就像是被加入了凝固剂,也不再流动,喷泉后面有一座三层高楼,这应该是这座古城里最高的建筑,其他建筑都只有一层楼高。这里的尸体已经没有前面的街道那么多了,队伍里的人觉得终于可以喘一下气了。那种阴冷的、窒息的感觉仿佛能从皮肤穿入血管,刺痛,而这种感觉从进入这座古城开始就没有消过。

那座建筑上面画着一些奇怪的符号,比较清晰辨认的是一个眼睛与太阳交合的符号,有一些是三角形,有一些过于模糊而无法辨认。虽然不知道这些符号的具体意义,但是一种圣洁与肃穆感油然而生。

"艾弗森,你认得这些符号吗?"

“不认得。”

“我认得……”

“那你还问我!”艾弗森没好气地说。

达诺夫打趣道:“这不是以为你见多识广嘛。”

这一段小插曲倒是让队伍里紧张的氛围缓解了一些。虽然按照目前的形势来看不会有大的危险,但是总有一丝不安萦绕。

“别卖关子了,快说,这些符号是什么意思。”艾弗森有些看不惯达诺夫那副臭显摆的样子。

“具体的不太清楚,但是我在一份资料里看到过,大概是某种宗教符号,太阳与眼睛代表着神圣,请求神的宽恕与庇佑。其他的我也认不得。”达诺夫心底还有些疑惑,可是怎么这个符号越看越眼熟呢?他好像除了在那沓资料上,还在其他地方见过这些符号。一些零散的记忆片段突然出现在他的脑海,他听到有人在叫他“哥哥”。

艾弗森摸了摸下巴,说:“那么这里应该是这座古城的宗教圣地,类似于‘教堂’?嘿,达诺夫,我有个猜想。这座古城应该是依靠宗教的力量去治理的,我们进去看看,或许能发现一些有关外面这些尸体感染疾病的线索。”

“行,那我们走吧。”达诺夫有些急切,他觉得这座建筑里有什么在召唤着他。

“噢,等等,我忘了拍照。像这种宗教意味这么浓重的符号,在外面可不常见。”

等到艾弗森终于拍完了照片,一队人才慢慢走进这栋建筑。当艾弗森一踩上那褪色的红丝绒的地毯时,原本熄灭的水晶灯亮了起来,橘黄色的灯光照射下来,这时屋子里的摆设才被看清。这是一个类似于教堂的地方,正前方是一个由白玉璧搭成的高台,中间有一个白色的圆形座垫,高台前面以深红色的布为底,用金色的线绣出了一个太阳与眼睛的图腾。高台下面都是一些座垫,一共七排,每排七个,这样算一下,就是四十九个座垫。这些座垫都是黑色的,在暗红色的地毯上倒也有一丝神圣的气息。除了那块深红色的布外,这里并没有太多装饰。在这大厅两旁有两个扶手楼梯,可以轻易看出是上好的木料制作的。他们沿着楼梯走上去。二层几乎是空的,有一扇厚重的红漆木门上了锁。他们继续向上走,透过阶梯间的空隙,艾弗森仔细观察了士兵们的表情,无一例外,恐惧已经消失了,只有发自心底的虔诚。再看一眼旁边的达诺夫,还是那副坚毅的表情,好像并没有什么变化。他非常疑惑,难道真的是自己想太多了?与艾弗森的疑惑不同,达诺夫的内心是焦灼的,越往上走,他觉得深处的记忆一点一点翻涌起来。那种被呼唤的感觉越来越强烈了,答案一定就在上面。

走到三层,这里的光线明显比一二层要好很多。中间是一个木制的小圆台,圆台上有一本巨大的书,它看起来非常古老,上面写着一些看不懂的符号与文字。圆台左下方也有一个白色的圆形座垫,座垫上还有一个深窝,就像是有人刚刚起身离开一样。两边都是高度直达屋顶的书架,架子上摆满了书。左边的架子的第三层上还摆了一张画像。艾弗森眯起眼睛,悄悄打量着那张图片。上面是一男一女,都笑得非常灿烂。女孩的一头金发非常引人注目,白皙的皮肤,姣好的面容,蓝色的眼睛,她简直是造物主的宠儿！但是这个男孩，为什么他看不清他的脸呢?他刚想去问一下达诺夫，只见他呆呆地走到那本书前，说："不对，不是这样的，这里还缺少了什么。"那些士兵们的反应也不正常，一走到三层，全都一脸虔诚地丢掉装备，跪了下来。

达诺夫觉得心中空了一块，这不对，这里肯定少了什么！他翻开了那本书，那些看起来晦涩难懂的字体与符号，他全都看懂了。"大凶。"往后翻一页，"还是大凶。"他急躁地连翻几页。"全是大凶……"他脑海中闪过许多记忆片段，但是都不完整，这让他非常痛苦。

艾弗森惊异地看着这一切。他看到了一脸痛苦的好友，想走上前去帮助他："达诺夫！达诺夫！你没事吧？"

"我……没事，艾弗森，抱歉，让我冷静一下……"达诺夫的一只手撑在圆台上，另一只手不断地揉着自己的太阳穴，希望减少一些痛苦。他头微微一侧，看到了那张照片。那个在微笑的金发女孩！

"娜塔莉！"达诺夫惊叫起来。随着达诺夫的一声叫喊，男孩模糊的人脸逐渐清晰起来。那是达诺夫！艾弗森也看到了这一幕，他陷入巨大的恐慌中，这不是达诺夫吗?！他很想惊叫一声，但现在他处在一种极度惊恐的状态，他觉得他的血液在倒流，头皮发麻，全身的鸡皮疙瘩在那一瞬全被激起，双腿就像被灌了铅，无法移动半分，喉咙也像被什么东西堵住了，连一个音都发不出来。然后，一阵眩晕感袭击了艾弗森，他晕过去了。

等艾弗森再次醒过来时，他发现他又回到了古城的门口处，但是那个大洞已经不见了。他还感觉阳光有点刺眼，抬手挡住了，很快，他又把手移开了。蓝的天，白的云，明媚的阳光。没记错的话，刚刚的天空是……灰黑的，浑浊一片，什么也看不清。他觉得今天受的刺激有点多，不知道现在回家还来不来得及。这么想着，他就要掉头离开古城。"轰隆"，古城的大门关上了。他沉默了一会儿，咬了咬牙："就当是探险了，也能写出一篇很好的报道！"

艾弗森按着原来的路再走一遍，与刚刚的场景不同的是，街道干净而又整洁，商铺都开门了，那些吆喝的小贩，以及行走在路上来来往往的人群。他觉得不小心被人撞了一下，是个年轻的小伙子。"对不起啊。"然后给了艾弗森一个灿烂的微笑，跑远了。艾弗森有些惊异，他竟然听懂了他所说的语言，而且他身上穿着很明显是与他们不同的衣服，街上也没有人对此感到奇怪。他继续往前走着。结伴前行去玩的孩童们，散步的年轻情侣，出来购置生活用品的家庭妇女……这一切都是那么安静美好。前面一对激动相拥的情侣引起了他的注意。"乔洛芬！天啊，神明在上！你终于回来了！"一个棕色头发的女子兴奋地抱住一个高大的栗色短发的男子。"是的，我回来了，斯秋丽。谢谢你为我所做的祈祷，是它们在庇护着我……"艾弗森假装不经意地看过去，心一惊。那个男子，就是在经过街道流露出悲伤的表情的那个士兵！难道这一切美好祥和的景象都是假的？还是刚刚那种如人间炼狱的惨状是假的？

对了！艾弗森一拍脑门，他怎么忘了，那座特殊的建筑！他有预感，一切答案都会在那里。这么想着，他不禁加快了脚步，一路小跑到“教堂”前。雕塑重新喷出水流，水柱崩碎，在阳光的照射下，水珠在某刻呈现出七彩的光，然后又跌回水池。他无心欣赏这些美景，急匆匆地跑进教堂。教堂里的人在做着某种宗教仪式，最后一排有一个小老头因为艾弗森制造出的响声打扰到他而朝艾弗森瞪了一眼。艾弗森抱歉地回以微笑，放缓脚步走上二楼。二楼厚重的木门打开了，里面是一个藏书室。他继续往上走着，上面有谈话声传下来。他加快了脚步。

刚踏上三楼，映入眼帘的，是一对年轻男女。女孩坐在了白色的坐垫上，她身着白色连衣裙，未加修饰的金色长卷发就这样披散下来，她的裸露在衣物外的肌肤是白皙的，达诺夫的脑袋枕在她的腿上。女孩正低下头，用手帮达诺夫轻揉着太阳穴，试图帮他缓解疼痛。他们仿佛都没有看到艾弗森的出现。

“哥哥，你们不应该回来的。”少女宛如黄莺的嗓音响起。

“娜塔莉，对不起，我回来迟了，我什么都记起来了。”达诺夫眼角滑落了一行清泪。

“这不怪哥哥呀，我还想着哥哥如果能够一直在外面也好，这样就可以不用受到天谴了。”

“与其在外面失掉记忆苟延残喘地活着，我宁愿与你一起永眠，我的娜塔莉。”达诺夫露出了痛苦的表情。他刚刚看到了他真正的一生。他是古里斯的骑士长。古里斯，也就是这座古城的名字。他的妹妹，娜塔莉，是古里斯的圣女，可以与“神”沟通，传达“神”的旨意，同时她可以学习一些“魔法”。这里的生活虽然有些与世隔绝，但是大家过得都很幸福。可有一天，灾祸毫无征兆地，就那样降临了。城里突然有几个人不知染上了什么恶疾，全身疼痛然后皮肤变黑，过了两三天就不治身亡。然后这个疾病又将来帮他们诊治的医生以及周围的人都感染了。在任何防护措施都没有做好的情况下，这场疾病飞速传播，很快，这座小城市已经有一大半的人被感染了。后来的医生尝试用“鸟嘴头盔”阻止某些潜在的感染危险，最终仍以失败告终。娜塔莉也去看过，但是“魔法”对那种疾病一点办法都没有。活着的居民们惶惶不可终日，希望寻求神灵的帮助。在娜塔莉的占卜中，每一次的结果都是“大凶”，而且无论是占卜多少年后的事情，均是“大凶”。娜塔莉非常绝望，她向“神”报告着一切，“神”说这是天谴，无法帮助他们，然后就再也没有出现过了。因此达诺夫决定率领一些年轻的勇士，出去寻求帮助。过了三个月，他还是没找到解决方法。某一天他突然感觉到娜塔莉使用了禁术，心底恐慌，立马调转马头，希望狂奔回到古里斯。然后，他听到了娜塔莉的声音：“哥哥，走吧，离开这里，忘记一切，你会获得新的生活。”就这样，他和其他人就像幽魂一样，飘荡在世间。每过五十年，他的记忆就会丢失一次，一段“崭新”的人生又开启了。

“娜塔莉，你当年到底施展了什么咒术，为什么会变成现在这个样子？”达诺夫终于站了起来，心疼地扶着娜塔莉起身，还帮她揉了揉有些发青的膝盖。艾弗森这时才看清少女的脸。天啊，那是怎样一张被造物主赐福的小脸，比那张画像上的样子还要更加明艳动人，说少女是天使的化身绝对不为过。

“让这座城市的时间静止……这样就不会再有新的人死去了……”娜塔莉的眼神有些躲闪，不敢直视达诺夫的眼睛。

“还有呢？”

“我的寿命会缩短一些……以及哥哥你们的失忆……”

“缩短一些？”达诺夫看起来非常生气。

“对不起，哥哥，但是，时间到了。所有人的人生都回到了正轨，包括哥哥你当年带出去的二十个士兵。那么，死亡与毁灭将要降临。”少女平静地做出最后一次预言，然后她又面向达诺夫，脸上展现了一个笑容，但是有泪水还是不争气地从她的眼角滑落，“哥哥，我只想再见你一面。但是时间好短呀……”

达诺夫紧紧拥抱住娜塔莉，一只大手抚摸着娜塔莉的头：“傻孩子……”

白色的光点从少女的身体里跑出来，她的身形越来越模糊，而与她相拥的达诺夫的身体渐渐变成了光点，像四周飞去。

“达诺夫！”艾弗森从惊愕中回过神来，希望抓住达诺夫的身体，但是手就这样穿透了他的身体。

“艾弗森，没用的，这就是我们的宿命，你还记得你进这座古城前听到的话吗？这里只有死亡、痛苦和绝望。这就是这座城市的宿命，死亡早就该降临了，只是娜塔莉延迟了它。”

“喂，老兄，这可不像你啊！宿命这种东西，怎么可以说认就认！”艾弗森的鼻头有点酸。

“那你就继续顽强对抗下去。我们必须这样做，不然这诅咒会蔓延到你们的城市。再见啦，在生命的最后遇到你，我很高兴。”达诺夫向他挥了挥手。

娜塔莉施了一个小小的术，一本老旧的书落到了艾弗森的手上。“你想知道的一切，都在这本书上，算是我和哥哥送你的谢礼。”

然后达诺夫和娜塔莉相视一笑，化作点点白光，消解着这间屋子，书，圆台，都被白光吞噬，化为虚无。古城里的人们也化成白光，飞散到这座古城的各个角落，消解着这个城市的一切。艾弗森抱着书，呆呆地看着这一切，他看到无数白光交汇，还能依稀听见“你终于回来了。”“我好想你。”……然后一道更强的白光出现，艾弗森失去了知觉。

街上人来人往，电子记者飘在空中，播报着今天的新闻。“现在为您报道，今天是2X3F年，12月17号，这是一个值得纪念的日子，小说家艾弗森的《古城迷踪》系列销量突破一千万本。”

# 逃

刘若岚(2017级基地班)

我想逃,逃离这个地方。

我有一个所谓的“丈夫”,他叫大栓,还有两个可爱的孩子,一儿一女,恰能组成一个“好”。可这真是好吗?在这个村庄的每个人都知道,这个“家”是用金钱、强迫与无奈硬生生拼成的。

我永远都记得那对老夫妻可恶的嘴脸。这两个东西,利用我的同情心把我骗过去,迷晕而后贩卖到这个荒凉偏僻的村庄。我来了三年了,可还是不知道这是什么地方,也不知道屋子外面发生了什么。我只是知道这个漆黑的小房间里有多少根柱子,有多少条梁;我只是知道墙边挂着的钟告诉我的时间;我只是知道大概几点我那所谓的“婆婆”会给我送饭;我只是知道我会在任何时间被我的“丈夫”发泄自己的欲望……我知道的不多但也是算是挺多的。

三年来,我想过无数种逃跑的方式,也实践过无数次 ,可每次换来的都是一顿毒打,他们实在是太警惕,太小心了。庆幸的是自己还在坚持,不曾想过屈服和放弃,我想逃……

“大栓,你这两间房子被定为危房,要重修。”有个伯伯的声音从外面传来。“重修?没钱,免谈!”随后听到一声关门声。“大栓!这是扶贫项目!政府补贴扶持修建的,谈一谈吧!”“有钱给的?帮我盖房?怎么不早说呢,来来来,快进来!”……

我似乎闻到了一丝希望的味道,扶贫项目终于来到了这个偏远的小村子,是不是我逃跑的机会也来了呢?我坐在床边,心跳得极快,我想,在这一瞬间,我又恢复了三年前的样子吧。

“哐”的一声,门被打开了,大栓走了进来。“你今天怎么起得那么早?”我想我是疯了,我竟然主动站起来跟他说话了,我甚至想感谢他接受扶贫帮助。即使是我主动搭话了,也免不了接下来的灾难……在他的意识里我仅仅是工具,一个会生育能说话的发泄工具而已。

在无限的期待中,我怀揣着无限想象度过了两天。这两天有一个世纪那么漫长,却不太让我难受。

“喂,今天出来吃饭,吃完饭要换个地方住了。”大栓他妈在门口喊了一声便开始开锁。这一刻,我很兴奋,但又不能表现出来,“冷静,冷静,一定要控制住自己。”我不断暗示自己。

走出房间门,我打了个冷战,感觉天气有些凉了,我好久没有踏出这个房间了,也快忘了那两个只见过一面的孩子长什么样子了。我抬头看看天,天蓝蓝的,却蓝得有些惨。“磨蹭什么!还不过来吃饭!”她大声不耐烦地吼道。“对,我要先去吃东西,那样才能在大栓没回来之前攒足力气逃跑。”我暗暗地想。

我坐下并端起碗开始吃饭,我小心翼翼地观察,寻找借口出逃。大栓他妈一直面对着我吃饭,只要我稍稍换个坐姿,她就警惕地盯着我,我心跳着,想马上逮住机会逃出去,不然等大栓回来就难办了。

我谨慎地观察着周围,突然,我看见灶头上的水烧开了,正在滚滚地冒着气。“那……那边的水好像已经烧开了……”我小声地说。“哟,我都忘了。”大栓他妈一拍大腿站起身来,转过去装水。“机会来了,快跑出去!”我连忙站起来,拼命往外跑。只听见“啊”的一声,大栓他妈转身追上来了。我以为我可以轻易逃过这个年老的女人,可没想到三年基本没运动的我跑了一会儿就开始喘不上气了。求生欲不断上涨,体力却急剧消耗,干燥的空气吸入鼻腔,喉咙似乎快被磨出血,紧张害怕弥漫在心脏周围,仿佛要吞噬我的心。我不知道该往哪个方向跑,我只是随着小道一直前进,脚踏在路上,我就安心一些。

跑着跑着,我看见一个大妈,背着一个竹筐。体力的透支和内心的驱使让我停下并向她求助:“阿姨,帮帮我,帮帮我,我不想被抓起来,你保护我一下好吗?我求你了。”这一刻,所有的委屈,所有的不甘都涌上心头,我跪在地上,恳请她伸出一只手拉我一把。万万没想到,这个看起来面善的大妈露出另一种脸色,伸手按住我的肩膀,用让人害怕的尖锐的声音说:“人家花钱把你买来,你还想逃?不要脸的狗东西!”

一字一句像匕首一般刺入我的心,我无力反抗了,瘫坐在地上,随他们处置吧。我无法相信这个面善的老妇人竟说出这番话,我绝望了,对人心绝望了……

我忘了我是以怎样的姿态被拖回那间屋子,我也忘了那顿毒打到底又用了哪些工具,我只是记得我的心在滴血,随着呼吸隐隐作痛,一抽一抽的。

“滚进去,狗东西!再有下次,打断你的腿!”我重重地摔倒在地上。“呸!”他吐了口唾沫随即锁上门离开了。我环顾了四周,这大概是一个废弃的牛棚,角落里还堆着一些麦秆,我爬过去,蜷缩在草堆里,这世界上也就只有这堆干草能给我一丝温暖了吧。

不知道过去了多久,我偶然从草堆里爬起,听到外面有声响,好像是两个外地人在交谈,我想大概是外来扶贫的工作人员。

我要不要求救呢?我该不该相信他们呢?我还能不能对人心抱有希望呢?要不试试吧,反正我也已经坠入这深渊,还能沉入哪般境地呢?

于是我走向声音传来的那个方向,用力地击打那堵墙,边打边喊:“救我!救我!

我在破屋子里！大哥，快来救我！”不一会儿，就有脚步声朝我这边靠近。我的勇气开始燎原，我使出全身的劲儿在呼喊，我已经毫无畏惧了，我不管接下来是福是祸，我要大声呼救，把我对生活的希望全部融进这呼喊中，我要告诉全世界，我不愿屈服，我想逃！

“姑娘，你在里头吗？你是被锁住了吗？”一个操着外地口音的大哥隔墙询问。我急忙回答：“大哥！我在里头！救我！他们把我买来锁起来了，快砸开门救我！”“好！你别怕，我们来救你！”大哥坚定地回应。

我站在门边等待门被打开的那瞬间，终于，让我等到了。外面的天空很蓝，蓝得很温柔，像童话故事里说的一样，小鸟在歌唱，花儿在微笑，就连初冬的天气也暖和了起来……

为了逃，我坚持了三年，也为了逃，我遭受了无数次毒打，可一切都没关系，这世界总会给有准备的人一次机会，当然，这世界也会给恶人重重的一击！

# 故乡的冬天

罗海娆(2017级基地班)

呼啸而过的冬风就这么招摇地吹响了归乡的号角,我提起自己的行囊,离开空荡荡的校园,踏上了故乡的归途。

一如既往,车厢是拥挤的,空气是污浊的。所幸,舟车劳顿的返乡客是疲惫而安静的。这使我得以将额头轻轻抵在车窗上,静静地望着窗外。

不知就这样望了多久,窗外流动的景色悄悄变幻了色调——火车渐渐逼近了我的故乡。我趁势换了个姿势,挺直了我的腰杆,托着腮,认真地欣赏起了窗外这片熟悉而陌生的土地。

山野,平原,水田,村庄,和被毫不吝惜地洒下的阳光。

若用美来形容它,未免言过其实。它们的组合总是毫无章法,甚至千篇一律的。我想,或许在这广袤的黄土地上,如此风物应比比皆是。但当我在摩肩接踵的车厢中撞见它时,我的心却好似被牢牢攥紧的风筝般踏实安稳。

终于,火车均匀地吐气,停靠在我的目的地。循着尚且清晰的记忆,下了火车后的我走进了那座被唤作故乡的小镇。

我提着行囊,轻快地漫步在窄窄的乡间小路上。阳光轻轻落在镇上的座座平房之上,将家家户户的窗户都映得光洁明亮。是了,这条岔路每每到了集日便会充斥着此起彼伏的买卖声;是了,这门户大开的红瓦屋子里总是堆着米粮;是了,这块宽敞的门前空地每到傍晚总能在夕阳浸润下摇身一变而成为孩子们的游乐天堂……

近了,就在那棵在风中摇晃着叶子的大树旁,我们家那装着无数历史和故事的祖屋正默默地站在那儿,等我归去。

静候多时的母亲在大门旁瞧见我,便急忙回头向屋里喊了一句:"回来了。"我进屋将家中人各唤了一声,便跟在母亲身后爬上祖屋二楼的房间安顿下来。

进了房间,我走向书桌边,推开木窗透气,却发现一栋突如其来的建筑便近在咫尺,像是要蛮横地霸占我的所有视线。

它高达十三层,站在它脚下,人们仿佛都被无形地压迫着;它带着浓郁的现代气息,与周遭土墙瓦顶的平房格格不入;它就突兀地矗立在村道中央,只留下它身畔狭窄的两侧供人通行。

或者说，喘息。

我回过头询问正摆弄床铺的母亲个中缘由，母亲的眼帘刚刚抬起便又匆匆垂下，似是而非地抛下一句："建就建吧。"

我倚着窗框，望着窗外大树的枝，思忖着。

翌日清晨，窗外一阵清晰入耳的喧哗将我从睡梦中拉起。我从床上起来，一探究竟。

我俯身而望，两个中年男子正一坐一站地在那栋高楼底下唇枪舌剑，他们四周聚集起了一整条街的男女老少。看起来，这二人打得火热，足以驱散冬日的烈烈寒风。

坐在地上的男人留着板寸，身着一件沾着点点油渍的大红棉袄，脚上趿着一双拖鞋，似是对门那个身材臃肿的屠夫。而站在他对面的那个戴副眼镜的男人，头发抹得发亮，一身黑色商务装束，大腹便便，看来这必定是隔壁刚刚回乡的大商人。

"凭什么让你无端端捡个大便宜？你想把你的楼建在哪里就建在哪里，我今天就坐在这里不走了，看你能拿我怎么办。"只见那屠夫盘腿坐在进入大楼的必经之路，扯着嗓子对商人低吼着，脸上的黑肉在阳光下因汗水而闪闪发亮。

商人抱着双臂，也不气恼，似笑非笑地应答："这是公家的地，又不是你的，你瞎操什么心呢？"

屠夫一时语塞，脸上的横肉拧成一团，但很快就又舒展开来，说道："既然不是我的，那也不会是你的。凭什么你占起地来？"

围观的人群听到屠夫据理力争，一时群情激奋，随着屠夫嚷了起来。

可那商人并不在意，他朝人群摆了摆手，笑着说："我能建，自然有我的办法。再说了，这哪里只是盖楼这么简单，这叫经济，懂吗？算了算了，今天就休工一天吧。"说着，他好像无比惋惜地看了一眼屠夫那愤然的神情，然后就腆着肚子转身走远了。

而被他看的那张黑脸气得发红。不过，坐不多时，屠夫自讨无趣地起身回到肉铺去了。我别过头去看那棵树，树上有几片叶子恰好正在离开。

又一个清晨，县里来了三五个领导模样的人到镇上考察。听到细细碎碎的谈话声，我再次从窗户探出头去，便看见前几日那个黑脸屠夫像只苍蝇般围着领导们跑前跑后。他那黝黑的手指用力地指向那万恶的高楼，仿佛区区指尖便可流淌出他那江河般涌动的愤懑。但他的脸上赔着笑，嘴里也不知与领导低声说了些什么。如此奇特的场景让窗边的我愈发看不清屠夫的模样了。

商人一整天都像是在这座小镇上消失了一般，而镇上的人们流传着他或许是畏罪潜逃的消息。

冬天的风愈来愈烈了，似有一股将这平静如水的故乡小镇吞没的势头，那棵门旁的大树亦在这风中摇晃得更加卖力。

仍是一个被争吵划破梦乡的清晨。屠夫用他那干涩的嗓音发出毒誓，大有一种不撕裂高楼誓不罢休的做派。

起身一望,高楼正门前,那屠夫正一手叉着他滚圆的腰,一手指着商人的鼻子破口大骂,恶语相向间还掺杂着以死相逼的威胁。

商人背对着我,这使我看不清他的神情,但面对如此剑拔弩张的气氛,我却隐约透过他厚厚的大衣窥见他松弛的脊背。

祖屋大门旁的大树叶子昨夜又凋零了不少,剩余的也早已摇摇欲坠,怕是不日便要不幸地成为冬日的手下败将了。

不知怎的,在这之后的数十个冬天的清晨中,我皆在小镇的宁静之中醒来。而那栋高楼,却在不知不觉中被砌得愈发精致了。

而那棵苍老的树终于还是抵不过愁煞人的冬风,将片片树叶都归还给了大地。而我的假期归乡之旅,也悄然落幕了。

母亲一路陪伴我走上故乡的站台,而此时,火车也缓缓进站了。我莫名地念起那座拔地而起却风波已定的大楼,便问起身旁的母亲。

话音刚落,正低头忙着清点行李的母亲就抬起头来,眉头不解地微微一皱,说:“不就是一层楼的事吗?后来,那做生意的一答应把它给那个卖肉的了,就太平了呀。”

我不清楚是否从头至尾只是如此一场闹剧,木然地点了点头,然后提起了我来时的行囊。

临上车前,来自故乡的最后一缕寒冷的冬风毫不留情地钻进了我的袖口,让我忽地打了个冷战。

于是,我逃也似的登上了驶往城市的列车。

# 窥

罗海娆(2017级基地班)

图书馆里,人们窸窸窣窣写字、翻书、敲打电脑的声音像是蚕津津有味啃食桑叶的声音。

苏菲也是如此。

苏菲的头发被高高盘起,眉头微微皱着,手上的笔在一本厚厚的天文学书上不住地划动。

苏菲其实一点也不想知道宇宙的秘密,当她在夏夜的校道上漫无目的地抬眼遥望无际的夜空时,宇宙的宏大并没有给予她丝毫慰藉。苏菲的心里想着的,不过还是自己心里如尘埃般微小的喜乐忧伤。

十点了,苏菲将书重重地合上,又长长地呼了一口气,像是要把刚刚填满大脑的东西悉数拱手让人。她把桌边的水杯拿起,拧开瓶盖,微微仰头,喝着水。

当她仰起头时,平日里习以为常的那个悬在天花板角落的摄像头此时却格外扎眼。

苏菲放下水杯,眼神却仍在那个高悬的摄像头上流连着。

她目不转睛地盯着那个黑色的透明镜头。

苏菲想着,她眼前只有黑色,黑色背后却是对她无声的注视。

想到这里,苏菲不禁打了个寒战。

透过它能看到什么呢?

在与舍友激烈地争执过后,苏菲在图书馆里愤怒地写下的那些粗鄙的骂词和恶毒的诅咒能被看到吗?那么当面对着一道无从下手的物理题,沮丧而又懊恼地抓着自己的头发的苏菲是不是也被看得清清楚楚呢?苏菲常常趴在图书馆的桌上,一遍又一遍地看着手机里那个见面时她连一句话都吐不出来的男孩的状态,这样自卑的时刻也会被尽收眼底吗?

如果这一切都被赤裸裸地呈现出来,那么苏菲看起来又会是哪一副模样呢?

苏菲开始害怕了,她将书本、纸笔和水杯迅速地扔进背包里,从椅子上起身离开。因为举动匆忙,她脚踝甚至在起身时碰到了桌脚。

但苏菲没有精力再俯身检查脚上是否有伤口了,她扯起背包,大步地迈向图书馆的电梯口。鬼使神差地,走着走着她又回头向上看了一眼那个摄像头。

它仍一动不动,一如既往地卡在白色天花板的角落,沉默地俯瞰着处在它下方形形色色的人们。

“瞎想些什么呢。”苏菲回过头来,自嘲地想着。她轻轻笑了,突然发觉自己神经质般的多虑。

翌日清晨,苏菲又坐在同样的位置,但这次窗外的阳光不偏不倚地落在她的肩头。她把书本摊开,拿起手边的柠檬水嗜着,眼光四处流转着,又回到了那个黑色的角落。

其实它也挺可怜的吧?

苏菲想着,它只能永远看着别人在这风云变幻的世界里各自游走,相聚又分离,无论悲喜,它至多只拥有了别人在自己身上的映像。没有人注视它,它就像从未存在过一样。

有一点像我呢。

苏菲对它产生了莫名的同情。真可笑啊,一个人居然在一台机器上瞥见了自己的缩影,甚至得到了难能可贵的共鸣。

苏菲的对面坐了一个戴着黑框眼镜的女孩。苏菲拍拍自己的脸颊,拿起笔开始直面书本。

与深奥难懂的各种定义抗衡了三个小时之后,苏菲终于还是一如往常地被厚重的疲惫压垮了。她放下笔,合上课本,轻轻闭上双眼小憩了一会儿。

不知过了多久,当苏菲再次睁眼时,坐在对面的女孩已经悄然离开了。于是她与那个角落之间的一点点障碍物又荡然无存了。

苏菲再次细细端详着那一小块地方,像是巡视自己广袤领土的国王。她看着看着,一股突如其来的愤怒迅速地擒住了她的心。

为什么它可以旁若无人地置身事外?为什么有人可以透过它便可以轻而易举地看着这里人们的一举一动?那些人的眼神又是怎样的呢?也是像自己一样流转千回吗?抑或带着冰冷的温度呢?

苏菲心里的这一簇野火烧得她心里生疼,她甚至开始呼吸急促、坐立不安了起来。苏菲本来泛白的脸颊渐渐涌上了一丝丝潮红,她的双手下意识地相互握紧了。

终于,她还是按捺不住自己的身体,她蓦地从座位上站起来,一身轻松地便转身小跑着往图书馆楼梯去了。

一级一级的台阶从她脚后掠过,苏菲不断地接近地面,她心里清楚自己迫不及待奔向的目的地在哪里。

是图书馆的负一层,监控室的所在。

当苏菲终于抵达监控室虚掩的门前,她像是经历了一场旷日持久的马拉松赛,弯下腰用双手撑着膝盖大口呼吸着氧气。

很快,苏菲的体力恢复过来了,但她的心仍是不知倦怠地快速跳动着。一下一下,苏菲感觉自己的心脏稍不留神就能冲破身体的牢笼。

苏菲又深吸一口气,屏住呼吸,闭着眼,轻轻地推开了监控室的门。

可当她睁开双眼,那个逼仄的空间里空无一人,一块块或大或小的监控屏幕上皆是漆黑一片。

# 寻忆敦煌

般芃芃(2017级基地班)

## 又 见

我在这片大漠上已经等了五千年了。

我在河西走廊的西端,在大西北广袤的土地上,在风云变幻的天地间,凝望着远方的山川河流。延绵的鸣沙山是我恣意飘扬的长发,苍茫的戈壁滩是我黝黑泛黄的肌肤,月牙泉是我明亮的眼,玉门关是我深邃的眸。悠悠岁月沧桑了我面容,褪尽了我的灵动,却日益滋养了我敦厚平和的性情。

我的脉络里汇聚着世界四大文明的基因,我的血液中涌动着中华民族的精魂。

我在这里已经等了五千年了,如今我终于等来了你。

孩子,你一步步向我靠近,我从你灼灼的目光中,读懂了你的欢欣与好奇。你在疑惑,我这个久经风霜的老人到底有什么迷人魅力,引得无数学者竟为之倾倒?你在思忖,这千百年来,我都历经了些什么风雨洗礼?你在好奇,在我这苍老的容颜背后,究竟隐藏了多少古老神秘的传说、动人至深的故事?

别急,孩子。我的故事早已被深埋在漫漫黄沙之下,你想要知道,可就得慢慢寻、细细找了。

请等一等,等着我从远古向你走来。

## 往 事

在遇见那个汉人之前,我还只是一个不谙世事的少女。清晨睁开朦胧的眼,顺着瑟瑟西风中捋捋秀发,便在安宁的守望中度过一天。

可他的到来改变了我的一生。

时至今日,我依然记得与他初见的情景:在漫天的红霞里,他正踏着莽莽黄沙向我蹒跚走来。一路坚决,一路滚烫。

他的衣衫褴褛不堪,飞扬的风沙肆意嵌入他皲裂的皮肤、凌乱的须发。但他依然紧紧攥住手里的旄节——即使它经历太多日晒雨淋,早已脱落得可怜巴巴。

在他坚毅的目光与我交汇的时刻，我分明听见命运齿轮咬合的声音。那时我还不知道，我与他，我与大汉王朝，我与华夏民族的命运，就这样彼此交叠、纠缠难分了。

那时我只是好奇地看着他走到我面前，然后慢慢跪地，将他那积满厚茧的双手举过头顶，向着遥远的天边虔诚地叩首。夕阳剪影下，他乌紫而干涸的嘴唇不住地蠕动。我听见他一遍又一遍的呢喃："皇上啊皇上，我张骞终于到了！我终于走通了这条从大汉通往西域的路啊！"

傍晚时分他离开了，我目送着他的背影消失在大漠尽头。但不久之后，越来越多的人开始来到我的身边，在这里修筑城关、安居乐业。正是他们口中的皇上，赋予了我"丝绸之路"咽喉锁阴之殊荣。我倒是不在意这等虚名。不过自那以后，各国往来的使臣、将士、商贾、僧侣络绎不绝，为我曾经寂静无闻的生活带来了久违的热闹和生机。

我喜欢这种热闹。每天我都张开双臂热情地迎接他们的到来。西域胡商与中原汉族商客常在我的臂弯里聚集，我因此见识了中原丝绸的华丽与织锦的明艳，览尽了陶瓷的精巧与玉器的玲珑，还有那西域高大健壮的驼马、稀奇古怪的玩意、璀璨夺目的珍宝……从此以后，我每天苏醒时不再只有耳畔的西风呼啸，还有不绝如织的商旅，伴着悠悠的驼铃。

还有我素来敬仰的法显大师、鸠摩罗什大师，以及那些西行或东游的文人学者们，他们竟都亲自来拜访了我。我为他们提供庇荫，也向他们虚心求教，敞开胸怀吸纳着一切文明。中原文化、西亚和中亚文化，都在我胸膛内汇聚、碰撞、交融。我隐约感觉到，自己的脾性正悄然改变：从一个天真懵懂的西域姑娘，变得更加成熟沉稳，潜移默化中还孕育出对世间万物怜悯。一位僧人告诉我，这便是慈悲，是佛性。

## 守　望

我在这里伫立千年。从汉魏隋唐，到宋元明清，观遍了王朝兴亡，看透了时代更替，览尽了世事沧桑。

我经历过战场的飞沙走石、风云变幻。那些血腥厮杀我本不愿亲历，无奈难以劝阻，只能迎着一道道如血的残阳，用漫漫风沙将仆倒的将士掩埋。

我经历过人去楼空的寂寞、旷无建制的杂芜。"风播楼柳空千里，月照流沙别一天"，当曾经的繁华离我远去，我也只是淡然一笑，静卧天地之间独守我的荒凉。

我忘了有多少个王朝曾在我的胸膛，升起过它的光辉的旗帜，或是在争霸中仓皇逃离、败走一方；我忘了有多少城楼房屋，曾傲然伫立在我的腹地，又因一场战乱或风暴，坍圮得只剩一堆残垣断墙。很多往事已经被我封存，如今浮现在我记忆中的，不过是一些零落琐碎的片段。譬如，我还记得索靖将军烽火狼烟中的坚守，记得米薇公主抓泪暗泣时的思念；我还记得王维在关隘徘徊时，挥笔写下"羌笛何须怨杨柳，春风不度玉门关"的不朽诗篇；以及张议潮太守派遣长安的信使，他们曾义无反顾地踏上归途，哪怕前路未卜……

无数曾经风流,如今化为我怀里的一抔黄土,独念天地悠悠。

## 救　赎

1907年,一个叫斯坦因的外国男人再次改变了我的命运。

他似是慕名而来,却又行踪诡异。我的心中突然涌起一股莫名的不安——我预感他的到来将打破我长期守望的安宁,于是密切地关注着他的一举一动。夜幕降临之际,他在藏经洞隐秘而昏暗的洞口打探许久,终于猫着腰,蹑手蹑脚地钻了进去。借着手电筒昏暗而摇曳的光芒,他的目光在那堆积如山的经卷间贪婪地游离,霎时迸裂出惊异的火花。在他身后,那个为他引路的小道士王圆箓,正眯缝着双眼,茫然地望着这个欣喜若狂的外国人。

不久后,这个外国人再度光临了。这一次,他还引来一串驼队、一路车马、一群赤膊的村民。在他身后亦步亦趋的,依然是那个羸弱的小道士王圆箓。然后他们将那洞窟里的经卷前赴后继地搬运而出,层层叠叠地堆在运载的车厢里。

令我日夜担忧的不幸终于发生了。莫高窟——我灵魂的栖息处,就这样被他们肆意开剖并掠夺。此刻在我心中正经历着仿佛被撕裂的苦楚。

我将怨愤的目光射向斯坦因,紧接着又扫向王圆箓。可当我与他目光相对,却分明看到他送走那些经卷时,眼里的挣扎与迷茫。

我分明听到他内心煎熬的声音。他正一边又一遍地叩问上苍:"菩萨呀,我这样做是不是错了?我把这老祖宗的东西给送走,后人会不会骂我啊?菩萨呀,我也无奈啊,我本不想把他们送走。我不懂佛,也不懂他们口口声声说的什么世界文明。我就是个守窟的小道士,我只想用这笔钱好好修复这个洞窟,安心守候它一辈子啊。可这些佛经留在这里,要么无人问津,要么毁于战火。而且那些外国人,他们承诺过会好好保存它们的。我想着这也是为它们好,总比留在这洞窟强啊。菩萨呀,你说,我这样做错了吗?"

他并没能等来回应。萦绕他的只有呼啸而过的寒风,卷起丝丝沁人的凉意。

最后他缩进了臃肿的道袍里,仓皇不安地交叠着双手。然后他颤巍巍地站在土堆旁,直愣愣地望着斯坦因的车队愈行愈远。

一抹斜阳将他佝偻的身影拉扯得瘦弱而又单薄。

我理解他。他不过是一个尽心竭力守候佛窟的小村民,单纯地想用一笔钱来完成洞窟修复。世人唾骂他愚昧无知,斥责他鼠目寸光,用二百两白银就交托出如此珍贵的文物。国耻啊!国耻啊!可是他们不知道,这个小道士也曾陷入一番挣扎,自有他难以言喻的苦楚。

从发现藏经洞起的整整七年,他找过敦煌县令,却被告知自行看管;他千里迢迢跑到酒泉,好不容易寻到肃州兵备道廷栋,却又被冷言驳回……在晚清战火纷飞的年代,衰败至极的王朝,又怎会顾及这遥远戈壁沙漠中先辈的遗物?或许他说得对,那些佛经留在这里,终将难逃荒废或被毁坏的命运。

我同情他。哪怕在后人的历史上，他犯下了不可饶恕的罪过，可他的内心不乏善良的种子。本无意做不肖子孙，只是迷茫无知中一时糊涂。这世间又有何人不曾陷入迷途？

我怜悯他。他是我哺育的孩子啊，我怎舍得严厉苛责他？又怎忍心看他独自扛起这历史重责，苦忍万众唾骂的苦痛，悔恨又无助？

我佛慈悲，宽恕即救赎。

于是我告诉他："孩子，你不要难过，你不要自责。只要你的心中有佛存在，无论这躯壳被送往何处，佛都不会离开。"

我最终选择原谅他了。因为我深知，无论肉身破碎成什么样，在我所扎根的中华之土上，永远有巨大的善意和悲悯。

## 新　生

孩子，谢谢你，耐心听我这个老人念叨完我的一生。

我曾在这里见证了人间无数悲欢离合、爱恨情仇。那些往事或甜蜜，或痛苦，都深藏在我的记忆中。可如今我老了，讲不动了。剩下的许多故事，就得交由你来探寻了。

去吧，孩子，去继续你的旅程。愿你永不相忘，这里举世惊羡的灿烂文化，和祖先们永远鲜活的魂灵。

# 生 命

张怀远(2017级师范班)

故事发生在遥远的欧洲雪原。

皎洁的月光洒在空荡荡的雪地上,雪地的白映上这光亮,显得格外苍凉。约翰从自己的军大衣口袋里掏出一把15厘米长的匕首,匕锋映着白茫茫的月光,把约翰的瘦脸映在匕身上。

约翰举着匕首,尖峰朝下对准了眼前的这个同样裹着陈旧的绿色军大衣的人。看着他军大衣上一道道斜斜的口子,细长而尖锐,有一些口子的周围还带着些许血迹,那真是自己的翻版。约翰的眼光不断在这个叫亨利的人的脸上游离,眼光不时摇到他的军大衣上,摇到他的受伤的腿上。约翰似乎要用尽吃奶的力气才能稳住手上的匕首,匕首的尖峰折射出一点冷光,摇摆不定的星点划破眼前只有夜幕和雪地的黑白世界。约翰用尽此时所有的意志闭上眼睛……

他想起半个月前的夜晚。那个晚上,恐怖的纳粹军队宣布要对投降的地方军实施惨绝人寰的活埋。在这个决定宣布之前,他们就已经对地方军进行各种拷问。一些地方军被施以水刑,用一片片沾水的纸巾覆盖整张脸,使其不能呼吸,待到其快要窒息的时候才把纸巾掀开,如此循环。还有一些地方军被吊在树上,任由纳粹军用鞭子抽打,他和亨利的伤就是这样得来的。

风越过了高高的围墙,毫不留情地拍打着被吊在树上的约翰和亨利的伤口。伤口还没有止血,血带着辛辣感渐渐渗到军大衣上,本是深绿的军大衣在血的渗透下变成黑色,就像当时的空气,浑浊得令人窒息。在宣布活埋的那一刻起,纳粹军就神经病发作一样开始挖坑。三个班长带着几个新兵围着一个大圈,泥土随着铲子的进出飞扬起来。每个人,无论是在挖土的新兵还是在一旁整理杂物的临时兵,都发出嗷嗷的吼叫声,声音像深山老林里的狼群的嗷叫一样让人寒骨与恶心。三个旅长站在一旁,双臂左右相交,脸上没有了白天训练时的严肃,嘴角翘起一边,另一边耷拉下来,眯着眼睛看新兵们吼。

大坑快要挖好了的时候,可怜的地方军获得了每人十五分钟的书写遗书的机会。一个个刚从水刑的折磨中走出来的可怜的人,一个个刚从树上放下来的善良的人,排着队等候进入一个废弃的酒吧里写最后一封家书。狭窄的酒吧里只有一张细长的桌子作为吧台,简陋的椅子放在旁边,灯光非常昏暗。

三个旅长已经回到各自的办公室,安排了两个新兵守在酒吧门口维持秩序,一个新兵被安排在酒吧里收发钢笔,纸张厚厚一沓放在吧台的最里边。约翰和亨利是最后从树上放下来的,他们排在了长长队伍的最后头。

人群缓慢地移动着。飞扬起来的尘土时不时被风卷起,在地上形成大大小小的旋风。终于轮到约翰和亨利了,那两个守在门口的新兵此时已经按捺不住自己的好奇心,送了约翰他们进酒吧之后,就快步走向埋葬现场。

拨开门口后方垂下来的橡胶条,约翰和亨利进入这个狭窄昏暗的空间,墙上挂满了披头士乐队的照片,他们在激情地演唱着,跳着,挥舞着话筒和吉他,一头蓬松的淡黄色长发随着身体的律动在上下起伏。啊! 自由!

新兵招呼他们过去,从一捆钢笔中抽出两支递给他们。

嘶——,亨利在接钢笔的那一刻把钢笔头直直地往这个现场唯一的新兵的腹部扎去,当这位新兵真正感觉到疼痛,并且意识到而要大声喊叫时,约翰已经上前用他苍劲有力的大手死死捂住新兵的嘴巴。

亨利在完成了这一切后,径直走向吧台的角落,轻轻按了一下墙壁,那一片墙缓慢地翻开了,露出地下一条通道。亨利一边用唇语告诉约翰:“快走! 跟着我!”一边用手示意他靠近。约翰才从惊讶中醒来,跟着亨利钻进小隧道里去。

亨利和约翰在茫茫的雪地上走着,他们望着茫茫的雪海,夜晚的冷加上几天没有吃东西的饥饿感,消磨着两位军人的意志,但他们还是得快点跑,跑远一点,才能确保纳粹军无法找到他们。

他们在雪地上深一脚浅一脚地走着。每一步,他们都要把脚提到膝盖的位置上,才能跨出步子来。这一夜,他们置身在如此荒凉恐怖的雪海里,不敢睡去,只能靠跑动发出的热量才能勉强撑下去。

就这样在雪地上过了几天,他们已经对食物失去了概念,他们就这么漫无目的地走着,在白茫茫的雪地上,是两个移动得很缓慢的黑点,在这个苍凉的世界上,是两只可怜的小蚂蚁。

忽然,亨利看见了区别于白色的红色物体横在雪地上——那是一只兔子! 亨利激动得快要哭出来,强忍着疲惫,一边示意约翰一边往那只死兔子走去。或许是激动,或许是饿坏了,他甚至连跨出步子的力气也没有了,就这样任由大腿小腿推着厚厚的雪前进,雪被他的大腿扫起来,在他身前堆得高高的。

没有顾及太多了,此时的食物比任何东西都来得重要! 最后那几下,亨利完全是像豹子扑倒猎物一样扑向那只血淋淋的兔子。没有等约翰,亨利用他颤抖的厉害的手臂撕开兔子的腿、胳膊、肚子,用口大力地撕咬着。肉还是生的,需要用上的力气比平时大,亨利就这么啃咬着,兔子的血溢到他整个口腔里,牙缝上,就连他那只许久散发着恶臭的烂牙的孔洞都充满着腥臭的兔子血。

可能是冻坏了,加上许久没有吃东西,约翰有气无力地来到亨利的身边,此时看见亨利的旁边摆着兔子一半的身子,没有被人咬过的痕迹——这是亨利特意留给他的。约翰越来越佩服眼前这位壮士,没有他,自己根本无法逃离出来,而是被那些恐怖又可恶的纳粹者活活埋死。此时,当眼前这位壮士饿得快要见上帝的时候,他还能顾及我这个毫无利用价值的人,能够把食物留下一半的意志力和自制力,是多么强大的人才能拥有啊!

约翰不自觉地往地下看去,看到了黄色的沙土上是一摊黏稠稠的鲜血,不祥的预感扑面而来。如果是兔子的血,那根本不会那么黏糊,只能是新血才会如此黏糊,看,它还在往外流。

"亨利,你下面在流血——"约翰嘶叫着。

这时,亨利才发现他的脚上嵌着一只捕兽夹,尖尖的齿已经把脚死死咬住,血正不断往外流,肉从皮肤里面翻出来,血肉模糊。

时间摇回这个冷峻的夜晚,自从吃了那只死兔子已经过去几天了,约翰和亨利已经没一点东西进肚子了,老天爷还毫不留情地刮起了暴风雪。冰冷的雪花被风肆意摆弄着,风横向地吹,雪花也横向地拍打在约翰的脸上。

约翰下定决心了。只要杀掉眼前这个男人,不但可以获得他的军大衣,还可以获得他的肉。肉,对于约翰来说是多么吸引人啊,只要有这些肉,说不定可以撑到有人发现他的那一刻。肉与皮囊,皮囊与肉!

约翰把掰开的双腿再掰开一点,让自己的重心下移,接着,像打铁匠一样将力道从腰间凝聚,再把它运到背部,再通过大臂、小臂,最后到达手指,到达手指每一个关节。匕尖直直地往眼前这个可怜的人儿刺去……

约翰躺在亨利身旁大口大口地喘着气,三厘米,就只差三厘米,约翰就把眼前这个坚强的人悄无声息地送去见上帝。约翰侧过脸来看亨利,亨利的胡子此时积满了雪,细小的雪在亨利的胡子上悄无声息地融化,化成了小水滴缓慢地凝聚在下巴尖上。约翰回过头来凝望着夜空,望着雪粒从一丁点大渐渐靠近瞳孔。约翰想起这么多天来亨利的照顾,他在心里早已经把他当作朋友、战友,没有亨利,约翰就像没有了信念一样。希望明天会有人发现我们,给我们食物和一堆炭火,我们最敬爱的上帝,请求你给予我们所需。约翰在心里祈祷着……

# 华胥国

张智杰(2017级基地班)

朝霞还未成形,与黑夜的残孽抱成一团。

凉。

脑海中浮现出这个字的时候,它所象征的物理含义早已渗进了骨髓里。骨髓攒动着、颤抖着,全身的长骨都连着咯咯作响。

小城的清晨,街灯哀伤地将微光吐在马路上,流溢的光汇成小流淌进了下水道。除此之外,空旷的街道上再无活物。

我裹紧了身子。黑色外衣耷拉着衣摆,早已死去。但我此刻无暇顾及它了:朝霞即将显形,时间不多。我朝着阴阳先生的住所走去。

阴阳先生住在七十二巷。这个巷子很僻静,也很阴森,白天也如同黑夜一样死寂。

是这伊甸园里唯一的死角。

阴阳先生的门开了。阴阳先生瘦削的脸出现了。

进来吧。先生说。

屋子里被昏暗的烛光塞满,让人无法判断主人方才是睡是醒。吊诡的影子在灰糙的四壁上跳着舞,简陋的家具陈设与写满咒文的黄纸无声地注视着两人。

坐。先生说。

我没有动弹。

先生的口中吐出游丝般的叹息。他的在灯火下显出绀青色的袍子,纸糊的孱弱腐朽肉体,如稻草一样塞满五脏六腑的哀伤,以及从魂灵的缝隙里溢出的不幸与诅咒,昭示着他与这小城格格不入。

格格不入。

曾几何时,这个概念如磁石般吸引着我。

如今,它变成了鸦片。

先生,我来是想请教您一个问题。

只管讲便是。

我纹丝不动。墙上的舞在他的脸上,扭曲出了千姿百态。

请告诉,我怎样离开小城。

舞已经近了尾声。先生动了动嘴唇,吐出游丝般的叹息,沉默良久,方才开口道——

就在此刻,就在这一瞬间。

黑暗降临了。

蜡烛熄灭了。

舞结束了。

朝霞来了。

…………

华胥国,再次苏醒了。

我们小城是一个和谐的地方。它不是很富裕,也不发达,却是世上最接近天堂的处所。出生在这里,便等同于获得了一生的幸福无忧。

小城古来便无名字。它主要由九条大道、九十九个巷子以及九百九十九栋小楼组成,九万九千多人居住在这里。这些街道与楼宇的建造年代,城里最年长的老人也道不明白。它们可能已有千百年的历史,可每一块砖瓦都是平整崭新的。十万人口堆砌在这片大地上,虽说拥挤得很,但无人对此公开发表过埋怨或抗议,大家脸上都挂着和善的笑容,接受了这一丝完美中的缺陷。

小城的交通不能说封闭也算不上发达。九条大道里只有三条能通向城外,它们应是古老的三条大道,出城路段却仍旧如同新建。事实上,小城内的住民几乎不曾外出。这里如此舒坦安康,外界何其危机四伏;那培育犯罪与心机的苗床,让住民们厌恨至极,此恨足以唆使他们彻底封上这存续已久的古道。话虽如此,但古道留存至今,无人对此公开发表过埋怨或抗议,大家脸上都挂着和善的笑容,接受了这一丝完美中的缺陷。

小城的节奏向来是有条不紊的。人们自孩童时期降临于此,生活便是每天都进行着的幸福循环。在朝霞的歌声里苏醒,一扫漫漫长夜所淤积的困倦与诅咒,开始一天的幸福生活:

孩子们微笑着上学,大人们微笑着工作,熟人们在街上偶遇微笑着打招呼,饭桌上微笑着互相夹菜,微笑的警官在路边为微笑着的老太太指路,微笑的医生向微笑的病人询问近况,微笑的行人给予微笑的乞丐施舍,劳碌一天的微笑的人们躺在沙发上听收音机电台节目里的主持人微笑着讲述一天的新闻,最后抬眼望向窗外,作别西天那微笑的晚霞,结束幸福的一天。

每天都是如此。

日复一日。

日复一日。

我们的小城,是一个和谐的地方。出生在这里,便等同于获得了一生的幸福无忧。

当我的大脑认知到“逃离”这个概念时，它给情感中枢下达了命令：激化负罪感。像钢钳一样猛烈撕扯着我的理性与感情，企图揪出掩藏在心底的愧疚，企图塑造本不存在的怜惜。

我们来聊聊小镇的缘起吧。

一个家族悠久的历史，理应仅能靠腐朽的史籍与残垣去记录吟诵，却在这里出现了例外。我的祖辈，自遥远的过去开始便定居于此，是小城最初的缔造者。他们与其他住民的祖辈们一同在这荒凉的土地上安了家。

传说，千年前的乱世出了一位将军。他和他麾下的军士所向披靡，战功显赫，救过将亡未亡之国，斩过近神非神之敌。但随着国家由弱变强转而开始觊觎别国领土时，将军累了。他不再提起沉重的枪戟，他厌倦了征战与鲜血，看破了权术与阴谋，舍弃了功勋与荣誉，跟他忠实的部下们，选择了逃离。

他们披上白衣，乘上数十艘伪装的商舟，蔽以晦雾，星夜渡江，溯水而行。在朝霞升起的一刻，船靠岸了，在一片贫瘠荒芜却没有战火的土地上。将军抽出佩剑，将之插进土里，将斗笠盖在了剑上。

不知何年何月，我们的国家与远土之国进行过无数次惨烈的、关乎国之存亡的战争。兵燹所到之处，枯骨成山；硝烟所到之处，饿殍遍野；炮火所到之处，焦土连绵。

举国皆陷，但小城安然无恙。

毕竟，就连国家的领袖，也从未向这一隅蛮夫聚居之所投过目光。小城就这样在冷落与嗤笑中默默地跪着。

跪着，跪着，垒砌着。

它孤独地垒砌。一砖又一砖，一砖又一砖。风雨不歇，昼夜不舍。春去秋来，已过千载。无数个国家覆灭，千百次天命更迭，小城早已砌上了最后一块砖。此世再无人冷落嗤笑这被遗忘之城。它抹去了自己存在的证明，闭锁了自己诞生的记忆，杀死了自己充满无限可能性的未来。它承以勇气，退避纷争，披上了隐者之袍，领它的子民追求极远的净土。

那便是华胥国的原初。

“背离这伟大的国度，耽于外界的污泥秽水，挣脱幸福的襁褓，是愚蠢而卑劣的行径。”

但是……

此刻，情感中枢开始违抗大脑的命令。

我再次回想起我失踪了九百九十九天并被小城遗忘了九百九十八天的哥哥。

“我还是想，去外面看看。”

那时候，哥哥在饭桌上说出这句话时，脸上没有微笑。黑眼圈在他眼眶边一动不动。

父母听而不闻，立刻笑着用筷子夹菜往他碗里送。越是送，他的眉头就皱得越厉害。

第二天朝霞升起时,哥哥从家里消失了。我的父母恸哭不止,小镇动员几百人,搜遍了所有角落,未果。

从那时起我就知道,我们是可以逃离华胥国的。

逃离这遗世独立的理想乡。

这靠善意与博爱使人窒息的、仇视着格格不入者的牢狱。

我已经整整四十四小时没有合眼。

不能睡。

一旦被梦境缠缚,注定会落入朝霞的怀抱,那么一切努力都将付之东流。

小城成为华胥国的根源,便在于那朝霞。

无论什么样的阴云都能穿透,本体早已升华为一种概念的太阳光辉。

当从睡梦中苏醒的人们沐浴到那晨光,前生的所有不快与邪念便皆烟消云散,所有欲望与贪求便皆化为乌有。纵然一身泥垢,也会刹那间被洗得一尘不染。

小城的夜,街灯哀伤地将微光吐在马路上,小光汇成小流淌进了下水道。除此之外,空旷的街道上再无活物。

我裹紧了身子。黑色长裙耷拉着衣摆,早已死去。但我此刻无暇顾及它了:朝霞随时都有可能显形。我攥着裙子的尸体,朝着阴阳先生的住所走去。

阴阳先生住在三十六巷。这个巷子很僻静,也很阴森,白天也如同黑夜一样死寂。

是这伊甸园里唯一的死角。

阴阳先生的门叫唤着开了。阴阳先生瘦削的脸出现了。

先生的口中吐出游丝般的叹息。

唉。又是你啊。

我刚想回答,却发现自己一直在发颤。夜实在是凄冷。

你想逃离这里是吗?

我抬眼,看到先生满目哀伤。

泪水从我的喉咙里涌上来,越过鼻腔。

先生瘦削的脸庞,皱着的眉毛,还有格格不入的气质,还有……还有……

泪水流了出来。

你……

我跪倒在地,失声痛哭。黑色长裙的尸体在冰冷的地面上随我啜泣,仿佛还活着似的。刹那间,凄冷的黑夜变得温暖而柔和,一切的冷与死与罪,都化作了这人间光辉。

吞噬万物的朝霞里,先生动了动嘴唇,吐出游丝般的叹息,沉默,开口:

“妹妹,没有人逃得掉的。”

千年之前的这片土地上,生满了荒草。

一袭白衣的男人身上仍沾着江雾化作的露滴。他扫视了一眼江边，战士们正在忙于安营。唯独这次，他们的脸上没有赴死的慷慨与惊悸，取而代之的是平静与安详。

天际，一抹朝霞升起。光的海洋从地平线那头泛滥开来，淹没了荒原。那海洋仿佛活着一般，拥抱了男人，洗去了他的罪。在这一刻，死于他刀下的亡魂，一个个都现了身，微笑着原谅了他。士卒，将领，皇帝，百姓，都恳求他将爱与和谐撒播在这片土地上。

男人流下了眼泪。

战士们停了活，朝日出的方向望去。

将军抽出佩剑，流光四溢。他双手持剑，将其插进了面前的土里。

“炫耀哉！愿今后天下，国无帅长，民无嗜欲，不知乐生，不知恶死，不知背逆，不知向顺，无夭殇，无利害，无畏惧。入水不溺，入火不热，斫挞无伤痛，指擿无痛痒。万民皆优哉如此，则斯世再无纷争……

“永治华胥之国，由是可成。”

# 斐

张智杰(2017级基地班)

多年以后,老奥米克戎将不止一次回忆起这个时刻。

"斐……"男孩盯着烧瓶里的沉淀。它血一般殷红,被焙烧炉里钻出的火光映得熠熠生辉。

躺在床上的少女剧烈地咳嗽起来,男孩抄起烧瓶奔到床边。盛硫磺的瓶子被踢翻了,黄色颗粒在地板上铺开来,瓶上的赫尔墨斯封条翘起一角,人物露出了微笑。他伏下身,欲将烧瓶里的粉末倒在手中,但拿烧瓶的手颤抖得厉害,咳出眼泪的少女按住了它,用平静而无力的指尖。

"不要这——"她又猛咳两声,匆忙掩口。血从掌心淌出,滴落在床单上。

这样的牺牲,对新生的孩子,太过残酷了。

男孩还是将粉末倒了出来。这一抹猩红的细沙在他手中聚成一团,结成了一块小石头,它有着黄金也无法媲美的光泽,是世间最完美的物质,炼金术的尽头。他的目光在哆嗦,但早已下定决心。

…………

多年以后,老奥米克戎已经不再是炼金术士了。届时他将在海边买栋小屋,恬然度过余生。和年轻时嘲笑过的那些老头们一样,他也要患上逢人就向对方絮叨往事的毛病。

那时的小镇可是非常繁荣啊!

是的。直到五六年前,小镇还是全国的炼金术中心,有最大的炼金术作坊、最杰出的炼金术士。据说小镇初建时,有名的大贤者就造访过这里,传播了赫尔墨斯神遗留于世的伟大炼金术。带来大量财富的炼金术成为小镇引以为荣的产业,住民们对炼金术士也报以青眼。

背井离乡的男孩正是在这时来到了小镇。他满身行囊,风尘仆仆从东方而来,怀着一腔热血,梦想从事在故乡被斥为伪术的炼金术工作。那儿的人们笃信点石成金是天方夜谭,长生不死更是痴人说梦,尤其是男孩的父亲,他是一名无比蔑视炼金术的商人,仅仅执着于实在的沉甸甸的金块,无论是自己口袋里的还是别人口袋里的。

“不要被伪术蒙蔽双眼！它令灵魂陷入泥淖、财富遭受玷污！”他这样教育自己的孩子，梦想将他培育为一个精明的商贾：一眼便能区分出真金与镀了金的铁疙瘩，熟谙如何让客户笑眯眯地掏腰包买他的货。

然而父亲的一片苦心适得其反，男孩无可救药地迷上了伪术。他将厚如石板的炼金术密码书摊在膝盖上兴致勃勃地研读，古老的智慧已完全虏获他的心。他得知了比黄金更诱人之物的存在，决定将一生投入其中，背弃父亲的理想。

临行前的深夜，父亲走进男孩的房间，偷偷将自己的炼金术密码书从男孩的行李中拿出。他轻轻摩挲着，眼眸中有枫叶在飘舞，顺着秋风脱枝而凋，却似乎永远也无法落地化泥。父亲朝男孩的行李里塞了两袋金币，离开了。

黄昏时分，在大街上游荡的男孩终于摸进了炼金招待所。这座富丽堂皇的建筑位于小镇西部，是炼金术交易的专用市场和炼金术相关事务的中介会所。大厅中央伫立着几丈高的赫尔墨斯神像，大理石地板的尽头是红木制成的长长的柜台。

“请问到哪儿应聘炼金术士？”

那时我在揽生意，正忙着向客人阐释古埃及太阳鸟的传说，没有理他，他又跑到别人跟前去问。终于有人指给他中介柜台的位置。

“请……请问……”

柜台里的大叔望着大厅里熙熙攘攘的人群，摇了摇头，说人员饱和了，可能怕男孩听不懂又补充：小镇不需要新人了。

男孩一脸沮丧，大叔身旁的女人说可以把他介绍到斐那里，她也许会需要个帮手。大叔摇头说那丫头太讨人厌了，而且还没钱付工资……但是男孩显然不愿放弃唯一的希望。

我不要工资。请带我去，我付给你们报酬。

丢在柜台上的两块金币惊住了两人，他们立即笑着应允了。

“我不需要帮手，”虚掩的门内传出少女凶恶而冷峻的声音，“只会浪费我的素材。”

“我有钱，我帮你买素材。”男孩走上前想掏出金币给她看，但少女的眼神散发着阵阵寒意。

不需要。少女说着要关上门，但失败了，因为男孩的手夹在门缝里。她忙推开门，男孩缩回手。余晖在他身后消融，汇成夜之河，流淌于云与天空的原野，她缄默着轻闭门扉，光影渐窄，最终消失。

…………

多年以后，老奥米克戎将会忘记许多往事。它们或是重要，或是琐碎，但遗失了终归是可惜的。朝花夕拾的他仿佛又看到了横亘在他家族面前无法逾越的深壑，随着时间推移在不断逼近。这时候老奥米克戎将拄着拐杖站起来，两眼发昏，腿脚发麻。他会越发怀念那些前尘影事，因为它们是他抗拒深渊的唯一武器。

那道深渊便是死亡，是吞噬一切与万劫不复。

万物始于一点,点向四周发散,化出了无数线。线是世界的基础,其一端为始,一端为终,以时间相连。生命的诞生与死亡,物质的创造与毁灭,精神的形成与分解,都是以线的形式存在的。他们只能由始至终,单向而行,当时间沙漏流尽之时,线便穷尽了其存在的意义,生命、物质、精神都将不复存在。

但传说有一样东西,它的存在不是线,而是圆:以始为终,不受宇宙法则束缚的完美姿态。

那就是哲人石,轮回的道具,化劣土为真金,化死亡为新生,赐悲伤者以欢愉,赐困苦者以希望。

那就是炼金术的尽头,生者的梦想,死者的夙愿。

…………

女孩将桌上的一小撮铁屑扫进广口瓶中,细长的眼眸瞟着身旁的男孩。

这两天辛苦了。女孩把广口瓶带回实验室,摆在了柜子上。

什么时候能让我进实验室?我不是来当清洁工的。不满的声音隔着厚墙传来。

你叫什么名字?

奥米克戎。

女孩望着厚墙,望着柜子上的标本与瓶子、身后的仪器与一地的手稿、这些曾构成她生命的一切。她想微笑,但没有成功。

《斐的密码本》。她将这样一本记事簿扔在奥米克戎怀里。

"我已经了解过许多这种东西了,只要让我进实验——"奥米克戎识相地将下面的话吞了回去,女孩方才的眼神足以令木头战栗。那静悄悄的说话方式和冷峻的神色也令人感到芒刺在背。

在女孩子面前说错话、会错意可是很失礼的,所以一定要认真读。她说。

一个多月后,奥米克戎终于走进了实验室。除了奇形怪状的仪器和满柜的素材,完全就是厨房嘛。他抱怨。然后他瞥见房间的一隅居然摆了张床,仿佛大脑被人戳了一下。

这么快就合格了,真了不起。虽这么说,但奥米克戎丝毫听不出斐的话里有褒奖的意味。他捡起地上一张羊皮纸,上面写着怎样将白磷黑化成四原体。看来斐还是很厉害的。

"庆祝一下,今天午饭吃烤蘑菇,你去把那里的蘑菇拿到河边洗洗。"斐命令道。

"唉。"

"怎么了?"

"伟大的炼金术,三位一体神赫尔墨斯的遗产,居然被炼金术士拿来烤蘑菇。"他耸了耸肩。

斐走到焙烧炉旁边,没有理会他。奥米克戎的脚步声渐渐远去,随着焙烧炉的燃料逐渐填充,悲伤与萎靡也开始淤积,它们像脓液在胸腔里流转,腐蚀着她的灵魂。

炼金术不是你想的那么高贵的东西啊。

…………

多年以后,老奥米克戎能感受到白色海滩与金色阳光的眷顾逐步褪去,他在以惊人的速度衰老。这是面向死亡的最后冲刺,死神将镰刀架在了他的脖颈上。

老奥米克戎笑了,露出残缺的牙齿。他回想起自己年轻时常和妻子吵架,事后想承认错误又羞于当面道歉,便用炼金术密码写纸条塞到她的枕头下面。

“我错了,不该对你乱发脾气,是我不好,别生气了。”

老奥米克戎曾让儿子翻箱倒柜找了很久,但那本记事簿早就遗失了。上面记录了九百多种炼金符号,是妻子亲手写上去的。

他将抬起眼皮,定定地眺望大海。而那平静美丽的大海,在温柔的海风中呼吸着,睡着了。

如同处在时间的节点,左手握着过去,右手牵着未来,过去与未来在不知名的远方联结在了一起。

他的生命,早已化成了一个圆。

…………

自从奥米克戎被允许进入实验室以来,每天都会购买大量的汞和硫黄,将它们混在一起,添加各种材料,制成溶液再蒸馏……乱七八糟的提炼物在小屋外堆积成山,但他仍不厌其烦地重复了数月。

不要再浪费燃料和素材了,你到底要炼什么?面对斐的问话,奥米克戎笑而不答,将新一堆渣滓倒在了屋外,并保证一定会按时处理掉这些垃圾。

看着他脖子上的汗珠,一种无兆的不安在斐的身体里蔓延开来。这股红色的不安植根于和奥米克戎相遇的许久之前,贯穿了少女的生命。渐渐地,不安的丝缕结成了恐惧的网,将斐紧紧缚在其中。

将硫黄与汞混合,制成溶液……

“奥米克戎。”其实她早已知晓,从第一眼看见他开始。

……蒸馏后再加入……

“奥米克戎,你在做哲人石对吧。”斐的声音像是从镜子里飘出来的。

男孩停住了。他敏锐地预感到接下来斐将行之事。

但他不能停止。他跋山涉水,历尽险阻,倾注一切,只为这一个目的。蒸馏器里的绀青色沉淀静静地沉在底部,凝视着奥米克戎。

“相信我,我能做出来。”

斐摇了摇头。不,不是因为这个。

“我不会半途而废的。”奥米克戎斩钉截铁的语气并未让她退缩,她仍在摇头。

奥米克戎的目光被牢牢禁锢在斐的眼中。她的瞳孔里仿佛有个无垠的宇宙,又仿佛是一片永恒的虚无。为什么一个少女会有这样的眼睛?能看透所有?

“咔嚓”一声,他身体深处的野兽挣脱了锁链。

你不明白!他颤抖着说。我努力了多久,我付出了什么,我经历过的……我永远不会放弃……我……

斐走上前抱住奥米克戎,柜上的瓶瓶罐罐都看呆了,焙烧炉也屏住了灼热的呼吸,只有封条上的赫尔墨斯画像冷淡如初,藏匿在瓶子们身后。

“我明白。你努力了多久,你付出了什么,你经历过的。

但别再做哲人石了。我以生命向你担保,它只会带来无尽的不幸。”

斐的心口猛然袭来一阵钝痛。她强忍泪水,继续搂着奥米克戎。

不要再说永远不放弃了。当你真正了解“永远”时,就会懂得它是多么沉痛而无力的东西。

…………

多年以前,奥米克戎的父亲与母亲曾是闻名东方的炼金术士。为了复兴日趋衰落的炼金术,他们决心靠贤者的宝物——哲人石来换取人们对炼金术的信仰。

成功之际,奥米克戎的母亲病倒了。因为哲人石是蘸着她的血与灵魂炼成的。父亲日夜守在她床边,停止了一切炼金术活动,哲人石被丢在了杂货堆里。奥米克戎站在他们身旁,一脸茫然。几周后母亲的葬礼刚过,父亲就将所有素材与仪器卖掉了,包括那颗哲人石。

奥米克戎无法理解:为什么不用哲人石?那样她就能活过来了。

父亲凝视着他,眼眸中仍是深秋。他缄默着,将一切埋藏在灵魂深处。

…………

星幕铺满了整片夜空,深邃广袤的黑暗上奔跑着破碎成群的光。斐与奥米克戎并坐在小屋外的草地上乘凉,听不知名昆虫唱的歌。

每当面对这片星空,人们心中皆是那无法回响在耳畔的涛声。它来自孤独与自卑汇成的海洋,始于生与永恒的涓涓溪流,终于死与须臾的大洋彼端。这溪流一直奔流着,奔流成海洋,总有一天海枯石烂。

但这种涛声她听不见。她曾向贤者祈求过听见它的方法,但贤者置若罔闻。她若有所思,然后开口:你的名字是你母亲取的吧。

是我父母一起取的。他说。奥米克戎,源自遥远的半岛,最璀璨的文明所遗留的字母中最完美的。它是圆,在我父母的密码书里,象征轮回永生。

他们希望你轮回永生?

他被逗笑了。但她是很认真的,红色的瞳孔里毫无笑意,只有对世界的冷漠与对解脱的渴求。这双眼从来如此,今后亦是如此,在即将终结的未来,与即将开始的过去,她会重新一无所有、孑然一身。

“在我的密码书里,它……”

脱口而出的话语带着哭腔。她仓皇失措,想咳嗽两声加以掩饰。但当她看到掌心的鲜血,看到他讶异的神色,喉咙里便有什么热热的东西化开了。什么也藏不住了,泪水洗刷掉了一切伪装。

她号啕大哭,扑在他身上。星辰在夜空上驻足观望,向侧耳倾听的原野轻吃,她将不久于人世。

…………

古埃及有神鸟名为贝努,人称禧年之主、太阳之鸟。临死之际,此鸟会集香木自焚,在死灰中重生。复生后新贝努会将前代骨灰装进药蛋、涂上香料,送至太阳神处。

无论是用生命练就哲人石,还是用哲人石练就生命,悉为最古老的禁忌,本应自炼金术创立伊始便被取缔,但随着古埃及文明的没落与哲人石制作方法的失传而逃过一劫。在古埃及《翠玉录》中,人的灵魂被证明能通过炼金术达到最高境界。但消耗灵魂去换取永生,虽然是等价的交换,却必将带来恶果。哲人石是轮回的道具,也是不幸的源头。若不打破轮回,子孙万世都将受命运的诅咒,重复父辈们的光阴,品尝父辈们的恶果。

至于哲人石练就生命,则是另一回事。哲人石全能全智,唯独不能创造人的灵魂。故这些生命自初生时便是悲剧:本可因永生而坐拥万物直至宇宙终结,却偏执地追求那无法触及的人的一生。

那电光朝露的一生,比贝努浴火重生之光璀璨数倍。

…………

多年以后,老奥米克戎将要剥离人造人身分之时,却又在死神的斗篷下开始瑟瑟发抖。曾经梦寐以求的解脱近在咫尺,他却像沙漠中听见潺潺流水声的鼠类般胆战心惊,怀疑那是不是响尾蛇发出的死亡之音。人对死亡的恐惧,对生的渴望,直到那时他才真切体会到。身后是遍布毒虫之境,眼前是深不可测之渊。无尽地逃避与隐忍,在伶仃中默默祈求,这样就能逃离宿命吗?

这时老奥米克戎将听见孩子们的呼唤。他会侧身凝望,一眼认出离家多年的儿子——满身行囊,脖子上挂着相机。他是个摄影师,身旁站着的是他心爱的妻子。正朝老奥米克戎跑来的是奥菲利亚,他最疼爱的小孙女,她蓝宝石般的眼睛像极了老人离世多年的伴侣。老人将颤巍巍地摆手,向孩子们微笑。一瞬间,他忘却恐惧,在爱的簇拥下,勇敢地向着死神的怀抱,一步一步平静地走去。

…………

烧瓶里的红色沉淀。

微笑着的赫尔墨斯。

滴落在床单上的鲜血。

炼金术的尽头。

他向哲人石许下了心愿。少女含泪而逝,哲人石笑着将轮回的枷锁扣在了男孩的脖颈上。

这样的牺牲……

“选择相信他吧。”

小男孩站在两人身旁,一脸茫然。

…………

今天,小镇的炼金术已经没落,招待所早被改成了股票交易市场,只有那尊赫耳墨斯神像依旧伫立。商业与工业不断发展,世界适应着他们,我也一样。如今我做生意还是选这里,虽然客户人数大不如前……

“到底能卖多少。”面前的男人失去了耐心。

“不行啊……你这颗一看就是用剩下的次品……”我瞥了眼他身旁的小男孩,他绯红色的瞳孔正是人造人的特征之一,“是用来造这小子吗？还是说不是简单的创造,而是转……”

“不卖算了。”男人说罢便伸手索夺。我连忙赔礼,给他开了个价。唉,要是在几年前这种货色我才看不上。

我将美丽的红石收入包中。男人问:“你为什么要买这些?”

“自己用呗,”我胡诌,当然是转手卖出去了,“这世上怕死的人多了去了。”其中也不乏巨富,不是吗?

男人低眉不语,似乎后悔问了这个问题。小男孩则是一直在盯着我看。

“以后改行做商人吧,炼金术不行了。我也准备跳槽呢……小鬼你到底在看什么?”我被他盯得难受,便质问。

“你为什么一直在笑?”小男孩问。

“做生意的不能板着脸。你也要学会笑,懂吗?”

“人造人是不会笑的。”

啊哈,小鬼你还懂得挺多。我弯下腰问他叫什么名字。

奥米克戎。

他的答语沾染着炼金术的香味。原来如此,我笑得更开心了。还真是自信呢。

“别走你父亲的老路啊。”

…………

爷爷,你在画什么?

奥菲利亚走近了。她看见老人用拐杖在沙地上画出数行奇怪的符号。画了这么多,爷爷肯定累坏了,奥菲利亚想。

“这是……”老人微笑着解释,“写给你奶奶的信。用我俩的秘密暗号。”

我也想学秘密暗号！奥菲利亚兴趣盎然。这个是什么意思,出现频率好高。

老人顺着她的指尖瞥去。那是一个希腊字母的变体符号,一个圆被一条线自上而下切断的形状。它象征着他的家族自百年前便不断追求的愿望,摆脱几代轮回宿命的希冀。然而对轮回的渴望还紧紧攫着灵魂,他的眼眸中有鱼群在跃动,乘着洋流徙向大海的彼岸,却似乎永远无法抵达终点。

“是你奶奶的名字。”

奥菲利亚看见余晖在他身后消融,汇成夜之河,流淌于云与天空的原野。她望见爷爷眸中的鱼,仿佛隔着时空望见了那端的男孩与少女。接着,她绽放了出令一切永恒都黯然失色的笑。

# 人与点心的真正终结

张智杰(2017级基地班)

## 一

死刑前两天。

我觉得会议根本没有存在的意义。大家都自认为是对的,却因不能以此说服他人而恼火,直到讨论渐渐变成争吵,就得不到什么好结果了。真到了能心平气和地开会时,背后一定是有庞大的集团和复杂的利害关系在操纵,结果也是早已敲定的,如此会议便仅仅是走个过场罢了。

但是大家完全没有走过场的意思,每个人的脸色都让我想起貘。严肃的、呆滞的,还有一丝厌恶……对,就像是吃多了慕斯蛋糕的貘一样。

裁判长宣布了投票结果:超过半数的人认为被告有罪。看吧,会议仅仅是走个过场而已。

比起这个,神明大人,貘会吃慕斯蛋糕吗?

不会。它们是食草动物。神明大人回答。

相信我,如果貘见到我做的点心,一定会乖乖吃下去的。

很可惜,它们早就灭绝了。

是吗。真是可怜,都没吃过点心。

没关系,它们并不介意。你也不必放在心上。神明大人安慰道。

我当然不会放在心上,我很快也要去您那边了。我苦笑。

死刑前一天。

写遗书啊……可以的话真想把点心们写进去,然而神明大人责备说如此写的遗书是不会有人看的,只会被烧掉;但不能写点心的话,又完全不知道写些什么。好痛苦啊,肺叶都被蛋糕胚占据着,大脑皮层与心脏瓣膜上都被奶油覆盖着,脊髓里都淤积着水果布丁……听上去是不是很恶心?

听上去让人很有食欲。神明大人如是说。真这么痛苦,就不要写遗书了。

不行,不能有始无终。吃了一半的马卡龙,你舍得扔掉吗?

那你就写点心吧。从那个红豆马芬开始。

嗯？那遗书就没人看了。还会被烧掉。

人啊，总是要将心里否定掉的话再用嘴重复一遍。神明大人想。

## 二

红豆马芬是普通的点心，拥有简朴的造型。甜而不腻，口感松软。

曾经非常受欢迎。

这是第六次还是第七次来着，反正上一次是在初中刚毕业的时候。随着末日复发的间隔越来越短，绝望的氛围越来越浓，红豆马芬也变得越来越不受欢迎了。这癫痫般周期性发作的末日真是点心们的噩梦。

我守在烤箱旁，等待着点心出炉。烤箱浑身发烫，马芬纸杯一点点膨胀了起来。面粉膨胀的美妙声响，像是母亲的轻呓，又像是恋人的私语，顺着烤箱微不足道的缝隙钻了出来，抚慰着我凌乱的心。

我朝烤箱伸出了手。

又缩了回来。

多么伟大的发明啊，和千年之前的其他东西一样。他们从诞生起就要不断消耗自己的寿命，替人类无休止地劳动、服务、奉献。人类要是真的灭亡了，它们会不知所措，感觉天都塌下来了吧。又能做些什么呢？它们的行为是按钮与电路控制的，思维是程式与数据规定好的，仅仅是方便的工具罢了。

“人类生死攸关的时刻你居然还在拘泥于你的点心？没有点心人一样可以活下去！”人们都是这样斥责我的。往往只此一句，他们喷吐火舌的眼睛就会立刻黯淡下去，瞳孔里布满了颓然。大概是精神早已被摧垮，脆弱到无法承受这样的愤慨了。也难怪，所有人都死光这种危机感无论体验多少次都无法习以为常的。曾经对末日的种种幻想、不屑与调侃，从第一次灾变时就随着被锉成灰烬的日常一并随风而去了。

绝望像上涨的潮水，一寸一寸、一尺一尺地淹没了地表百分之三十的大陆。

焦虑。

人类和点心都会完蛋的。

虽然有点晚，姑且祈祷下吧。在胸前画十字，模仿虔诚的教徒，请求神明的救赎。人们都是这么做的。

烤箱孜孜不倦地发着烫，我摘下手套，在胸口比画着。

大家都擅长这样：毫无忏悔，毫无愧疚，将求救的手高高伸出。神明估计是不会待见的，他们会躲得远远的，看人类自生自灭。就算出现了，也只会在虚伪的祈祷者头上狠狠踹上一脚。

不要把我想得那么暴力啊。比想象中文弱的声音浮出脑海，令人倍感意外。

很快倍感意外就攀升为难以置信。

继穆罕默德与耶稣后，人类最后一位点心师见到了神明。

是时候,将难以置信切换成受宠若惊了吧。神明大人说。

遗书到这里已经过了四分之一。

你的人生又过了多久呢?

## 三

与神明大人相处一日。

他似乎很喜欢吃点心。

堂堂神明为什么这么稀罕点心啊?我从烤箱里取出芝士蛋糕时,他已经在吃第七块杧果慕斯了。

神明也不是什么都手到擒来的。

不,在我看来明明就是手到擒来。我将樱桃酱撒在芝士蛋糕上,芝士上层急躁游走的嘶嘶声在果酱的依偎下稍稍安静了一些。

果然慕斯蛋糕就是甜得腻人。有没有别的口味了?

“一,请不要对我的点心们评头论足。二,没有。”我有些窝火了。说到底向您祈祷是为了寻求帮助而不是请吃点心的。

你们无非是想人类继续存在而已。

怎么?办不到吗?那就不要再吃了。

神明大人一下子慌了。

只是需要意义而已!如今人类迷失了存在的意义,像浮萍一样漫无目的地漂游,逐渐走向灭亡。只要找回存在的意义,就能再次扎根大地、重拾昔日辉煌。

存在的意义?我回想起每次末日都有奇怪的口号广为流传,“人生重在及时行乐”什么的。它们似乎都拥有足够的影响力呢。

那么人存在的意义是什么呢?总之不是及时行乐。应该是生物界一脉相承的“不断繁殖、扩大种群数目”才对。何时繁殖会变成坏事呢?应该是因为过度繁殖促进了内部竞争与环境崩溃,反而令种群身陷囹圄。这时繁殖就不再是人存在的意义了。

如此看来,失去存在意义是早在21世纪就有的古老问题了。父辈们真是留下了不得了的遗产呢。

就在这思考的空当,神明大人抢走了我面前的樱桃芝士蛋糕塞进了嘴里。他露出一副幸福而狡黠的表情,简直就像是考试作弊得逞后向同学炫耀的初中生一样。真没想到神明是这样的。

你刚刚觉得我很猥琐对不对?神明大人质问。

能读心的神明真是麻烦。

那么,神明大人为什么找上我呢?

因为你会做点心。

请您正经一点,神明大人。

我回应你的祈祷,助你拯救人类,寻找失去的意义。

我?不要啊,那么麻烦的事。那种缥缈的玩意,恐怕耗尽余生都找不到吧。请另寻高明。

不要这么事不关己啊,是你唤我来的不是吗?况且你也是人类。

眼睑在发抖。

对哦……我也是人类呢。

## 四

图书馆里信步漫游的尘埃在灯光下闪烁。

神明大人,根本找不到。我再次抱怨。

书页翻动的声音在书架间的促狭空间上刮出一道又一道细痕。

不可能。公园和剧院里没有的话那只可能会在图书馆了……这个是什么真好吃。神明大人将一块可露丽送进嘴里。

是法国的传统小点心。馥郁醇厚的香草朗姆酒气息、外脆里松的口感与小巧可爱的造型令人欲罢不能吧?

就是有点烫。

刚烤完不能吃,要等2小时降温。真性急。

彼此彼此啦。神明大人笑言。

我将托马斯·曼的那本砖头似的《魔山》塞回书架,尘埃四散奔逃。书架上浩如烟海的书,每一本都像是在伸出手抓我的衣角、把我的脸掰过去。我感到有些害怕,便抬起头往上,往上,往上,寻找书架的顶端。

根本没有。

无力。

近十年,图书馆里大概只有《末日生存法》和《如何摆脱绝望症》之类的书会畅销,文史哲著作多无人问津。最可气的是,偌大的图书馆里,没有任何一本有关点心制作的书,怕是早就被当作薪柴烧掉了……想到这里我不禁对拽着我衣襟的书产生一阵妒恨,但转念之间又觉得与其摆在书架上落满灰尘,还不如被烧掉,化作光和热去温暖人心呢。

我倒是觉得光和热用来烤面包比较好哈。神明大人"咯咯"的笑声在冰冷的硬木书架间彳亍,幽怆黑暗的图书馆显得更阴森了。不要再笑了,神明大人。我揉了揉眼睛,打着手电筒看书真累,搞不好还会近视。

好困啊,坚持不下去了。脑子里注满了果浆,碰撞着颅骨晃荡出"咕噜咕噜"的声响。

为什么会是我呢?明明除了做点心什么都不会。

我和大多数人一样,都应该是被拯救的对象才对。应该是憧憬着救世主的威名与荣耀、面对灾难却想着牺牲他人苟且偷生、获得救赎后欢呼雀跃心安理得的家伙才对。其他人的存在对我有什么意义吗？他们不会疼爱我，不会帮助我，不会怜惜我，不会理睬我。我有拯救他们的义务吗？

只要我自己得救就好了，神明大人就在我面前嘛，这种小事只要开口的话他一定会同意的。

只要点心们……

即将睡着的一瞬间，神明大人抓住了我的手。他飞快地将一块可露丽塞进我的嘴里。

啊哦哦好烫！

困意全无。

先去做点心吧。你是点心师呢。

可是……

神明大人的话语浸润着香草朗姆酒的味道，渗透人心，难以抗拒。

“既然这个世界这么令你没有安全感的话，就去做点心吧。

作为点心师，更喜欢点心也不是不能理解。

复苏。

神明大人。

嗯？

你想吃什么？

遗书写到这里差不多还剩四分之一。

你的人生还剩下多少呢？

## 五

当末日淹没这座城市的脚踝，最后一双渴望救赎的眼眸熄灭了。十二点之后，雨仍连绵不断地下着，下水道勤勉地接纳混杂着血的污水，新一轮的暴动被早早镇压了。

这是两个月以来的第一次暴动。一度被绝望压垮的人们在临死之际还能迸发出这样的热情，令人惊讶；长时间瘫痪的政府机构迅速出动警员予以镇压，更是稀奇。他们的手段之强硬、疯狂，令人回想起初次末日时的景象：

警笛，号哭，颠簸，死尸，掉落的鞋子，失神的眼睛。恶魔挥着警棍驱逐暴民，每传出一声哀叫，眼睛里就会掠过一道红光。如同捏破气泡袋一样：挤压、膨胀、爆炸，疯狂与喜悦喷薄而出，源源不绝。

人类与野兽之间，隔着孩子。灾变来临时，所有的人类都不在了。

这座城市里的，究竟是野兽还是孩子呢？

…………

煎好了，神明大人。

这是可丽饼对吧？

您居然知道。我把卷好的薄饼摆进盘子,递给神明大人。

曾经认识的一个民俗学者告诉我的。民俗学者这种,知道好多呢。

能介绍给我认识吗?说不定能学到一些点心的知识。

抱歉,他在上一次暴乱中死掉了。

失落。

为什么有趣的家伙们都走得这么早啊。

我咬下一口可丽饼。热热的巧克力滑进口腔,与味蕾堕入爱河。

神明大人,我不想拯救人类了。

因为太累了?神民大人的语气没有丝毫意外。也许他的大脑被可丽饼的香味占据,没有来得及往语气里添加意外的成分。

我给您讲个故事吧。

不要。神明大人果断地拒绝了。

“很久以前,欧洲有个名为布列塔尼的海岛城。某年岛上饥荒,居民们不得已将贮藏在地窖的面粉取出,烤成薄饼充饥,终于熬过饥荒。日后这薄薄的煎饼演化成了可丽饼,变为布列塔尼人的主食。布列塔尼人为了纪念拯救城市的点心,创立了可丽饼日。这天他们举办庆典,走上街头,载歌载舞,大啖美食,如嘉年华一般。”

雨滴成片地被人从天上拽下来;下水道喝撑了,正在将污水汩汩地往外吐。

点心承载着人类最美好的一面。我温柔地注视着手中捧着的金灿灿的美好东西,它溢出的热巧克力正发出温暖的呼吸。

我不想人类最后的荣光,在这样的末世消亡。

所以说你开口前我就已经知道了。神明大人说。

我蹲坐在地板上,将脸埋进膝盖,就像犯错的小孩子接受父母批评。

对啊。我都是知道的。

霎时间,雨滴和下水道愣了,时间惊悚地卡在了宇宙深处。

神明大人,我是第几个了?

神明大人的眼睑颤抖了一下。

神明大人,我会是最后一个吗?

神明大人的面孔拉直成了一面旗子。

他缄默着。欲言却止。终于开口道:

“……”

又不再说话。

我们四目相对。

我感到胳膊碰到了什么东西,是世界的边缘。

然后,神明大人朝我露出了微笑。我安然意识到,那是面对死者时才有的微笑。

下一秒,门被踢开,暴徒们与执法者鱼贯而入。

挤压、膨胀,最终将要爆炸。

小孩子们喜笑颜开。

## 六

死刑后三分钟。

她是毫无遗憾地离开人世的吗?

她还真是和其他人一样敏感。剧情被你们推得太快了。

一只只貘从我身边经过,对神明所在视而不见。

没救了,再处死一千个点心师也于事无补。

“唉! 烤蛋糕时不要中途打开烤箱啊!”

我一惊,猛地回头。貘们诡异的脸挤满了视野。绝望从他们的口鼻中渗出来,沿着身子流了一地。我感到一阵反胃。

你想要拯救的一定不是这样的东西。

我将手中的遗书递到一只貘眼前,遗书遮住了他的视野。遗书被他的额头顶起。遗书擦过他的头发。遗书耷拉在他的脑后。

下一只貘。

再下一只。

下下一只还是无视。

…………

终于,貘们走光了,再也没有回来。

## 七

66号实验结束,达到7次临界值,第8次时人类灭绝。

还眩晕? 真不知道你是怎么当上研究员的。赶快调整好,67号实验……

什么?

为什么要考虑这种毫无意义的命题。

好,我就告诉你:人类存在的意义是——毁灭。这是灭绝程序的基础。废墟之中掩藏着文明存亡的信息,那是种族延续的关键,灭绝程序一次又一次启动,毁灭的动机一次又一次更迭,都是为了穷尽一切可能性,吸取经验,避免重蹈覆辙,引我们迈入神境、永续文明。检查设备,准备重启程序。

点心?

提醒,我们是没有味觉的。

什么饼日?

数据库里没有。

你还没有完全脱离程序,不管你在里面经历了什么,那都是虚构的,人类早就不存在了。

灭绝程序永不停止。除非它们突破了程序设定,替我们破译了文明兴废的奥秘。那时人就没有什么存在价值了,程序大可以删除。

那不可能。准备重启。

唉,这种日子什么时候是个头啊。

等等,你——

停下! 你现在的行为毫无意义!

“对你来说可能是这样。”

声音的源头,那位人类研究员,正准备删除程序。

神明不再是神明了。

程序永远不会重启了。

他微笑着按下了毁掉文明的按钮。

这是人与点心的真正终结。

# 剧 本

# 聚　会

赖伟盈（2016级汉基班）

人物：黄泽、邓江、陈大豪、张艳、王丽、赵玲、王芳、王娟、孙彩、林杰、柳岚、穆清

（酒店的VIP房里，大餐桌正上方水晶灯高悬在顶，璀璨夺目。四壁是褐金色的墙纸，深褐色地毯厚实柔软。餐桌边是十一张椅子，已坐了八人。）

（服务员打开门，黄泽喜笑颜开地大迈步进来。）

黄　泽：大家好久不见！算来今年我们都小学毕业了二十年了！让我看看还认不认得出谁是谁！（站在桌前，手掌指向左边第一位）这是……王丽！张艳！哎哟，听说你生了两个娃，果然富态不少啊！

张　艳：（高声）哎！你才富态哩！

黄　泽：（哈哈大笑，继续认人）这是赵玲、王芳、王娟、孙彩、邓江、陈大豪！我说得对不？

众　人：（笑说）你小子，全都认出来了！这眼力和记忆力还是那么好！

王　芳：可不是嘛！当年咱们成绩就数黄泽最好！风范不减当年呀！

黄　泽：（摆摆手）哎别别，不敢当不敢当。虽然过了二十年，我可还记得当年班上第一可从来没我的份儿！我记得是柳岚永占第一宝座！而且还是年级第一呢！其实当年有好多人都暗恋她呀，也不知道她自己知不知道，反正我是知道了。（一边入座，一边看向女士们）你们记得不？

王　丽：哎哟，我还记得当年我们脸上长痘痘、还老想着怎么减肥，可是这些事情就从没有发生在她身上过。她那身姿就是那么挺拔，皮肤就是那么好，看着就让我们眼馋。她怎么长成那样的？

张　艳：是啊，班里有她，就没有我们的存在感了。你们男生呢？

黄　泽：哈哈，我们男生跟你们不一样，我就记得当年，每天看着她就赏心悦目，就喜欢看她。哎，她今天会不会来？我们都十年了，都没见过她。

赵　玲：（摇摇头）不知道，应该不会吧。听说她读完初一之后，因为家境困难就

辍学了，现在也不知过得怎么样呢？

王　芳：可不就是吗？前段时间听说林杰偶然碰上她了，所以我就联系林杰今天无论如何要找她来，也不知道找得怎么样。我打个电话问问。(拿出手机拨打林杰电话。)

张　艳：初一都没毕业的人能过得怎么样啊？所以等一下万一她真的来了，咱们要怎么表演呢？咱们该怎么对待她呢？

邓　江：当然是好好呵护啊。

王　丽：那要怎么个呵护法呀？她现在也不是小孩子了呀。

孙　彩：而且她才小学毕业的学历，有钱的人谁敢娶她呀！

(王芳指指自己耳边的手机，“嘘”了一下，表示电话通了。众人噤声。)

王　芳：哎林杰！噢，已经在你车上了啊。好，赶紧过来吧。

黄　泽：(期待状) 想见二十年的人终于出现了，我最想看的就是她！

(在场女士酸溜溜地看着黄泽。)

陈大豪：(笑嘻嘻) 我也是我也是。

(邓江连连点头。)

(男士面上都带着仿佛回到二十年前的童趣童真开怀的笑意。)

(此时，门被轻轻地推开了。林杰走了进来。)

林　杰：(正经道) 现在，我正式宣布，有请我们盼望已久的班花——柳岚！让我们热烈欢迎！(柳岚身穿纯白洁净的连衣裙，走进房间。她是那样温婉，美丽、安静。众人深吸一口气，发出微微惊叹声。)

柳　岚：(站定，微笑致意) 大家好久不见。(男士眼中是齐刷刷的赞叹，女士们则心里一阵酸溜溜的，看向柳岚的眼神复杂。)

林　杰：(将空椅子拉后一些，让出空间) 柳岚，请入座吧。(柳岚入座后，他也坐在了柳岚旁的空位。)

陈大豪：(笑着说) 柳岚，你还是那么美丽呀！

王　丽：怎么时间对我们这么不公平呀！柳岚你还仿若少女一般，还是那样明艳照人！看看我们，半老徐娘了，唉。

柳　岚：(腼腆一笑) 没有了，你们也好漂亮啊！

(此时服务员开始上菜。)

(上菜完毕，众人起筷。)

张　艳：(夹了一块深海鱼给柳岚碗里) 柳岚，这个不经常吃吧，我可是吃腻了，你多吃一点。

王　娟：(拿起一杯红酒，邀向柳岚) 这是拉菲，名牌红酒，柳岚你喝过吗？来多尝点吧。

柳　岚：(面露难色) 我不会喝酒……

王　娟：不会也试一下嘛？这是拉菲，你尝尝呗。

**柳　岚**：好吧。（低下头轻抿了一口。）

**王　娟**：味道怎么样？

**柳　岚**：（羞涩地说）不错，甜甜的，酸酸的，苦苦的，涩涩的。

**张　艳**：柳岚，你今天的衣服在哪里买的呀？

**柳　岚**：嗯……就是随便买了。

**邓　江**：（关切的神情）柳岚你生活过得怎么样啊？

**柳　岚**：（微笑）还可以吧。

**陈大豪**：有什么事可以跟我说啊。你有孩子没有呀？生活上有什么困难吗？我现在怎么说也是一个假假的小老板，你有什么问题，或者需要工作，都可以找我。我也不需要你来公司做什么复杂的工作的，你来我就很开心了，好不好？

**柳　岚**：嗯嗯，谢谢，暂时不需要了。我孩子刚读书呢。

**孙　彩**：孩子读书还好吗？成绩怎么样啊？我那娃这学期就拿了全班第三吧。你的呢？

**柳　岚**：学习方面还过得去吧。

**张　艳**：那怎么叫过得去啊？多少分嘛？

**柳　岚**：考试成绩全年级第一吧。（轻轻地说出，不好意思地一笑。）

（孙彩和张艳脸色有点发白。）

**王　丽**：哎哟，怎么这么不公平啊？你小的时候读书就一直是年级第一，怎么你的孩子还继承了你的光辉事业了呢？

**柳　岚**：（有些腼腆）没有啦，那时候也是你们承让而已。

**赵　玲**：就是可惜了柳岚你只读到初一就没有再读下去了，还不如我们这么差劲也读到大学毕业了。

**柳　岚**：（低下了头，因为这就是她人生最遗憾的事了。她幽幽地说）我没有你们那种福气啊。（女士们一副扬眉吐气的表情。）

**黄　泽**：（看着非常不忍心，马上举起酒杯，大声圆场）不说这些。来，大家来干杯干杯！柳岚，跟我唱个歌吧！唱首《同桌的你》呗！

**陈大豪**：我也要和柳岚唱！哈哈哈！

**邓　江**：你知道我们有多希望你幸福，多希望你过得好。

**柳　岚**：（感激一笑）谢谢大家的关心，我很好。（看看表）我家孩子还小，我可能要先回家照顾他了。

**林　杰**：下次你还来吗？

**柳　岚**：还来还来。我今天就先告辞了。（大家欢欣地把柳岚送去之后，关上了门。男士们还恋恋不舍地望着柳岚离去的方向。）

**张　艳**：你们这些男士也是的，怎么就对她那么温柔？除了漂亮，还有什么比我们好的？

**邓　江**：哎，你们就放过她吧。你看她现在已经这样了，你们每一个人都过得比他好，还要说什么呢？

**王　丽**：也是，好吧，下次还是对她好一点吧。

（酒店大堂富丽堂皇，外面灯火通明。柳岚走出酒店大门。一台乌黑锃亮的敞篷跑车正停在酒店门前。驾驶座上走下来一位西装革履、英俊潇洒的男士，亲切地走到副驾驶座旁，打开了门，请柳岚上车后，又体贴地关上了门。）

**穆　清**：（笑意满面）我的宝贝，今天还玩得开心吗？

**柳　岚**：（嫣然一笑）嗯，挺开心的，谢谢老公。

**穆　清**：（有些不解）宝贝，为什么这一次的同学聚会，你要把我藏起来呢？不带我去见见他们吗？

**柳　岚**：（甜甜一笑）亲爱的老公，你太优秀了，我怕把你带出去了会刺激到他们，所以还是你的聚会，我陪你吧。

（柳岚和穆清相视，尽显默契和甜蜜。黑色敞篷跑车启动，驶向远方。）

# 后　记

自2010级开始，暨南大学文学院中文系的每一级学生在大学二年级时要进行为期一年的百篇写作训练，既有诗歌、散文、小说、剧本等创作类文体，也有新闻稿（消息、通讯、专访、时事评论等）、文学评论（影评、书评、画评、诗评等）、公文（公告、通告、通知、通报、报告、请示、函、会议纪要等）以及介绍信、说明书、策划书、演讲稿、主持辞、申请书、求职信等应用类文体。每位同学每个月交一次作业，由指定教师进行点评，可以说，老师为同学的写作水平的提升付出了辛勤汗水。本书收录的是2014级、2015级、2016级、2017级同学以“百篇写作”为基础的创作类文体，特此将指导过这四届学生的老师列出如下，以表谢忱。

| | | | | | |
|---|---|---|---|---|---|
| 班　沼 | 蔡亚平 | 陈　娜 | 程国赋 | 陈义华 | 程　刚 |
| 戴爱明 | 范俊军 | 傅　莹 | 付　勇 | 甘于恩 | 高华平 |
| 高　然 | 何志军 | 贺仲明 | 侯兴泉 | 胡　伟 | 花宏艳 |
| 黄汉平 | 黄　勇 | 蒋述卓 | 柯秋红 | 李亚萍 | 梁建先 |
| 廖健琦 | 刘惠明 | 刘绍瑾 | 刘婉明 | 刘卫宁 | 刘新中 |
| 龙杨志 | 鲁承临 | 罗执廷 | 吕　瓂 | 马　莎 | 倪列怀 |
| 聂巧平 | 全秋菊 | 申霞艳 | 盛永生 | 宋剑华 | 宋小克 |
| 苏桂宁 | 唐礼兵 | 王列耀 | 王进驹 | 温明明 | 肖自辉 |
| 熊　焰 | 徐国荣 | 闫　华 | 闫秋红 | 杨俊华 | 杨　秋 |
| 姚新勇 | 喻群芳 | 曾昭聪 | 张春晓 | 张海沙 | 张家梅 |
| 张世君 | 张振谦 | 赵春利 | 赵静蓉 | 赵王柳 | 赵维江 |
| | 郑焕钊 | 钟　奇 | 周　娟 | 朱巧云 | |